Mensageiros

STEPHEN MARTIN E JOSEPH MARKS

Mensageiros

A IMPORTÂNCIA DO MENSAGEIRO EM TEMPOS DE FAKE NEWS

ALTA BOOKS
EDITORA
Rio de Janeiro, 2020

Mensageiros: Quem ouvimos, quem não ouvimos e o porquê
Copyright © 2020 da Starlin Alta Editora e Consultoria Eireli. ISBN: 978-85-508-1480-3

Translated from original Messengers. Copyright © 2016 by Stephen Martin e Joseph Marks. ISBN 9781847942357. This translation is published and sold by permission of Penguin Random House LLC, the owner of all rights to publish and sell the same. PORTUGUESE language edition published by Starlin Alta Editora e Consultoria Eireli, Copyright © 2020 by Starlin Alta Editora e Consultoria Eireli.

Todos os direitos estão reservados e protegidos por Lei. Nenhuma parte deste livro, sem autorização prévia por escrito da editora, poderá ser reproduzida ou transmitida. A violação dos Direitos Autorais é crime estabelecido na Lei nº 9.610/98 e com punição de acordo com o artigo 184 do Código Penal.

A editora não se responsabiliza pelo conteúdo da obra, formulada exclusivamente pelo(s) autor(es).

Marcas Registradas: Todos os termos mencionados e reconhecidos como Marca Registrada e/ou Comercial são de responsabilidade de seus proprietários. A editora informa não estar associada a nenhum produto e/ou fornecedor apresentado no livro.

Impresso no Brasil — 1ª Edição, 2020 — Edição revisada conforme o Acordo Ortográfico da Língua Portuguesa de 2009.

Publique seu livro com a Alta Books. Para mais informações envie um e-mail para autoria@altabooks.com.br

Obra disponível para venda corporativa e/ou personalizada. Para mais informações, fale com projetos@altabooks.com.br

Produção Editorial	**Produtor Editorial**	**Marketing Editorial**	**Editor de Aquisição**	**Ouvidoria**
Editora Alta Books	Illysabelle Trajano	Lívia Carvalho	José Rugeri	ouvidoria@altabooks.com.br
	Juliana de Oliveira	marketing@altabooks.com.br	j.rugeri@altabooks.com.br	
Gerência Editorial	Thiê Alves		Márcio Coelho	
Anderson Vieira		**Vendas Atacado e Varejo**	marcio.coelho@altabooks.com.br	
	Assistente Editorial	Daniele Fonseca		
	Laryssa Gomes	Viviane Paiva		
		comercial@altabooks.com.br		
Equipe Editorial	Adriano Barros	Larissa Lima	Paulo Gomes	Thais Dumit
	Ana Carla Fernandes	Leandro Lacerda	Raquel Porto	Thales Silva
	Ian Verçosa	Maria de Lourdes Borges	Rodrigo Dutra	Thauan Gomes
	Keyciane Botelho			
Tradução	**Copidesque**	**Revisão Gramatical**	**Diagramação**	
Matheus Araujo	Carlos Bacci	Thamiris Leiroza	Joyce Matos	
		Fernanda Lutfi		

Erratas e arquivos de apoio: No site da editora relatamos, com a devida correção, qualquer erro encontrado em nossos livros, bem como disponibilizamos arquivos de apoio se aplicáveis à obra em questão.

Acesse o site www.altabooks.com.br e procure pelo título do livro desejado para ter acesso às erratas, aos arquivos de apoio e/ou a outros conteúdos aplicáveis à obra.

Suporte Técnico: A obra é comercializada na forma em que está, sem direito a suporte técnico ou orientação pessoal/exclusiva ao leitor.

A editora não se responsabiliza pela manutenção, atualização e idioma dos sites referidos pelos autores nesta obra.

Dados Internacionais de Catalogação na Publicação (CIP) de acordo com ISBD

M379m   Martin, Stephen

         Mensageiros: quem ouvimos, quem não ouvimos e o porquê / Stephen Martin, Joseph Marks ; traduzido por Matheus Araújo. - Rio de Janeiro : Alta Books, 2020.
         320 p. ; 17cm x 24cm.

         Inclui índice e bibliografia.
         Tradução de: Messengers.
         ISBN: 978-85-508-1480-3

         1. Autoajuda. 2. Comunicação. 3. Mensagem. I. Marks, Joseph. II. Araújo, Matheus. III. Título.

         CDD 158.1
2020-257   CDU 159.947

Elaborado por Odilio Hilario Moreira Junior - CRB-8/9949

Rua Viúva Cláudio, 291 — Bairro Industrial do Jacaré
CEP: 20.970-031 — Rio de Janeiro (RJ)
Tels.: (21) 3278-8069 / 3278-8419
www.altabooks.com.br — altabooks@altabooks.com.br
www.facebook.com/altabooks — www.instagram.com/altabooks

ASSOCIADO

É possível afirmar que os mensageiros mais importantes de uma sociedade são os professores e os pais.

Dedicamos este livro para exemplos dos melhores entre eles.

Para Robert Cialdini. Cientista brilhante, mentor paciente, colega inspirador e um amigo leal e afetuoso. O dia em que o conheci foi, de fato, um dia de sorte.

Para Hilary e Richard Marks. Obrigado por todo o apoio, todas as sábias palavras e bom humor ao longo dos anos. Vocês são dois dos melhores modelos que um filho poderia pedir.

Sumário

Introdução   **1**
A Maldição de Cassandra

Parte Um
Hard Messengers   **19**

1 Posição socioeconômica   **27**
Fama, Fortuna e Ser Reconhecido sem Ser Reconhecido

2 Competência   **57**
Especialidade, Experiência e Porque o Potencial Supera a Realidade

3 Dominação   **81**
Poder, Superioridade e Quando o Comando Prevalece sobre a Compaixão

4 Atratividade   **117**
Bebês Fofos, O Ônus da Beleza e as Vantagens de Estar na Média

SUMÁRIO

Parte Dois
Soft Messengers — **141**

5 Cordialidade — **149**
Líderes Simpáticos, Servos Humildes e Quando a Cooperação Supera o Conflito

6 Vulnerabilidade — **175**
Autorrevelações, Vítimas Identificáveis e Como a Franqueza Pode Abrir Mentes Fechadas

7 Confiabilidade — **203**
Princípios Fundamentais, Conflitos de Interesse e Aqueles que são tão Leais quanto suas Opções

8 Carisma — **239**
Visão, Desinibição e o Mistério do Magnetismo

Conclusão — **257**
Ouvir... Acreditar... Tornar-se

Referências — **277**

Índice — **307**

AGRADECIMENTOS

Existe uma grande quantidade de pessoas de quem somos devedores, não apenas pelos seus papéis neste livro, mas também pela sorte de chamá-los de amigos, colegas, colaboradores e entes queridos.

No topo da lista estão Lindsay Martin e Lauren Porter.

Lindsay cumpriu o papel como a melhor parte de um autor com elegância, compreensão e humor. O seu apoio e amor inflexíveis não têm preço, mas se faz necessário saber que eles são absolutamente valorizados.

Lauren, de maneira similar, soube lidar com as inúmeras recontagens dos principais temas e casos do livro, sempre com um sorriso no rosto. Uma companheira incrível, que leva luz e otimismo a toda situação que encontra.

Para Sarah Tobitt, Catherine Scott, Araminta Naylor, Bobette Gordon, Eily VanderMeer, Cara Tracy, Greg Neidert, Karen Gonsalkorale, Chris Kelly, Bastien Blain e Filip Gęsiarz — que não só defenderam este projeto, como foram colegas leais — nossos sinceros agradecimentos para cada um de vocês.

Tivemos uma sorte incrível de nos beneficiarmos dos conhecimentos individuais e coletivos de um grupo de pesquisadores e colegas profissionais, que revisaram e forneceram um feedback bem-vindo e instrutivo nos rascunhos iniciais e avançados do livro. Nossos agradecimentos a Alex Chesterfield, Alex Jones, Alice Soriano, Antoine Ferrere, Christian Hunt,

AGRADECIMENTOS

Dil Sidhu, Eric Levy, Francesca Granelli, Helen Mankin, Ian Burbidge, Julian Seaward, Justin Jackson, Lauren Gordon, Marielle Villamaux, Marius Vollberg, Matt Battersby, Nasrin Hafezparast, Neil Mullarkey, Nick Pope, Nicole Brigandi, Paul Adams, Paul Dolan, Rob Blackie, Rob Metcalfe, Robert Cialdini, Rupert Dunbar-Rees e Suzanne Hill.

Agradecimentos especiais para Eloise Copland, cujo olhar atento foi valioso para garantir a precisão dos fatos e que nossas afirmações estivessem alinhadas com as evidências publicadas. Agradecemos também a Tali Sharot, cuja mentoria acadêmica nos ajudou incomensuravelmente a moldar como pensamos e transmitimos as pesquisas discutidas no livro.

Nosso obrigado a John Mahaney e sua equipe da Public Affairs em Nova York, que provaram ser uma equipe editorial atenta e dedicada. As pertinentes recomendações e a orientação de John para simplificar o trabalho, destacando os componentes essenciais e preparando-o para os leitores dos EUA, foram especialmente apreciados.

Jim Levine e a equipe da agência literária Levine Greenburg Rostan mais uma vez provaram ser indispensáveis, fornecendo conselhos oportunos e sábios, uma diplomacia paciente e um apoio muito bem-vindo. Nossos agradecimentos para Isabelle Ralphs, Elle Gibbons, Keith Edson Anderson, Alex Myers, Karen Beattie, Josie Unwin e Miguel Cervantes.

Finalmente, nossos agradecimentos para Nigel Wilcockson, da Penguim Random House. Nigel é a razão desse livro existir, e nós lhe somos muito gratos. Ele não só foi capaz de ver o potencial em uma ideia que havíamos rascunhado em uma única página, como também teve a visão e a motivação para transformar essa ideia no livro que você tem em mãos. Ele sintetiza o que é um mensageiro bem-sucedido no mundo editorial — competente, confiável, caloroso e imensamente simpático. Portanto, nós agradecemos a ele.

Stephen Martin e Joseph Marks
Londres, 2019

INTRODUÇÃO

A Maldição de Cassandra

Na superfície, havia nela muitas características de uma mensageira eficaz. Filha de Príamo, rei de Troia, e de sua segunda esposa, a Rainha Hécuba, Cassandra tinha status. Ela também era bela: alta e elegante, com seus cabelos encaracolados castanho-escuros que corriam graciosamente por cima de seus ombros delicados. Seus olhos, de cor semelhante, capturavam a atenção dos outros com uma força tão penetrante que muitas vezes eles eram subjugados pela admiração. Apesar disso, sua característica mais marcante talvez fosse uma que a maioria das pessoas apenas sonha ter: o dom da profecia.

Dizia-se que a habilidade de Cassandra de "interpretar e comunicar a vontade dos deuses" foi um presente de Apolo, como parte da tentativa de seduzi-la. Ela previu soldados se escondendo no interior de um grande cavalo de madeira deixado na frente dos portões de Troia. Previu a morte do Rei Agamenon e que seu primo, Eneias, estabeleceria uma nova nação em Roma. Ela previu até mesmo a própria morte. O presente de Apolo para Cassandra foi um presente amaldiçoado que causou grande angústia e, no fim, a levou até a insanidade e a morte. Pois, embora tenha concordado em fazer um juramento para Apolo em troca desse dom precioso, Cassandra depois rejeitou os avanços desse deus e, por isso, foi punida de uma maneira implacável. Forçando seus lábios contra os dela, o deus cuspiu em sua boca e jurou que ninguém jamais voltaria a acreditar nela. "Na luta dele para me conquistar", ela soluçou, "consenti, mas quebrei a minha palavra e, desde então, graças a esse erro nunca mais pude convencer alguém".[1]

Cassandra pode ser um personagem mitológico, mas ela representa um paradoxo fascinante. Detentora de conhecimento, ela o compartilhava com pessoas que poderiam se beneficiar dele, mas ninguém prestava atenção ou acreditava no que ela tinha a dizer. É um paradoxo que encontramos diariamente. Existem muitas pessoas por aí que fazem predições precisas, com propostas baseadas cuidadosamente nas evidências disponíveis ou com pontos de vista evidentemente sensatos, mas que têm o infortúnio de não serem escutadas, ou até mesmo de serem ridicularizadas. Elas sofrem do que é conhecido como "A Maldição de Cassandra".

Dos cavalos de Troia aos ursos de Wall Street[*]

No final dos anos 1990, a bolsa de valores dos EUA vivia um período de muito otimismo e sucessivas altas, com os investidores colocando o que pareciam ser poços sem fundo de dinheiro em empresas pontocom. Parecia que todos em Wall Street haviam comprado a ideia de que riquezas inimagináveis estavam aguardando para serem feitas. Todos, com exceção de um investidor — o *maior* dos investidores. Warren Buffett, 69 anos de idade, o então fundador e presidente da gigante dos investimentos, Berkshire Hathaway, era inflexível em seu desdém pelo que descreveu como a "exuberância irracional" do mercado. "Depois de uma experiência inebriante como essa, as pessoas sensatas assumem comportamento similar ao da Cinderela no baile, (...) ficando além do que é permitido nas festividades", ele destacou, "o que por fim trará à tona as abóboras e o rato".[2]

Muitos desaprovaram Buffett por seus comentários sombrios e avisos agourentos de "uma bolha prestes a explodir". Os maiorais das empresas pontocom afirmavam que o presidente da Berkshire Hathaway, um conhecido tecnofóbico, deixaria de ganhar aquele mar de lucros que estava ali,

---

[*] N.T.: Nos Estados Unidos, é comum associar a alta do mercado da bolsa de valores com um touro (bullish) e a queda com um urso (bearish).

INTRODUÇÃO

à mão. Durante um tempo, os mercados concordaram. No final dos anos 1990, as ações da empresa caíram, mas Buffett se manteve firme, adicionando um fornecedor de energia de médio porte e uma empresa de aluguel de móveis ao portfólio da sua empresa, reforçando a percepção do mercado de que ele se opunha às novas tecnologias. Traçando um paralelo entre suas profecias pessimistas e as de Cassandra, os investidores apelidaram Buffett de "Cassandra de Wall Street".

É claro que o mercado por fim estourou, com os investidores anteriormente desdenhosos — e não Buffett — sofrendo danos à reputação. O escárnio da "Cassandra de Wall Street" se mostrou imprudente, além de impreciso a longo prazo. Por fim, Buffett foi publicamente reabilitado e sua credibilidade subiu a um nível que permaneceu intocável desde então. Ele deixou de portar a maldição do profeta de Wall Street, que é ignorado ao longo de sua vida.

Essa duvidosa distinção pertence a outrem, uma verdadeira vítima do Complexo de Cassandra cujo nome quase ninguém teria ouvido falar não fosse pelas habilidades investigativas do experiente jornalista Michael Lewis.[3]

A verdadeira "Cassandra de Wall Street" era um homem chamado Michael Burry, que nasceu em Nova York no ano de 1971. Ele estudou medicina na Universidade da Califórnia, Los Angeles, antes de conquistar o doutorado em Nashville, Tennessee. Enquanto trabalhava como residente em Stanford, ele encontrou tempo para iniciar seu próprio fundo de hedge e logo desenvolveu uma aptidão como um investidor astuto e bem-sucedido. Em 2001, um pouco depois do estouro da bolha da internet, o S&P 500 teve uma queda de quase 12%. Naquele ano, os investimentos de Burry subiram mais de 50%. Seria sorte de principiante? No ano seguinte, quando o S&P caiu 22%, Burry ganhou mais de 15%. Mesmo quando a bolsa de valores começou a se recuperar, em 2003, o desempenho de Burry superou facilmente o do mercado: 50% contra 28%.

MENSAGEIROS

Em meados dos anos 2000, Burry mudou o foco do seu investimento e começou a assumir posição contrária aos títulos de hipotecas de alto risco em uma época em que não havia meio formal de se posicionar contra elas (ele precisou inventar o próprio método). A genialidade de Burry residia em identificar os perigosos pontos falhos e pouco reconhecidos subjacentes ao mercado hipotecário subprime. A mensagem que ele parecia enviar era de um iminente apocalipse. Uma mensagem que parecia crível, baseada em evidências e construída com convicção. Burry tinha um interesse pessoal no assunto, pois estava colocando o próprio dinheiro em risco.

Quem poderia prever que o conhecimento astuto e perceptivo de Burry seriam os preditores iniciais do que se tornaria a maior crise financeira em mais de 70 anos? Pouquíssimos. Em contraste com os investidores do final dos anos 1990, que escutaram e desdenharam dos avisos de Warren Buffett, a profecia de Burry simplesmente não foi escutada. Nem pela mídia, nem pela multidão financeira. Quase ninguém estava ouvindo.

É possível discutir que foi ainda pior para Burry do que foi para seu clássico antepassado. O grande e único obstáculo de Cassandra era sua incapacidade de convencer os outros da sua profecia. Mas Burry também enfrentava outras desvantagens, ele não era um bom comunicador. Burry possuía apenas um olho, tendo perdido o outro aos dois anos, graças a um tumor. Essa desvantagem física dificultou simples conversas cara a cara porque, em sua tentativa de focar com o olho funcional, o de vidro de Burry parecia estranhamente enviesado. Esse constrangimento o perseguiu por toda a escola e faculdade, onde fez poucos amigos. O fato é que Burry era visto como diferente, seja na escola, na faculdade, como um residente no Hospital de Stanford ou ao chegar em Wall Street. Até mesmo sua maneira de se vestir era diferente. Em vez das normas do mercado financeiro com seus ternos sob medida, camisas engomadas e gravata com nó de Windsor, Burry vestia bermuda e camiseta para ir ao trabalho.

Anos depois da crise, e apesar do seu fundo ter obtido um ganho bruto de 726%, a profecia precisa de Burry permaneceu em grande parte sem

INTRODUÇÃO

o devido reconhecimento. Talvez o melhor exemplo da semelhança entre Burry e Cassandra tenha ocorrido em 2008, quando a Bloomberg News publicou um artigo detalhando uma longa lista das pessoas que previram o colapso financeiro. Notável pela sua ausência era o nome de Michael Burry. Ninguém ligou para ouvir sua história e nem procurou por suas previsões. Até a Financial Crisis Inquiry Comission — um grupo bipartidário organizado pelo presidente Barack Obama para examinar as causas das crises financeiras — não tinha interesse em falar com ele (pelo menos em um primeiro momento).* Em vez disso, chamaram o jornalista Michael Lewis.

Por que os funcionários da Financial Crisis Inquiry Comission escolheram contatar Michael Lewis para um relato das previsões feitas antes da crise? Com certeza faria mais sentido entrar em contato com uma das principais fontes dessas previsões, Michael Burry. Lewis é um ótimo jornalista, mas ele não possuía o conhecimento prático de Burry.

Uma possível resposta surge ao analisar as ações da Financial Crisis Inquiry Comission através das lentes do que cientistas cognitivos chamam de *focalismo* ou, mais comumente, *ancoragem*.[4] Ao julgar o valor relativo de um mensageiro, existe uma tendência natural das pessoas de atribuírem níveis indevidos de importância e causalidade aos mensageiros mais proeminentes. Frequentemente essas pessoas têm características que dão a elas um verniz de credibilidade, ainda que essas características não tenham relação com o que está sendo dito. O mensageiro é, apenas, alguém bem-conhecido. Ou carismático. Ou rico. Ou dominante. Ou simpático.

Isso explica porque certos mensageiros, aqueles nos holofotes, geralmente são recompensados com uma parcela muito maior de crédito por quaisquer sucessos ou fracassos do que eles realmente merecem.[5] É injusto e, ainda assim, compreensível. Ao julgar o valor relativo de uma proposição,

---

* A Financial Crisis Inquiry Commission finalmente entrevistou Michael Burry. Eles afirmaram ainda no começo da entrevista que a razão pela qual decidiram falar com ele foi porque "nós lemos sobre você no livro *A Jogada do Século*".

o público em geral enfrenta a dificuldade de processar grande quantidade de informações, muitas vezes conflitantes, para alcançar uma resposta satisfatória. Pense nisso. Questões como: "Qual candidato é a melhor escolha para presidente?", "O Brexit realmente resultará em um futuro brilhante para o Reino Unido?" e "Faz sentido apostar contra o mercado de hipotecas de alto risco?" são perguntas difíceis de serem respondidas. Por isso é completamente compreensível a nossa tendência de julgar uma ideia não baseada em seus méritos, mas de acordo com a pessoa que a apresentou. Nós falhamos em separar a ideia a ser comunicada da pessoa ou entidade que a está transmitindo. Esse insight comumente esquecido — geralmente ignorado pelas pessoas, e que as fazem ignorar o especialista na sala — elucida uma característica fundamental dos mensageiros eficazes.

Eles *se tornam* a mensagem.

Talvez isso explique porque a Financial Crisis Inquiry Comission tenha escolhido ouvir o relato de Michael Lewis sobre as profecias de Michael Burry, em vez de contatar Burry diretamente. Lewis representava um mensageiro mais acessível e proeminente.[*] Ele pode não ter a fonte do conhecimento que compartilhou com a comissão, mas era articulado, inteligente e um jornalista com conhecimento em economia que já trabalhara como vendedor de títulos na Salomon Brothers. Era alguém bem-conhecido. Ao focar essas características, é fácil ver porque as pessoas do conselho da Financial Crisis Inquiry viram em Michael Lewis um agente mais eficaz do que Burry e sua maldição da Cassandra. Eles estavam fazendo um julgamento sobre a qualidade da mensagem baseado na qualidade do mensageiro. Afinal, é muito mais fácil destacar quem já está em destaque.

---

[*] E ele era, pelo menos, uma pessoa de verdade. No livro de 2018, *A Novel Approach to Politics*, Douglas A. Van Belle, editor chefe da International Studies Perspectives and Foreign Policy Analisys, escreveu que "o mais popular presidente democrata dos EUA na memória recente" não serviu um único dia no Salão Oval. Dada a crescente oposição a várias políticas externas dos EUA na época, é fácil ver porque um presidente fictício (Josiah Bartlet, do seriado *The West Wing*, interpretado por Martin Sheen) foi considerado por muitos americanos como um representante mais adequado.

E quanto ao argumento de que a rejeição não foi para Burry, e sim para a sua mensagem? Afinal, os rumores de uma implosão iminente do mercado de hipotecas de alto risco eram ideias que muitas pessoas não gostariam de contemplar e muito menos de acreditar. Burry poderia ser o homem mais carismático do mundo, mas se a mensagem que estava querendo transmitir era desagradável, não surpreende que as pessoas escolheram ignorá-la. O fato é que isso não é exatamente o que aconteceu. Muitas pessoas escolheram ignorar Burry, e muitos de seus próprios investidores tentaram convencê-lo antes da implosão do mercado de subprime. Apesar disso, outros, que concordaram com suas análises, venderam a história de maneira mais convincente porque se encaixavam melhor no perfil do mensageiro. Greg Lippmann, um operador de hipotecas subprime no Deutsche Bank, é um exemplo disso, porque mesmo são sendo mais esperto do que Burry, tinha a confiança e domínio que faltavam a ele. Como resultado, o Deutsche Bank e seus acionistas o ouviram. Burry estava certo (e lucrou uma quantia considerável com isso), mas era o tipo incorreto de mensageiro, então sua mensagem tinha um alcance limitado. Lippmann estava certo e também era o tipo certo de mensageiro, portanto, ele, seu banco e os investidores do banco se beneficiaram com isso. Ao fim de um ano particularmente bem-sucedido, Lippmann recebeu um bônus de US$ 47 milhões.

Quando alguém comunica uma ideia, as pessoas não fazem só julgamentos sobre a coerência e a validade da mensagem transmitida. Elas fazem toda uma gama de julgamentos sobre o mensageiro também. Essa pessoa parece saber do que está falando? Ela possui alguma experiência relevante? Parece autêntica ou pode estar tentando me enganar? Ela é forte o suficiente para fazer o trabalho? Tem algum motivo oculto? Eu posso confiar nela? Essas são questões importantes que devem ser consideradas antes de colocar a mão no fogo por alguém. Metaforicamente *ou* literalmente.

Quando Burry e Lippmann tentaram convencer investidores que apostar contra o mercado de hipotecas de alto risco era uma boa ideia, os investidores com certeza estavam se perguntando essas mesmas questões. Burry e Lippmann estavam dizendo a *mesma* coisa. O mercado de subprime estava em uma posição tão arriscada que poderia levar a uma crise financeira do porte de um tsunami. Ambas as afirmações continham pesquisas, eram críveis, e a história inocentou os dois. No entanto, apenas Lippmann foi capaz de chamar a atenção dos investidores.

Michael Burry era a "Cassandra de Wall Street".*

Mensageiros versus mensagens

Esse é um livro que explora o porquê de alguns mensageiros e de suas mensagens serem escutadas e aceitas, enquanto outras não o são. Nós definimos "mensageiro" como um agente, pode ser um indivíduo, um grupo, uma plataforma de mídia ou uma organização, que distribui informação. Essa informação pode ser um dado simples, como a temperatura do dia informada por um meteorologista, ou um ponto de vista, como uma opinião escrita por um jornalista ou blogueiro. Também pode ser uma réplica, como quando um tuíte ou postagem do Facebook afirma que uma notícia é falsa, ou uma campanha de venda que usa um "influenciador" pago para promover um produto. Pode até mesmo transmitir uma ideia política, uma visão de mundo que tenta influenciar não só o que chama a atenção do público, mas o que ele pensa, crê e, por fim, se torna. Nós definimos qualquer um como público ou audiência, desde uma única pessoa até um grupo identificável — grande ou pequeno — para quem uma mensagem é

---

* Burry disse acreditar ter a síndrome de Asperger, e isso ajuda a explicar ainda mais sua dificuldade em interagir com os outros. Pessoas com Asperger costumam ser brilhantes em sistematizar informação, mas podem ter dificuldade com aspectos da inteligência social. Ser ignorado, ou ter consciência da incapacidade de controlar uma situação, pode estar associado à depressão, e isso também foi algo que Burry experimentou quando os investidores viraram as costas para ele e se recusaram a ouvi-lo. O ato de ser escutado é um componente crucial para dar dignidade a uma pessoa. Às vezes, transmitir uma queixa para um amigo, uma preocupação para um vizinho ou colega é tudo que é necessário para se sentir melhor. Ser ouvido nos permite influenciar e assumir o controle. É raro que um indivíduo alcance grandes feitos sem a ajuda de outros.

direcionada. E nós descrevemos o "messenger effect" ["efeito mensageiro"] como a mudança no nível de influência ou impacto que a mensagem causa em uma determinada audiência — por causa do mensageiro.

É importante notar que essa influência ou impacto não precisa ser resultado do conteúdo ou sabedoria da mensagem em si. Em vez disso, ela surge como resultado de um traço que o mensageiro é visto como possuidor. Nós investigaremos, em detalhe, oito traços fundamentais que, sejam reais ou inferidos, impactam se o mensageiro será ouvido ou não. Alguns dos traços do mensageiro serão familiares para o leitor. O que não será familiar são as características sutis que sinalizam a possessão de um ou mais desses traços que influenciam de maneira tão forte a reação das audiências.

Também é importante perceber que mensageiros não são necessariamente aqueles que criam uma mensagem. Grandes empresas contratam atores para endossar produtos em anúncios. Gerentes chamam consultores para trazer notícias duras, ou defender novas abordagens, fazendo uso de uma visão comum aos consultores, segundo a qual "eles não precisam saber mais que os clientes, só precisam de um terno, uma pasta e vir de fora da cidade". Grandes quantias são gastas em palestrantes que fazem pesquisadores juniores — ou redatores de discursos, se for realmente importante — escreverem o conteúdo. Concorrentes enviam missivas através de mediadores. Casais divorciados passam mensagens através de advogados. Crianças recrutam amigos para enviarem bilhetes aos garotos e garotas que eles e elas gostam na sala de aula. A mídia paga uma enorme quantia para conseguir uma citação do mensageiro mais interessante para uma história, ainda que existam outros que possam providenciar a mesma frase de efeito por um valor muito mais baixo.

Independentemente da fonte, quando uma mensagem é enviada, algo intrigante acontece. O mensageiro fica conectado ao conteúdo da mensagem na mente do ouvinte,[6] mesmo quando ele não é o criador da mensagem. Essa associação pode ter um efeito dramático na forma como o mensageiro e suas mensagens são avaliados. Isso ajuda a explicar, por exemplo, a origem da frase "Não atire no mensageiro", que se acredita ter se originado em uma época na qual os generais em guerra eram conhecidos por punir os mensageiros portadores de más notícias. Diz a lenda que, quando um mensageiro chegou para informar Tigranes, o Grande, rei da Armênia, que forças sob o comando do cônsul romano Lúculo estavam a caminho, Tigranes respondeu arrancando a cabeça do mensageiro. Pode-se presumir que qualquer informação subsequente foi transmitida de forma muito mais positiva, embora valha a pena mencionar que Lúculo derrotou Tigranes.*

Mensageiros não estavam em perigo apenas ao transmitir más notícias aos líderes. Mensageiros reais também enfrentavam perigo similar ao transmitir uma mensagem *do* monarca. Como porta-vozes do rei da Inglaterra dos tempos antigos, os pregoeiros corriam sempre o risco de serem agredidos por multidões furiosas que não gostavam das mensagens que estavam sendo transmitidas. A agressão física contra eles era tão comum que leis foram criadas para protegê-los. Qualquer dano causado a um pregoeiro era, por associação, um dano direcionado ao rei e, portanto, considerado traição cuja sentença era a morte.[7]

Se a conexão que fazemos entre um mensageiro e a mensagem é tão forte, então é importante entender como nós fazemos inferências baseadas em traços em relação a uma miríade de mensageiros que encontramos em nossas vidas e quais desses traços são mais importantes. Como decidimos o que um mensageiro sabe? Como avaliamos quais habilidades eles têm? Como julgamos o tipo de pessoa que eles são?

---

* Em agosto de 2017, algumas respeitáveis agências de notícias afirmaram que, duas vezes ao dia, o presidente Donald Trump recebe um dossiê para massagear o próprio ego, repleto de fotos lisonjeiras e boas notícias sobre si mesmo. Diferentemente dos mensageiros no palácio de Tigranes, que procuravam a todo custo evitar ser portadores de más notícias, é possível questionar se as autoridades da Casa Branca de Trump fazem de tudo para serem escolhidas como portadoras dessas notícias positivas a seu mestre. https://news.vice.com/en_ca/article/zmygpe/trump-folder-positive-news-white-house

INTRODUÇÃO

Ainda que nós certamente construamos e modifiquemos nossas visões sobre os outros com o tempo, por meio de repetidas interações e trocas, nós também adquirimos crenças e opiniões sobre eles de maneira extremamente rápida, às vezes em questão de milissegundos. A psicóloga de Stanford, Nalini Ambady, morta prematuramente por leucemia em 2013, foi pioneira em grande parte dos trabalhos sobre *julgamentos instantâneos* (impressões à primeira vista) e demonstrou de maneira conclusiva que humanos são muito bons em formar impressões gerais precisas baseadas em observações rápidas.[8] O trabalho dela mostrou que nossas primeiras impressões de um estranho não só tendem a combinar com as de outras pessoas que observaram o mesmo estranho por um período similar, mas também podem estar alinhadas com a avaliação do estranho de seus próprios traços de personalidade.

Tais julgamentos estão fundamentalmente conectados à nossa percepção de quão talentoso alguém é na transmissão de informações. Junto a Robert Rosenthal, psicólogo em Harvard, Ambady conduziu um estudo no qual participantes assistiram a uma série de vídeos mostrando 13 professores em ação.[9] Cada um dos vídeos só tinha dez segundos de duração e não continha áudio. Após assisti-los, cada participante classificou como viram os professores de acordo com 15 dimensões de personalidade: confiança, entusiasmo, domínio, cordialidade, atenção, otimismo, competência, profissionalismo, entre outras. O que Ambady e Rosenthal descobriram é que as classificações dos participantes foram incrivelmente consistentes. Se um professor era percebido como simpático por um participante, ele provavelmente foi visto como simpático por outros participantes. Mais do que isso, as avaliações feitas pelos voluntários foram bem-similares às avaliações entregues pelos alunos dos professores ao fim do semestre. Pense sobre isso. Pessoas que viram trechos de dez segundos dos professores sem áudio fizeram julgamentos sobre suas personalidades que eram bem-próximos das avaliações dos estudantes ao final do semestre, após conviverem com os professores ao longo de meses.

MENSAGEIROS

Parece milagroso, mas a verdade é que aqueles observando o vídeo estavam apenas reagindo às pistas físicas dadas por cada um dos 13 professores. Quando Ambady e Rosenthal levaram dois pesquisadores independentes para assistir aos vídeos e analisar a linguagem corporal de cada professor, segundo por segundo, eles descobriram que sempre que um professor olhava para baixo, sacudia a cabeça, se tornava mais animado, entusiasmado ou simplesmente sorria, os movimentos eram registrados e moldavam a percepção que as pessoas formavam sobre eles. Por fim, professores que pareciam animados e entusiasmados sobressaíam. Aqueles que franziram a testa foram vistos de modo mais crítico, assim como os que olhavam muito para baixo pareciam não ter confiança. Professores com esses últimos dois comportamentos receberam as piores avaliações dos alunos ao final do semestre.

Os estudos de Ambady mostraram que, quando se trata de formar primeiras impressões, *não há* nada além do que os olhos podem ver. Nós vamos inferir, com base em alguns poucos segundos de observação, quem é mais confiante, cordial, entusiasmado, confiável, simpático, autoritário ou especialista. Acredita-se que o processo de percepção das pessoas seja automático, ocorrendo dentro de 50 milissegundos de exposição a um novo indivíduo;[10] e, como mostraremos, esses processos se desenvolvem bem-cedo.

É claro que existe mais na interação humana do que as primeiras impressões e o comportamento não verbal. Sentimentos verdadeiros de respeito e conexão não se formam imediatamente. Nós também desenvolvemos uma compreensão das pessoas com o tempo. Desenvolvemos sentimentos por elas — às vezes positivos, às vezes negativos ou ambos — que também influenciarão como nos preparamos para ouvi-las. Como regra geral, se respeitamos e nos sentimos conectados com alguém, então estaremos mais inclinados a ouvi-lo e segui-lo (ainda que existam muitas exceções, que serão exploradas mais adiante). Também podemos aprender a gerenciar os sinais que enviamos. Um coach de comunicação ou instrutor de mídia pode nos mostrar como mudar a fala, expressão e costumes para que passemos uma visão mais positiva. Podemos até tentar nos treinar, melhorando nossas habilidades de autoapresentação, embora isso seja certamente mais difícil. O que falta nos instrutores de mídia e nas atividades de autodesenvolvimento é uma compreensão da ciência fascinante que informa as características de mensageiros bem-sucedidos e como nós somos frequentemente influenciados pelas pistas mais triviais e aparentemente inconsequentes.

Hard e soft messengers

Em 1982, os respeitados estudiosos Edward Jones e Thane Pittman desenvolveram um quadro conceitual descrevendo cinco estratégias que um mensageiro pode adotar como meio de administrar a impressão que uma audiência tem sobre ele.[11] Ele pode escolher parecer competente, moralmente respeitável, intimidador, simpático ou inspirar piedade. Os dois pesquisadores também notaram que uma única abordagem não funcionará em todas as circunstâncias. Um professor em uma nova turma pode escolher um estilo intimidador, advertindo severamente o mau comportamento de um aluno, por exemplo, como uma tentativa de sinalizar que não se deve mexer com ele. Adotar esse mesmo estilo de mensageiro em uma situação diferente — ao conhecer os pais de uma parceira pela primeira vez, por exemplo — provavelmente seria autodestrutivo. Mesmo dentro de uma única interação, pode ser aconselhável mudar da aparência agradável para a aparência intimidadora, ou de competente para alguém que inspira piedade, caso as circunstâncias exijam.

A tipologia do mensageiro de Jones e Pittman tem seu valor, mas também é um tanto quanto incompleta e foi ultrapassada por um corpo substancial de pesquisas que surgiram nos últimos 40 anos. Neste livro nós oferecemos um quadro mais contemporâneo e convincente, construído em cima de duas amplas categorias de mensageiros: *hard* e *soft*.* Os *hard messengers* têm mais chances de transmitir suas mensagens porque as audiências os veem como portadores de um status superior. Os *soft messengers*, em contraste, ganham a aceitação de suas mensagens porque são vistos como capazes de manter uma *conexão* com a audiência. Nos capítulos seguintes, nós consideramos cada um dos traços dessas duas amplas categorias de mensageiros.

Na Parte Um, exploramos o domínio do *hard messenger*, que tem, ou afirma ter, um status elevado. Mensageiros vistos como portadores de alto status dispõem de uma maior influência na sociedade, seja essa posição alcançada formal ou informalmente, porque acredita-se que eles detêm poder e qualidades que podem ser valiosos para aqueles a seu redor, como o líder de um partido político ou o capitão de uma equipe esportiva. É comum associarmos status e hierarquia no ambiente de trabalho, o que faz sentido porque aqueles no topo de uma estrutura organizacional claramente definida são os que tomam as decisões mais importantes, controlam os recursos da companhia e geralmente são os mais bem-pagos. O simples fato de terem status pode significar que são vistos com mais respeito e considerados como tendo maior valor para sua organização do que talvez deveriam. Apesar disso, hierarquias de status não estão limitadas ao ambiente de trabalho. Elas podem ser encontradas nas escolas, grupos familiares, círculos de amigos e nas nossas comunidades locais. Nós exploramos quatro traços importantes, dedicando um capítulo para cada, que contribuem de maneira individual ou combinada para o sucesso do mensageiro que faz uso do status: posição socioeconômica, competência, domínio e atratividade.

A Parte Dois é dedicada a uma investigação dos *soft messengers* da sociedade. Mensageiros eficazes não são apenas ricos ou famosos, nem pre-

---

* N.T.: Hard e Soft Messengers podem ser traduzidos, respectivamente, como mensageiros fortes e leves. Na falta de um bom termo que se encaixasse em todos os contextos utilizados, optamos por manter os termos no original.

cisam ser necessariamente especialistas, dominar uma questão ou ter um grande nível de atratividade. A característica marcante do soft messenger é a sua *conexão* com uma audiência. Humanos são animais sociais e têm um forte desejo de formar conexões e cooperar com os outros. As pessoas nem sempre procuram por informações de especialistas ou CEOs. Às vezes elas preferem escutar seus amigos, pessoas em que elas confiam e que são "como elas". Nos Capítulos 5, 6, 7 e 8, nós investigamos quatro fatores fundamentais que contribuem, novamente de maneira individual ou em combinação com outros, para o sucesso do soft messenger: cordialidade, vulnerabilidade, fidedignidade e carisma.

Na conclusão do livro, nós examinamos a interação entre vários efeitos provocados por hard e soft messengers e tentamos distinguir entre as situações que um hard messenger é preferível e as situações em que o soft messenger levaria a melhor. Em seguida, dirigimos nossa atenção para o impacto profissional, político e social desses efeitos. Se aceitarmos que os messengers effects são tão fortes de modo a influenciar a sociedade em sua tecitura e o nosso lugar dentro dela, os nossos valores, partidos políticos, em quem acreditamos e não acreditamos, em quais grupos entramos e quais rejeitamos, então o que podemos fazer para administrar esse amplo impacto na nossa sociedade? Nós oferecemos duas ideias principais que podem ser úteis para vários grupos, incluindo legisladores, profissionais que constroem comunicações impactantes, educadores e pais. Nossas ideias não foram feitas para serem deliberadamente controversas, mas para iniciar uma discussão sobre os fatores importantes que influenciam quem ouvimos e quem não ouvimos. Por uma única razão:

O reconhecimento dos traços dos mensageiros da sociedade é crucial porque eles influenciam não só *quem ouvimos* e *no que acreditamos*, mas também *em quem nos tornamos.*

PARTE UM

Hard Messengers

PART TWO

Hard Messengers

O Twitter e a Fonte de Champanhe

O FASCÍNIO PELO TWITTER É COMPREENSÍVEL. Nele, qualquer pessoa pode compartilhar suas opiniões (ainda que sejam limitadas pela quantidade de caracteres) com o resto do mundo. Existe também uma qualidade organizacional. Os tuítes podem ser categorizados sistematicamente por assunto, de acordo com as hashtags utilizadas nas mensagens. As pessoas que concordam com as visões expostas por um usuário podem sinalizar a aprovação com curtidas ou podem se envolver respondendo e retuitando as mensagens para todos os seus seguidores. Por essa razão, os tuítes podem se espalhar tal qual um incêndio em mato seco. Nas redes sociais, milhões de pessoas ao redor do mundo podem ver a mesma mensagem escrita por um mensageiro que, de outra forma, elas nunca teriam a oportunidade de interagir ou se conectar.

É incrivelmente democrático.

O Twitter também é visivelmente simplório. Ele começa com alguém decidindo transmitir uma mensagem, que não precisa ser necessariamente instigante. A mensagem também não precisa ser cordial, sarcástica, engraçada; como estamos cansados de ver, nem mesmo tem que ser certa ou verdadeira. Ela só necessita chamar a atenção, nem que seja só por um momento. Se o Twitter tivesse uma personalidade, seria a de uma criança de três anos que, carente de atenção, rejeita todos os brinquedos oferecidos pelos pais com um olhar que diz: "Isso é tudo? O que mais vocês têm? Vamos, me entretenham!"

Em 2017, Harsha Gangadharbatla, na Universidade do Colorado, se uniu a Masoud Valafar, um engenheiro de software do Twitter. Eles pretendiam examinar como a informação contida no Twitter pode influenciar crenças e opiniões.[1] Para isso, os pesquisadores selecionaram de maneira aleatória 300 mil usuários ativos no Twitter e rastrearam suas mensagens e atividades ao longo de um mês. Com isso, tentaram analisar se os usuários da rede social eram influenciados pelos meios de comunicação de massa, ou seja, se consumiam diretamente o que era propagandeado nas televisões, jornais e artigos online, ou se estavam apenas reagindo às mensagens disseminadas por alguns tipos de mensageiros. A resposta está na segunda opção. Parece haver uma comunidade bem-estruturada de líderes de opinião que tendem a seguir uns aos outros no Twitter, formar um conjunto de crenças e atitudes baseado nas mídias que eles consomem e em seguida compartilhar suas opiniões. Essas são as postagens que os outros usuários acompanham. Como uma fonte de champanhe onde o topo está sempre transbordando, fornecendo champanhe de maneira contínua para os níveis inferiores, os tuítes caem em cascata até que a taça de todos esteja preenchida.

A pesquisa de Gangadharbatla e Valafar é importante porque demonstra que mesmo em plataformas de compartilhamento de informações nas quais, diferentemente das mídias tradicionais, há poucas barreiras para o acesso e criação de conteúdo, alguns mensageiros detêm muito mais poder do que outros quando se trata de transmitir uma mensagem. Aqueles que são retuítados e causam o maior impacto nas atitudes e nos pensamentos não são necessariamente os perspicazes, engraçados ou inteligentes. Eles simplesmente estão ancorados em alguma forma de status.

Um tuíte que ilustra perfeitamente esse argumento foi enviado às 16h59 do dia 12 de agosto de 2017 por Robby McHale, que esperava que esse pudesse se tornar, finalmente, seu tuíte viral. Várias características de sua mensagem estavam a seu favor. Primeiro, o momento da postagem era muito bom e isso é algo fundamental para que uma mensagem consiga chamar atenção no Twitter. O momento em que a mensagem é enviada e o contexto da postagem muitas vezes têm um peso maior do que o conteúdo em si. Segundo, o tuíte postado por McHale falava sobre um assunto que milhões de pessoas estavam comentando e acompanhando, não só nos Estados Unidos como no resto do mundo: os tumultos de Charlottesville. Essa história [a do confronto entre supremacistas brancos e grupos antirracismo] prendia a atenção das pessoas de forma que todos falavam sobre isso, assistiam às notícias e discutiam em suas páginas do Facebook. Terceiro, o tuíte de Robby McHale foi escrito com cuidado. Fazia uma inteligente brincadeira com o slogan da campanha presidencial de Donald Trump, sugerindo que os Estados Unidos não precisavam de ódio e segregação para se tornar grande novamente, mas sim de compreensão e cooperação.

"A população dos EUA deve se unir e trabalhar cooperativamente, independentemente de raça, para que o país se torne grandioso", ele postou. O tuíte foi seguido pela hashtag #Charlottesville.

Quem discordaria desse sentimento?

No dia 25 de agosto, 13 dias após sua mensagem para o povo americano, Robby McHale só havia recebido uma resposta. Uma pessoa havia comentado o seu tuíte. Nada de curtidas nem *retuítes*. Apenas um dos mais de 330 milhões de usuários mensais do Twitter interagiu com a mensagem de McHale. Ninguém o estava escutando. Sua astuta e tempestiva mensagem, que com certeza representa os ideais de milhões de pessoas, foi deixada de lado assim como os brinquedos daquela criança de três anos, desinteressada e carente de atenção.

Apenas sete minutos após a postagem dele, outra pessoa postou uma mensagem no Twitter que transmitia um sentimento muito similar ao do tuíte de McHale. A mensagem tinha muitas características de um tuíte que não vai a lugar nenhum. O contexto não era particularmente claro e, diferentemente de McHale, o autor não usou as próprias palavras, optando por repetir uma frase que havia surgido pela primeira vez havia mais de 20 anos na autobiografia de 1994 de Nelson Mandela, *Longa Caminhada Até a Liberdade*: "Ninguém nasce odiando outra pessoa pela cor de sua pele, ou por sua origem, ou sua religião...".

Não obstante, o tuíte viralizou imediatamente.

Essa segunda mensagem tinha algumas coisas a seu favor. As palavras usadas eram expressivas, ainda que não fossem do usuário. Além disso, a mensagem veio acompanhada de uma foto inspiradora do usuário sorrindo diante de uma janela aberta, na qual estava um grupo de crianças de diversas etnias olhando para fora. O fator decisivo foi a pessoa sorridente na foto. No início de 2018, o tuíte do ex-presidente dos EUA Barack Obama havia sido replicado mais de 1,6 milhão de vezes e contava com 4,4 milhões de curtidas. De acordo com um porta-voz do Twitter, esse foi, na época, o tuíte mais popular já postado.[2] Provavelmente continua sendo até hoje.

É surpreendente que o tuíte de um popular ex-presidente consiga a aprovação de mais de 4,4 milhões de pessoas, enquanto Robby McHale é aprovado por uma? De forma alguma. Barack Obama tem mais de 100 milhões de seguidores no Twitter. Isso significa que quase 30% de todos os usuários registrados no Twitter potencialmente veem as mensagens de Barack Obama sempre que ele decide postá-las. É claro que o tuíte de Robby McHale vai ser preterido em favor do tuíte de um ex-presidente dos Estados Unidos da América. Ele seria preterido até mesmo pelo tuíte de um ex-presidente de uma associação de síndicos de condomínio.

Também não surpreende o quão antidemocrático e hierárquico é o Twitter, apesar de parecer democrático e acessível. É verdade que a plataforma se constitui em um espaço no qual qualquer mensageiro pode ter voz e todas as vozes têm a oportunidade de serem escutadas. Mas também é verdade que apenas uma pequena fração delas tem algum tipo de status.

HARD MESSENGERS

O status tem um *"hard messenger effect"* e é incrivelmente poderoso. Aqueles que são vistos como ocupando uma alta posição social têm *valor instrumental* — isso é, eles são vistos como tendo certas características que não apenas os ajudaram a ter sucesso como também podem ser úteis para os outros. Como resultado, nós costumamos pensar que vale a pena ouvir o que essas pessoas têm a dizer, e com isso elas conseguem exercer uma maior influência. Esse é o principal motivo pelo qual, quando conhecemos alguém pela primeira vez, a conversa geralmente se inicia com: "Então, o que é que você faz?"

Saber a posição social de uma pessoa nos permite inferir muitas outras características sobre elas, e essas inferências podem ser precisas ou não.[3] O status permite que respondamos uma pergunta muito importante: "Vale a pena ouvir essa pessoa?"

Na Parte Um discutiremos os quatro traços "fortes" que podem levar um mensageiro a ser visto como detentor de alta posição social e, por conta disso, ganhar a atenção das outras pessoas. Os traços em questão são competência, posição socioeconômica, domínio e atratividade.

Como você verá nos quatro capítulos seguintes, o status — não apenas no Twitter, mas em qualquer contexto e situação social — conta muito.

1

POSIÇÃO SOCIOECONÔMICA

Fama, Fortuna e Ser Reconhecido sem Ser Reconhecido

Para muitas pessoas, ser uma celebridade é uma ideia atraente, com todo aquele reconhecimento e bajulação. Para as celebridades, entretanto, essa é uma situação com vantagens e desvantagens. Em um discurso cheio de palavrões no filme *Tá Rindo do Quê?*, Eminem lamenta o lado negativo de ser uma celebridade: "Não posso ir a loja nenhuma", ele se queixa. "Não posso ir ao supermercado, não posso ir a lugar nenhum. Todo mundo aqui fica olhando para a gente ou quer tirar uma merda de foto." O comediante americano Aziz Ansari usou o mesmo argumento na entrevista que deu para Stephen Dubner no *Freakonomics Radio*, um popular podcast dos EUA.[1] Ele reconheceu as vantagens, sugerindo que: "A maior vantagem é que as pessoas são muito legais com você, as pessoas estão inclinadas a serem legais com você. Os estranhos chegam e falam o quanto apreciam o seu trabalho. (...) Eles dizem 'Eu amo o seu trabalho' e eu acho isso muito legal." Em seguida ele também comentou sobre o lado negativo:

> "(...) Em um determinado momento, quando você está andando na rua e é reconhecido, as pessoas te param o tempo todo. Então você tem que tirar todas aquelas fotos, e eu fazia isso até me tornar uma pessoa irritável. Tirava as fotos e tirá-las me deixava irritado. Você está com sua namorada e então sempre tem alguém interrompendo vocês. (...) Conheço algumas pessoas que são famosas a ponto de não mais conseguirem andar nas ruas. Estão sempre em um carro preto, não importa para onde estejam indo. Elas não podem ser pessoas normais. Não quero perder isso, sabe? Eu quero andar na rua e ser uma pessoa como qualquer outra."

Ansari parece dizer que a fama é boa até certo ponto e que, passado esse ponto, ela se torna problemática... para a *celebridade*.

As vantagens de ser uma celebridade são óbvias. A maioria das pessoas gosta de ser elogiada e de se aquecer no brilho quente que surge dos aplausos e da aprovação dos outros. Curiosamente, estudos mostram que muitos de nós ficamos mais do que contentes em aceitar elogios mesmo quando se apoiam em uma base escassa de realidade.[2] Outros estudos sugerem que os beneficiários dessa bajulação olham de maneira mais gentil para seus admiradores.[3] Provavelmente essa é a razão pela qual um perspicaz comentarista de um site aconselha a dizer o quanto você ama o trabalho mais recente da celebridade *antes* de pedir por uma foto e não depois.[4]

Quando se trata de estabelecer a influência que eles têm, o lado negativo de ser uma celebridade pode ser mais revelador. Celebridades são conjuntos raros de indivíduos que foram considerados dignos de atenção (e muitas vezes admiração) não só por seu grupo local, mas pelo público de forma geral. As pessoas estão sempre desesperadas para encontrá-las. As celebridades são, de alguma forma, consideradas as melhores entre as melhores. Quanto mais destaque, atenção e exposição elas recebem, mais essa crença é perpetuada. Quando uma pesquisa realizada em 2009 no Reino Unido perguntou às crianças de dez anos o que elas queriam ser quando crescer, um grande número delas respondeu que queriam ser astros pop, esportistas e atores. Outra pesquisa no Reino Unido mostrou que 22% das crianças, mais uma vez com uma média de dez anos de idade, gostariam de ser "ricos" quando crescessem, e 19% das crianças disseram que queriam ser "famosos".[5] Resultados como esses mostram o efeito cada vez mais forte das celebridades em nossa sociedade. Elas podem não gostar da atenção que surge com a fama, mas mesmo assim essa atenção dá às celebridades um poder e influência que vão muito além da esfera em que se estabeleceram.

Em razão disso, não é surpreendente que as celebridades, sejam elas astros pop, fenômenos do esporte ou ocasionalmente chefes de Estado, se tornem mensageiras poderosas: nós prestamos atenção nelas. É importante ter em mente, entretanto, que nós não as escutamos simplesmente porque são famosas. Nós também estamos respondendo à posição socioeconômica, que é parte integrante da fama das celebridades. Em outras palavras, nós estamos preparados para ouvi-los porque eles estão no topo da pirâmide hierárquica: eles têm status.[6] Esse status é algo comum a muitas pessoas que não são famosas. Você não precisa ser famoso para impor atenção e respeito.

Como ser reconhecido sem ser reconhecido

Em uma manhã ensolarada de domingo no ano de 1967, Anthony Doob e Alan Gross entraram em seus carros e dirigiram pelas cidades de Palo Alto e Menlo Park, no norte da Califórnia. Cada um carregava um único passageiro, deitado no banco traseiro e escondido da vista dos outros motoristas. Esses passageiros clandestinos possuíam dois cronômetros e um gravador. Estariam Doob e Gross se preparando para realizar um trote de faculdade (afinal, a Universidade Stanford estava por perto)? A resposta é não. Eles buscavam, na verdade, encontrar uma resposta com alguma base científica para uma questão intrigante: em média, qual era a tendência dos motoristas californianos de buzinarem ao ficarem presos em um cruzamento?

    Anthony Doob parou o carro no cruzamento de uma rua estreita e, assim como havia planejado, as luzes ficaram vermelhas antes que ele pudesse atravessar, fazendo-o parar na frente do cruzamento. Enquanto a luz estava vermelha, alguns outros carros se juntavam à fila. Um minuto se passa e a luz do semáforo muda para verde, mas Doob não sai do lugar. Ele permanece com o carro parado e o motor ligado. Enquanto isso, Alan Gross está do outro lado da cidade, fazendo a mesma coisa em outro cruzamento.

    Doob e Gross já sabiam que as luzes dos cruzamentos escolhidos permaneciam verdes por cerca de doze segundos e que as ruas eram estreitas demais para que os carros ultrapassassem. Eles sabiam, portanto, que qualquer atraso da parte deles traria frustração para os motoristas que se encontravam no meio da fila. Quantos deles, precisamente, demonstrariam essa irritação com o uso da buzina? Os conspiradores de Doob e Gross, com os gravadores ligados nos bancos traseiros, tinham a resposta: 68% dos motoristas buzinaram pelo menos uma vez. Alguns motoristas foram mais longe e acertaram os para-choques traseiros.

Entretanto, estabelecer quantas pessoas buzinavam nessa situação era apenas parte do experimento. Eles também queriam saber se o comportamento das pessoas e suas buzinas mudariam de acordo com o tipo de carro que estava fechando o cruzamento.

Naquela manhã de domingo eles iniciaram o experimento com dois tipos de carros diferentes. Um deles era um novo modelo na cor preta do Chrysler Crown Imperial, com um teto rígido. O carro estava limpo e polido, era um carro de alta posição social. O segundo era um enferrujado modelo de 1954 de um Ford Station Wagon (também conhecido como SW ou perua). Na verdade, a aparência do Ford era tão ruim que Doob e Gross acabaram substituindo-o após algumas tentativas, com medo de que os motoristas pensassem que o carro havia quebrado. Substituíram, portanto, o Ford por um modelo de 1961 do Rambler sedã na cor cinza. Desalinhado, sujo, e não polido, o Rambler era um carro de pouco status.

Antes de embarcarem no experimento, Doob e Gross foram até um grupo de estudantes de psicologia da universidade e pediram que eles se imaginassem parados no trânsito atrás de um Chrysler 1966 preto ou um Rambler sedã 1961 cinza e sujo: "As luzes ficam verdes e, sem razão aparente, o carro não se move. Você buzinaria?", eles perguntaram. Complementaram essa pergunta com: "Por quanto tempo vocês aguardariam até buzinar?"

Os alunos foram unânimes: é claro que eles buzinariam e certamente não fariam nenhuma distinção entre os dois carros. Alguns estudantes afirmaram que buzinariam mais rápido com o carro de alta posição social, mas não foi exatamente isso que aconteceu nas estradas daquela manhã ensolarada de domingo. Ainda que cerca de 70% dos motoristas parados no trânsito tenham buzinado, expressando sua frustração, a distribuição ocorreu de maneira desigual entre os dois carros. Menos de 50% dos motoristas buzinaram para o carro de alto status, enquanto 84% buzinaram para o carro de baixo status. Os motoristas californianos não tiveram apenas a *probabilidade de buzinar* influenciada pelo status do carro que os estavam atrasando, mas a *latência para buzinar* também foi influenciada. Os motoristas atrás do carro de baixa posição social buzinaram muito mais cedo do que aqueles que estavam atrás do carro de alta posição social. Alguns buzinaram mais de uma vez.[7]

Esse é um experimento peculiar de psicologia, além de ter mais de 50 anos de idade. Ainda assim, as descobertas em estudos recentes têm se mostrado surpreendentemente semelhantes. Por exemplo, em 2014 uma equipe de pesquisadores franceses descobriu que é muito menos provável que os motoristas ultrapassem um veículo lento se esse veículo for de grande prestígio.[8] Parece que na hora de decidir buzinar, ou realizar a ultrapassagem, alguns motoristas (certamente não todos) são influenciados pelo status do carro e, por extensão, pelo status do motorista. Talvez isso explique em parte porque algumas celebridades com frequência escondem suas identidades dirigindo carros com vidros escuros. De maneira irônica, manter o anonimato nos carros de alta posição social pode permitir que as celebridades alcancem o que a princípio pode parecer como dois objetivos incompatíveis. Elas são capazes de sinalizar sua posição de privilégio sem precisar sofrer com atenção indesejada, como lamentaram Eminem e Aziz Ansari. O ar de mistério criado por quem está no interior do carro aumenta a qualidade enigmática do passageiro misterioso. É uma forma incrivelmente eficiente de permanecer reconhecível sem experimentar o aborrecimento de ser reconhecido.[*]

---

[*] É importante notar que um carro nem sempre precisa ser caro para melhorar a posição socioeconômica de alguém, mas ser caro certamente ajuda. Especialmente se o ato da compra

A posição socioeconômica é apenas uma forma de status, mas é a forma mais óbvia e proeminente porque pode ser sinalizada facilmente com as compras e escolhas de consumo que nós realizamos. A compra de uma limusine com os vidros escuros é um exemplo claro de "consumo conspícuo" — um termo criado pelo sociólogo americano Thorstein Veblen, que percebeu como certos membros da sociedade pagariam deliberadamente mais caro do que o necessário por bens e serviços para impressionar o restante da sociedade e aumentar seu poder e prestígio social.[9] A posição socioeconômica pode ser, logo, tanto comprada quanto ganha. Uma Ferrari. Um relógio de pulso de um milhão de dólares. Uma cobertura de frente para o mar. Tudo isso sendo comprado para sinalizar a riqueza e o status de alguém e, ao fazê-lo, mudar como os outros reagem a eles.

Apesar disso, os sinais de posição socioeconômica não estão restritos ao que muitos chamam de ostentação. Até uma humilde camiseta pode ser eficaz para sinalizar o status socioeconômico. Em 2011, uma dupla de psicólogos holandeses conduziu uma série de estudos que tiveram diversas semelhanças com o trabalho anterior de Doob e Gross, mas usando camisetas em vez de carros. Abordando compradores dentro de um shopping movimentado, os pesquisadores perguntaram se eles gostariam de fazer parte de um pequeno estudo, no qual o prêmio seria uma bebida da escolha do participante. Aqueles que concordaram viram uma série de imagens de um jovem com uma camisa polo e, em seguida, foram convidados a classificar o possível status socioeconômico do rapaz. As imagens eram todas idênticas, exceto por uma característica: uma demonstração de

---

de um veículo caro for combinado com uma ação aprovada de modo universal. Em 2006, uma redução de impostos patrocinada pelos EUA para carros de baixa emissão acabou, tornando os veículos de "emissão neutra" US$3mil mais caros. Em vez de despencar, as vendas do Toyota Prius subiram 69%. Artigos rapidamente surgiram detalhando o número de estrelas de Hollywood que estavam deixando suas Ferraris de lado e dirigindo até os estúdios com um Prius. Conhecido como *altruísmo competitivo*, o sinal parece ser: "Olhem para mim, eu sou um amigo do meio ambiente e estou disposto a pagar para ser um amigo do meio ambiente." À luz do estudo francês, é possível questionar se as viagens também não passaram a durar mais, como resultado dos astros dirigindo seus novos Prius brilhantes e de vidros escuros mais devagar que o normal, para que os meros mortais tivessem a chance de (não) reconhecê-los.

status na forma de uma marca incluída digitalmente na camisa polo. Aqueles que viram as fotos do rapaz com a camisa polo e a marca o classificaram como tendo uma posição social e riqueza superior do que quando ele aparecia com a mesma roupa, mas sem marca ou com uma marca menos reconhecida.[10] Nos cruzamentos de Palo Alto, um carro de prestígio foi o suficiente para aumentar a posição socioeconômica de um completo estranho. Nos shoppings holandeses, quem cumpriu essa função foi a marca Tommy Hilfiger.

Recorde-se como os estudos de Doob e Gross descobriram que o prestígio de um carro era capaz de influenciar o período em que os motoristas estavam dispostos a esperar antes de buzinar. Teria a inclusão da marca em uma blusa causado um efeito similar — influenciando, por exemplo, a probabilidade de as pessoas responderem positivamente a um pedido ou mensagem que as atrasariam? No mesmo shopping holandês, outros transeuntes foram abordados por um pesquisador carregando uma prancheta, que olhou nos olhos deles e perguntou se poderiam responder a algumas perguntas. Metade das vezes o suéter verde do pesquisador exibia a marca Tommy Hilfiger e metade das vezes, não. Os resultados foram notáveis. Apenas 13% das pessoas concordaram em responder às perguntas quando o pesquisador não exibia a marca em seu suéter, enquanto 52% concordaram quando houve a exibição da marca, trazendo uma melhora ao status socioeconômico do pesquisador. Parece que esse efeito não só facilita a complacência por pequenos pedidos de ajuda. Em um estudo separado, os mesmos pesquisadores holandeses enviaram angariadores de fundos de porta em porta com o objetivo de coletar doações para a Dutch Heart Foundation. Metade dos angariadores vestia uma blusa de uma marca reconhecida (Lacoste, dessa vez) e a outra metade uma blusa sem marca alguma. Mais uma vez, as pessoas responderam aos mensageiros de alto status de maneira mais favorável, fazendo com que os angariadores com a camisa de marca arrecadassem o dobro de doações.* Perceba como, em cada um dos casos, a mensagem ou pedido é exatamente igual. A única coisa que mudou foi a percepção da posição socioeconômica do mensageiro. O status se tornou a mensagem.

A compra e venda de status

Os efeitos dessa "sinalização custosa" não estão restritos aos indivíduos de alta posição social, como os ricos e as celebridades. Eles também podem ser encontrados no reino animal. Pavões, por exemplo, são os arquetípicos sinalizadores dispendiosos.[11] Os machos deixam o rabo o mais comprido e belo possível, porque um rabo longo emite um sinal de seus bons genes para as pavoas mais próximas. Existe um perigo nesse processo, é claro: assim como acontece com as celebridades, cuja sinalização custosa e consumo conspícuo podem deixá-las expostas à atenção indesejada de certos tipos de fãs, a sinalização custosa na natureza também pode prejudicar o pavão — e com certeza os predadores do pavão pedirão muito mais do que uma foto ou autógrafo. Porém, parece que a natureza fez as contas e concluiu que, ainda que escapar de um potencial ataque seja mais difícil com

---

* Evidências de que as pessoas usam sinais sutis para inferir a posição socioeconômica de um indivíduo já foram encontradas em diversos estudos. Por exemplo, uma equipe de pesquisadores dos EUA descobriu que as pessoas conseguiam prever de maneira precisa as características pessoais de um completo estranho ao ver apenas uma foto dos sapatos dele. É possível questionar se a ex-primeira-ministra do Reino Unido, Theresa May, tinha conhecimento dessa pesquisa. Quando recém-nomeada secretária de Estado para os Assuntos Internos, ela se tornou bem-conhecida por sua coleção de sapatos da marca britânica L. K. Bennett. Talvez uma parte do público, na época não familiarizada com May, tenha formado suas primeiras opiniões devido aos seus sapatos. Se, como a pesquisa norte-americana parece indicar, os sapatos são de fato um importante sinal de posição socioeconômica, eles podem até ter contribuído para a ascendência ao cargo de May. Os seus calçados permaneceram como uma fonte de fascínio para a mídia durante seu período como primeira-ministra. Em outubro de 2016, durante importantes negociações do Brexit, a BBC foi criticada duramente por focar demais os sapatos da primeira-ministra May. Talvez a BBC tenha acreditado que os telespectadores estavam tão interessados no que os sapatos tinham a dizer quanto no que ela tinha a dizer. Gillath, O., Bahns, A. J., Ge, F. & Crandall, C. S. (2012), 'Shoes as a source of first impressions', *Journal of Research in Personality*, 46(4), 423–30.

um rabo desse tamanho, esse é um risco que vale a pena correr para um pavão que deseja ganhar a atenção das pavoas disponíveis.

É fácil entender porque o Sr. Pavão está disposto a incorrer em um custo potencialmente alto para sinalizar seu status. Seu sucesso como reprodutor pode depender disso. Os mesmos princípios básicos se aplicam: a habilidade de um mensageiro de exibir sua riqueza ou status influencia como as pessoas passam a vê-lo. Ainda que alguns de nós possamos considerar essa exibição como vulgar, isso não significa que somos imunes às pistas enviadas por esses sinais. Os estudantes de psicologia de Doob e Gross pensaram que não se deixariam levar por um carro sofisticado. Alguns afirmaram até mesmo que reagiriam de maneira hostil contra ele, mas o experimento provou o contrário.

A variedade de benefícios oferecidos aos indivíduos de alto status ajuda a explicar porque as pessoas costumam estar dispostas a pagar mais por produtos de luxo. A disposição de pagar geralmente não tem relação com a capacidade de pagar e é movida principalmente pela necessidade de sinalizar a posição socioeconômica em relação aos outros. Até mesmo indivíduos de baixa renda em países emergentes com frequência estão dispostos a pagar mais por marcas de alta posição social. Quando pesquisadores ofereceram para algumas famílias bolivianas de baixa renda a escolha entre dois perfumes, com a única diferença entre eles sendo a marca, muitas famílias prefeririam pagar mais pela fragrância da Calvin Klein do que pelo produto idêntico de uma marca genérica.[12] A despeito das dificuldades financeiras e do maior custo da compra do produto relacionado a aspirações sociais, quando uma oportunidade de aumentar o status surgiu, elas a agarraram. Até mesmo em comunidades pobres, nas quais a maioria ocupa uma baixa posição social, as pessoas estão dispostas a pagar por produtos luxuosos.

É verdade, claro, que nem todos se preocupam em adquirir os tipos de produto que lhes permitem indicar uma posição social elevada para os outros, mas muitos de nós nos preocupamos. Essa é uma verdade que foi habilmente demonstrada pelo psicólogo Brad Bushman em um estudo que parecia, pelo menos superficialmente, uma simples degustação de manteiga de amendoim para os compradores de um mercado. Na verdade, o estudo foi desenvolvido para revelar mais sobre os participantes do que eles devem ter percebido.[13] Àqueles que aceitaram o convite foram oferecidos aleatoriamente um entre quatro diferentes tipos de manteiga de amendoim, cada um sendo de uma marca cara ou barata e exibindo uma etiqueta de preço alto ou baixo. Após a degustação de uma das amostras, os participantes eram convidados a classificar o quanto eles gostaram e indicar o quanto pagariam pelo produto. Eles também precisaram completar um teste responsável por medir a autoconsciência pública dos participantes ao perguntar o quanto eles concordaram com afirmações como: "Geralmente me preocupo em passar uma boa impressão" e "Eu me preocupo com o que as outras pessoas pensam sobre mim".

Ainda que o conteúdo dos recipientes fosse o mesmo, a maioria dos compradores disse preferir a manteiga de amendoim do pote mais caro. Essa tendência foi especialmente marcada entre os compradores com a maior nota no teste de autoconsciência pública. Eles não só tinham uma maior probabilidade de preferir o pote com a marca cara, como também tinham uma maior probabilidade de não gostar do pote de marca mais barata. Parece que os que estão mais motivados a sinalizar seu status socioeconômico são aqueles com uma maior sensibilidade à própria autoconsciência pública. Eles também têm uma maior probabilidade de se preocupar com a forma em que aparecem em público e parecem estar dispostos a pagar mais caro para demonstrar seu status, imaginando que isso pode aumentar a chance de receber reações favoráveis dos outros e, consequentemente, poder exercer uma maior influência social sobre eles.

Se carros, roupas de marca e até manteiga de amendoim podem melhorar a posição socioeconômica de um indivíduo, então não é de admirar que aqueles com tais aspirações façam de tudo para adquiri-los. Alguns estão até mesmo preparados para enfrentar um constrangimento momentâneo para garantir o status que almejam. Estudos mostraram como, quando se trata de vender produtos de luxo, um indivíduo pomposo e indiferente, que mostra seca irritação diante da falta de conhecimento do potencial comprador sobre os produtos que deseja comprar, é um tipo de mensageiro particularmente eficaz.[14] Ironicamente, a reação do comprador para tal desdém e grosseria não é dar as costas para o vendedor e marchar para fora da loja. Ao contrário, esse comprador não habituado a produtos na moda sente uma motivação ainda maior para comprar. Essa afirmação é particularmente verdadeira para aqueles que alcançam uma pontuação alta na escala do teste de autoconsciência pública de Bushman. Pesquisadores da Universidade Estadual da Flórida mostraram como vendedores que sinalizam uma posição socioeconômica superior, seja ao portar roupas de marca ou agir de maneira pretensiosa e esnobe, têm muito mais chances de serem considerados frios e antipáticos pelos clientes em potencial. Entretanto, isso é mais que compensado por um desejo crescente entre esses clientes para competir, e pagar, para igualar seu status com o da pessoa que eles não gostam.[15] A percepção amplamente aceita é a de que o cliente que gosta de um vendedor tende a comprar e gastar mais, no entanto, isso não é necessariamente verdade quando falamos de clientes inseguros sobre o próprio status comprando produtos "posicionais" capazes de melhorar suas posições socioeconômicas. Essas pessoas têm uma necessidade ainda maior de indicar que são boas o suficiente para ter a aprovação do vendedor e a melhor forma de fazer isso é por meio de suas carteiras e bolsas.

Os produtos que sinalizam o status de uma pessoa são conhecidos como "bens posicionais" porque servem para elevar aquela pessoa na hierarquia social e a característica que sobressai nos bens posicionais é que eles, por definição, se destacam. Alguns bens têm um valor posicional maior do que outros. Isso foi bem-demonstrado em 2005 por uma dupla de economistas norte-americanos, Sara Solnick e David Hemenway, que pediram que as pessoas considerassem uma variedade de situações em que elas poderiam estar em melhor situação se comparadas com as outras pessoas, ou poderiam estar melhor em termos absolutos, mas piores do que aqueles ao redor delas.[16] Então, por exemplo, eles perguntaram o que as pessoas prefeririam:

- Viver em uma casa com sete cômodos, enquanto as outras pessoas vivem em casas com dez;
- Viver em uma casa com cinco cômodos, enquanto outras pessoas vivem em casas com três.

Caso as pessoas simplesmente valorizem o espaço, então elas devem se preocupar com o número absoluto de cômodos e, portanto, escolher a opção 1. Caso elas sejam motivadas por um desejo posicional, elas podem não ficar satisfeitas com a opção 1 porque, apesar de disporem de mais espaço, ainda permanecem em uma situação pior que a dos outros, e podem, portanto, preferir a opção 2. Quando Solnick e Hemenway conduziram esse experimento, descobriram que cerca de um terço dos participantes afirmaram preferir viver na menor casa, contanto que os outros estejam em situações piores. Quando uma pergunta semelhante foi feita quanto a um aumento absoluto ou relativo na renda, 50% dos participantes escolheu uma opção, enquanto 50% escolheu a outra.

Não só as atitudes das pessoas quanto aos bens posicionais são relativas, como também variam de acordo com o que está em jogo. O trabalho de Solnick e Hemenway demonstra, por exemplo, que as pessoas têm uma maior preocupação posicional com a renda do que com o lazer. Benefícios oriundos do ambiente de trabalho, como salário, título e posição hierárquica oferecem uma oportunidade de melhora das qualidades posicionais do indivíduo e podem, assim, transformá-lo em um mensageiro mais eficaz. Em 1883, o pensador socialista francês Paul Lafargue escreveu no seu *O Direito à Preguiça* que a máquina "é o redentor da humanidade, o Deus que lhe trará tempos livres e liberdade".[17] Essa foi uma ideia adotada pela maioria dos outros futurologistas e, no século XXI, realmente dispomos de mais tempo de lazer para aqueles que vivem e trabalham em economias bem-desenvolvidas. Apesar disso, o status que ainda acreditamos ganhar com o trabalho é tanto que, quando tratamos de preocupações posicionais, nós colocamos muito mais ênfase no trabalho, dinheiro, título e posição hierárquica do que em nossa busca de lazer. O trabalho é usado, da mesma forma que uma marca de prestígio, como um sinal da nossa posição socioeconômica.

As escolhas de compra e o consumo conspícuo não são as únicas formas com as quais um mensageiro pode sinalizar sua posição socioeconômica. Eles também fazem isso com as comidas que comem, os estabelecimentos que frequentam, as atividades que realizam e os clubes e grupos sociais dos quais fazem parte.[18] Todas essas coisas enviam pistas que são recolhidas pelos outros de modo quase instantâneo. Voluntários em um estudo no qual eram responsáveis por ver uma série de fotos de perfil no Facebook foram capazes de realizar inferências notavelmente precisas sobre as características socioeconômicas do mensageiro, incluindo a renda familiar, classe social e até mesmo a formação educacional dos pais.[19] Eles alcançaram essas conclusões não ao analisar fatores como atratividade física (outra pista que as pessoas usam como indicativo de posição socioeconômica)[20], mas o que estava em segundo plano. Onde a foto foi tirada? Quem estava na foto? Sinais pequenos como esses falaram bem-alto. Não surpreende que pesquisas tenham revelado que olhar frequentemente para as fotos de outras pessoas no Facebook, e a tendência natural de realizar comparações sociais que surge com essa atividade, pode gerar sentimentos de inveja, reação que está se tornando cada vez mais conhecida como "depressão do Facebook".[21]

É possível até mesmo inferir o status de alguém ao assistir o grau de motivação dessa pessoa para falar com estranhos. Aqueles que estão embaixo na escala socioeconômica tendem a ser bem-sociáveis. Entretanto, uma vez que as pessoas se sentem aceitas, sua vontade de se conectar com novos indivíduos e grupos diminui de maneira dramática — provavelmente porque suas necessidades sociais já foram saciadas, o que os tornam menos dispostos a interagir com estranhos.

Isso foi muito bem-demonstrado por Michael Kraus, da Escola de Gestão da Universidade Yale, e Dacher Keltner da UC Berkeley em um estudo envolvendo filmar duplas de participantes de diferentes contextos econômicos e sociais que estavam sentados juntos, aguardando o início da atividade experimental. Na verdade, o experimento já havia começado, porque o que interessava a Kraus e sua equipe era como os estranhos se comportariam quando ninguém os estivesse observando. Testes após testes, os pesquisadores descobriram que aqueles com uma maior posição socioeconômica, medida em termos de riqueza e educação formal, mostraram um comportamento menos afiliativo. Aqueles com uma menor posição socioeconômica tinham maior probabilidade de olhar na direção de seu parceiro para ver o que ele estava fazendo, além de agirem amigavelmente. Eles também tinham mais probabilidades de concordar com a cabeça e rir das piadas dos colegas. Em contraste, os voluntários mais privilegiados passaram mais tempo olhando para os celulares, rabiscando e "cuidando de si". Kraus e Keltner sugeriram que tais discrepâncias refletiam a motivação de cada indivíduo para se conectar e obter a aprovação de terceiros.[22]

Quando voluntários de um novo grupo viram pequenos trechos desses vídeos, rapidamente deduziram o status socioeconômico das pessoas que estavam assistindo, ainda que os trechos não tivessem áudio e eles não pudessem consultar outros voluntários. Em outras palavras, eles inferiram uma posição socioeconômica relativa baseando-se em quem fazia ou não um esforço para interagir. Pessoas de baixo status procuravam afiliação e aprovação, enquanto as pessoas de alto status não precisavam de nada disso.

Isso não significa que aqueles com maior posição socioeconômica são, necessariamente, mais distantes das pessoas. Ao contrário, uma vez que suas necessidades sociais e de status já estão satisfeitas, eles não veem a necessidade de interagir da mesma forma que aqueles abaixo da escala o fazem. O paradoxo intuitivo comum se aplica: pessoas que se mostram muito interessadas em fazer amizades e impressionar os outros geralmente alcançam o resultado oposto. A razão não é simplesmente o fato de que a carência delas seja pouco atraente, mas sim que elas inadvertidamente sinalizam um status inferior.

Hierarquias de status

Por que somos tão escravos das hierarquias a ponto de moldarmos de forma natural nosso comportamento para nos adequarmos a elas? Uma boa maneira de começar a tratar essa questão é perguntando o porquê das pessoas frequentemente estarem mais dispostas a atender pedidos feitos por quem sinaliza uma alta posição socioeconômica, seja por meio das roupas que vestem ou dos carros que dirigem (melhor dizendo, carros que elas exibem por aí), em vez de se dispuserem a aceitar os pedidos daqueles destituídos desses atributos. É evidente que as pessoas capazes de adquirir esses itens de luxo precisam de menos, não de mais ajuda. Ainda que isso seja verdade, essa linha de raciocínio não compreende toda a situação. O propósito das hierarquias de status não é ajudar aqueles que estão nos patamares hierárquicos inferiores, mas sim motivar o esforço e recompensar aqueles que alcançam o topo; garantir que indivíduos com os melhores recursos físicos, mentais, materiais e sociais — aqueles com o maior valor instrumental — recebam maior atenção de seus subordinados; e, finalmente, evitar conflitos e reduzir os custos de repetidas disputas. Precisamos de pessoas tomando decisões estratégicas, estabelecendo normas de grupos, ensinando umas às outras e contribuindo para as metas superordenadas de uma comunidade ou grupo. Nós queremos, é claro, que as melhores pessoas preencham esses cargos e realizem essas atividades.*

---

* De forma compreensível, recentemente muita atenção foi dada às crescentes desigualdades na sociedade: reclamações de CEOs recebendo mais de 200 vezes o salário dos seus trabalhadores, relatórios sobre o 1% mai rico do mundo possuindo cerca de metade dos ativos e riquezas do mundo. Esse não é um fenômeno atual. Quando Khufu, o faraó egípcio, construiu a Grande Pirâmide de Gizé, ele poderia reivindicar a maior concentração de recursos disponíveis no planeta na época. Com uma base cobrindo uma área de 230 metros quadrados e quase 150 metros de altura, a construção precisou de mais de dois milhões de blocos de arenito, cada

Hierarquias existem em quase todas as áreas — socialmente, no trabalho e até no esporte. Quando um jogador de basquete está preparando um passe com o propósito de promover um arremesso de três pontos, ele pode passar a bola para o jogador mais caro ou mais conhecido do time em vez de passar para aquele com o melhor aproveitamento no momento. Em outras palavras, ele está reagindo ao status dos outros jogadores, e não às habilidades deles. O mesmo acontece em organizações. Aquelas pessoas de renome, bem-conhecidas em seu setor de atividade ou com títulos grandiosos costumam ter mais influência na tomada de decisões. É mais provável que esses indivíduos de alta posição social tenham suas vozes ouvidas e valorizadas. Eles também têm uma maior probabilidade de ganhar mais respeito, reconhecimento e importância do que aqueles que estão abaixo na pirâmide social. Em resumo, como mensageiros, eles chamam mais atenção e são escutados com maior frequência.[23]

Embora a busca e a deferência pelo status sejam características humanas universais, existem algumas diferenças individuais de quanta hierarquia as pessoas desejam na sociedade, e as culturas variam muito em quão igualitárias são.[24]* Por exemplo, humanos que vivem em sociedades caçadoras e coletoras como os aborígenes no norte da Austrália estão em estruturas sociais muito mais horizontais. O papel exercido pelos líderes desse grupo é muito mais o de facilitador do que de um CEO. Em vez de liderar e co-

---

um pesando 2,5 toneladas, e mais de 80 mil trabalhadores labutando durante 20 anos. A pirâmide só foi possível porque o Khufu tinha a sua disposição toda a civilização e território do Egito, que na época era o maior país da Terra. Estima-se que a construção custou o equivalente a US$10 bilhões nos dias de hoje. Em 2560 a.C. apenas um país tinha os recursos necessários para construir um monumento desse porte. Em 2005, 35 indivíduos tinham os recursos necessários para repetir o feito. No momento em que esse livro foi escrito, 81 indivíduos tinham esses recursos.

* Primatas também variam em quão hierárquicos são e como eles mantêm hierarquias de status. Algumas espécies se envolvem em conflitos agressivos para estabelecer sua posição, enquanto outras confiam mais no barulho, preferindo exibir suas proezas físicas do que se envolver em atividades que possam machucá-los. Assim como a maioria dos humanos, chimpanzés também se beijam e fazem as pazes após episódios de conflitos. De Waal, F. B. & van Roosmalen, A. (1979), 'Reconciliation and consolation among chimpanzees', *Behavioral Ecology and Sociobiology*, 5(1), 55–66.

mandar, eles são mais propensos a organizar reuniões e, metaforicamente falando, escrever as ideias de todos no quadro branco. Eles podem expressar as próprias opiniões, ter uma influência desproporcional sobre as decisões do grupo e facilitar as discussões entre os membros, mas não decidem por si só e nem colocam os próprios interesses à frente dos outros, porque isso poderia gerar uma revolta e a sua exclusão do grupo. Trata-se de um tipo de organização que se acredita bastante similar à forma com que nossos ancestrais viveram cerca de 13 mil anos atrás, na época do Pleistoceno. Apenas a emergência de complexidades organizacionais adicionais, que coincidiram com a invenção da agricultura e com comunidades humanas maiores, necessitaram de líderes com mais poder e recursos.[25] Outra razão pela qual a posição socioeconômica causa um efeito tão poderoso no mensageiro é que as pessoas gostam de acreditar que a sociedade recompensa o talento e o trabalho, que o mundo se baseia apenas na meritocracia. Por isso, geralmente se acredita que os indivíduos em cargos de alto status o merecem. O psicólogo americano Melvin Lerner concebeu a "Hipótese do Mundo Justo" para explicar isso.[26] Em sua essência, a hipótese postula que as pessoas acreditam que aqueles no topo — em virtude do fato de estarem no topo — merecem sua elevada posição e a atenção, o respeito e a consideração que a acompanham. Usando os termos desse livro, elas merecem se tornar mensageiras mais poderosas. Aquelas que estão embaixo merecem a culpa e a punição social que acompanham sua suposta falta de empenho, habilidade e iniciativa. Há evidências que sugerem que conservadores e pessoas que já ocupam uma alta posição socioeconômica estão mais inclinados a fazer suposições sobre a competência de um indivíduo com base nas pistas recebidas sobre o status dele.[27]

Essa mentalidade de "Mundo Justo" é formada bem-cedo. Às crianças são ensinadas "As Regras" tão logo sejam capazes de compreendê-las: compartilhar, aguardar sua vez, devolver o que é do outro, jogar limpo. Elas também aprendem que o trabalho duro e o esforço levam a recompensas justas. O interessante é que essas mensagens podem estar apenas reforçando algo que elas já compreendem de maneira intuitiva.

MENSAGEIROS

Em um estudo de 2012, crianças de nove meses de idade assistiram interações entre dois fantoches de girafas, enquanto os pesquisadores os observavam e mediam a fixação do olhar das crianças — um método comum utilizado nos estudos do desenvolvimento para avaliar as expectativas e níveis de surpresa das crianças. Na primeira versão, os fantoches realizavam um show e ao fim recebiam um biscoito cada. A fixação média no olhar das crianças foi de 13,5 segundos. Na segunda versão, um fantoche recebeu dois biscoitos e o outro nenhum. Dessa vez, o olhar fixo das crianças durou seis segundos a mais. As crianças de nove meses se surpreenderam quando, ainda que os dois fantoches merecessem, apenas um fora premiado. Até mesmo as crianças reconhecem que este não é um Mundo Justo![28]

Essa descoberta foi confirmada e expandida em um estudo seguinte, dessa vez com crianças com 21 meses de idade que assistiram duas crianças e seus brinquedos. Após alguns minutos, um adulto entrava na sala e dizia às crianças que era hora de arrumar tudo. Em uma versão, as duas crianças obedeceram e ajudaram. Na segunda versão, entretanto, uma criança fez todo o trabalho sozinha enquanto a outra descansava. Nas duas versões, ambas as crianças recebiam um adesivo como recompensa. A questão era a seguinte: seriam as crianças que estavam assistindo capazes de perceber a injustiça da segunda versão? Com toda certeza. A fixação no olhar delas foi 28 segundos maior quando a criança recebeu o mesmo prêmio por não fazer nada do que quando ambas as crianças foram premiadas de maneira justa. Nossa habilidade intuitiva para identificar exemplos de um Mundo Justo parece fortemente ligada a nós desde tenra idade. Em geral, esperamos que as recompensas sejam distribuídas com base no mérito e não em alguma medida de igualdade social. E, uma vez que esperamos por isso, tendemos a presumir que aqueles de alto status são merecedores de tal.

Dito isso, somos sofisticados o suficiente para fazemos certas distinções. Sabe-se, por exemplo, que pessoas com um maior status socioeconômico — os ricos e os famosos — são parceiros românticos altamente desejáveis, mas a forma como eles ganharam o dinheiro tem uma influência na maneira pela qual são vistos por seus possíveis parceiros. Quando pesquisadores pediram para que homens e mulheres escolhessem entre um parceiro que trabalhou para ganhar o dinheiro e um outro que o obteve por outros meios (herança, loteria e fraude eram algumas das opções), em quase todos os casos, especialmente entre as mulheres, aqueles que se tornaram milionários por esforço próprio foram escolhidos no lugar dos sortudos ou dos que agiram de maneira ilegal.[29] O milionário que trabalhou pela sua fortuna também se saiu melhor do que o sortudo ganhador da loteria quando se solicitou aos participantes para considerar a atratividade relativa deles como parceiros de longo prazo em oposição a atratividade deles como parceiros para sexo casual. Quando se trata do tipo de mensageiro rico que nós mais gostamos, parece que preferimos tipicamente aqueles que ganharam a fortuna por esforço próprio do que aqueles que adquiriram os recursos por intermédio de meios nefastos ou sem esforço.*

Através das lentes de um Mundo Justo, alguém que conseguiu o próprio dinheiro provavelmente também tem outras habilidades e características desejáveis. Existe uma razão pela qual ele está na posição que está. Além do dinheiro, ele tem uma maior probabilidade de ter outros atributos de valor instrumental, como inteligência, assertividade, determinação, ambição e motivação. Esses são fatores que o marcam como melhor parceiro de longo prazo, não só um parceiro rico. Além disso, se um dia o dinheiro acabar,

---

* Diversos ganhadores da loteria mostram exemplos de como uma fortuna recém-adquirida, mas não conquistada, pode levá-los a quedas, especialmente se eles tentarem comprar uma posição socioeconômica com essa riqueza. Em novembro de 2002, o lixeiro Michael Carroll ganhou £9,736,131 na Loteria Nacional do Reino Unido, elevando-o por um breve período ao status de celebridade, ficando conhecido na mídia britânica como "lotto lout" [o bobo da loteria, em tradução livre]. Seu comportamento parecia apenas encorajar o desdém público. Ele se declarou "King of Chavs", uma frase que ele até mesmo gravou na sua van preta de alto status da Mercedes (*é possível questionar quantos carros buzinaram para ele*). Apesar de ter declarado que evitaria gastos desnecessários, Carrol seguiu um curso de "consumo conspícuo" de destruição monetária. Embora não estejamos afirmando que essa sua tentativa de comprar status tenha sido o único motivo para a sua queda — más tomadas de decisões, investimentos imprudentes e uma sentença de nove meses de prisão por agressão ajudaram — ela provavelmente foi um fator contributivo. Sua reversão financeira foi concluída em 2010, quando ele teria se candidatado ao antigo emprego no conselho local. https://www.thesun.co.uk/news/8402541/how-national-lottery-lout-michael-carroll-blew-9-7m-pounds/

MENSAGEIROS

esses mesmos atributos o tornam mais preparado do que a maioria para restaurar o saldo bancário ao que era antes. Seu histórico comprovado de acumular riquezas também age como um ótimo sinal de possível sucesso no futuro, caso seja necessário. Inversamente, se a percepção de que a posição socioeconômica de um mensageiro é ilegítima, a relação entre o status e sua eficácia como mensageiro pode entrar em colapso. Qualquer mensageiro que receba um status além do que é considerado merecedor pode cultivar sentimentos de inveja e até mesmo um ressentimento malicioso.[30] Em vez de deixar o palco, a audiência pode acabar derrubando o mensageiro de seu pedestal.

O status que as pessoas ganham por meio de riqueza e fama não é, portanto, algo absolutamente fixo. Há numerosos fatores envolvidos no processo. De modo geral — e graças à nossa enraizada subserviência às hierarquias — esse status ocasiona um impacto tão forte sobre nós que é capaz de transcender as qualidades imediatas que essas pessoas têm e que lhe conquistaram a riqueza e a fama. Em outras palavras, elas se tornam mensageiros extremamente poderosos, tão poderosos que os outros podem inferir rapidamente que o status delas terá um valor confiável em situações completamente diferentes, com pouca ou nenhuma relevância.

O clássico experimento de jaywalking* de Monroe Lefkowitz demonstra isso perfeitamente. Ele estava interessado em ver se a disposição dos pedestres em seguir um homem infringindo as regras de trânsito para pedestres pode ser influenciada pelo seu traje. Ele descobriu que três vezes mais pedestres resolveram seguir o homem para o outro lado da rua quando ele usava um terno do que quando ele usava jeans.[31] A mensagem "é seguro atravessar" foi a mesma em todos os casos, tudo o que mudou foi a vestimenta do mensageiro. Não é preciso dizer que o uso de terno costuma indicar um envolvimento em uma empresa e, portanto, a habilidade

---

* N.T.: Jaywalking é o ato de atravessar uma rua movimentada fora do local adequado (como a faixa de pedestre).

de escalar os degraus da escada organizacional. Não há relação nenhuma com a habilidade de atravessar a rua de forma segura durante um semáforo vermelho. Apesar disso, o sinal de status enviado pelo terno foi o suficiente para persuadir os outros, pois, se alguém (possivelmente) alcançou sucesso em uma área da vida, essa pessoa também deve ter experiência em atravessar ruas.

O experimento de Lefkowitz definitivamente não é o único. Em um estudo de 2008 realizado por Maner, DeWall e Gailliot, participantes tiveram os movimentos dos olhos rastreados enquanto observavam imagens de diferentes homens e mulheres na tela do computador, alguns usando ternos, outros com roupas casuais. Nos primeiros quatro segundos, após a imagem ter sido apresentada, e antes que os participantes pudessem processar cada uma delas de forma consciente, seus olhos se voltaram para as fotos de homens (mas não de mulheres) com roupas de alto status mais frequentemente do que os homens com roupas casuais. Isso sugere que antes mesmo que eles possam decidir para quais mensageiros dar a devida atenção, existem processos cognitivos automáticos que garantem que aqueles de alto status sejam vistos e processados primeiro.[32]

Você seguiria os conselhos de seu médico sobre encanamento (ou vice-versa)?

A descoberta de Lefkowitz — uma vez que o mensageiro é visto como ocupando elevada posição social, a audiência pode inferir que ele tem valor em áreas completamente não relacionadas — pode ajudar a explicar, em parte, o resultado da eleição presidencial de 2016 nos EUA. Os pessimistas da época argumentavam que Donald Trump tinha a barreira intransponível de não ter quase nenhum conhecimento das complexidades legais e morais relacionadas à administração de um país. Contudo, essa mensagem parece ter sido abafada pela constante prática de Trump de lembrar às pessoas de sua fortuna e sucesso nos negócios. Partindo da perspectiva da posição socioeconômica, parece haver pouca dúvida que seus sinais de status contribuíram, pelo menos em parte, para a contagem final dos votos. O caso dele não é o único. No começo de 2018, funcionários da área de saúde do governo chinês precisaram trabalhar para conter um rumor sobre a eficácia da vacina para a gripe depois que a cantora de música pop Kay Tse On-kei afirmou no WhatsApp que cerca de 90% das pessoas que receberam a vacina contraíram a doença.*[33] O status dela como artista foi o suficiente para deixar de lado a experiência dos médicos. Ter que lidar com o impacto negativo de um mensageiro famoso e mal-informado não é incomum, e não apenas na esfera médica.

A celebridade influente é um fenômeno bem-conhecido e seu poder há muito já fora reconhecido, especialmente entre anunciantes e profissionais de marketing, que têm usado essas celebridades para endossar seus produtos e serviços pelos últimos 150 anos. Parece paradoxal que, para fazer com que a maioria entregue de bom grado seu suado dinheiro, os anunciantes deem de graça seus produtos caros para uma minoria seleta que também costuma ser os que têm mais condições de pagar pelo produto. Para eles, as celebridades *são* um presente que continua dando lucro. Empresas parecem estar dispostas a gastar cada vez mais com elas, como evidenciado pelo aumento do número de anúncios com pessoas famosas.

A atração persuasiva das celebridades não se limita a vender produtos e serviços. Elas também são utilizadas como veículos para as campanhas de políticos e Organizações Não Governamentais (ONGs), que também reconhecem o poder extraordinário de tais mensageiros de alto status. Bilhões de dólares são gastos com o endosso de celebridades todos os anos. Estima-se que celebridades apareçam em aproximadamente 25% de todos os anúncios nos EUA. No Japão, estima-se que esse número fique entre 40% e 70%.[34]

---

* Kay Tse On-kei declarou que não teve como intenção tornar a mensagem do WhatsApp viral e nem influenciar a opinião pública.

POSIÇÃO SOCIOECONÔMICA

Os famosos que emprestam sua credibilidade conseguem duas coisas: a atenção que vem de sua posição socioeconômica e pessoas para segui-los, assim como o homem de terno atravessando a rua. O status estelar que têm se associa às marcas que endossam. O público dessas propagandas já desenvolveu relacionamentos unidirecionais com a celebridade, demonstrando emoções bem-parecidas com aquelas experienciadas nos relacionamentos cotidianos. Assim como todo relacionamento, existem nuances. Gostamos de algumas celebridades e de outras não. Para os profissionais de marketing com a função de combinar a mensagem com um mensageiro eficaz, a habilidade é descobrir qual a celebridade favorita de seu público-alvo e então associá-la ao produto, serviço ou figura política. Essa abordagem será, de longe, mais bem-sucedida do que vincular uma pessoa famosa sem qualquer critério, por mais fama que ela possa ter.

Ao mesmo tempo, é importante notar que essa dinâmica não é uma via de mão única. Do mesmo modo que associações positivas entre figuras de alto status e produtos podem melhorar as atitudes do consumidor, conexões negativas podem devastar uma marca. Em 2011, Anders Behring Breivik, um norueguês de 32 anos de idade, matou a sangue frio 77 pessoas, dos quais 69 eram adolescentes, na ilha de Utoya. Na cobertura da mídia sobre a tragédia, o assassino aparecia vestindo uma roupa com o conhecido logotipo da Lacoste. A associação indesejada compreensivelmente fez com que a marca francesa pressionasse a polícia norueguesa para impedir Breivik de usar sua marca. O jornal francês *Libération* relatou: "Essa situação é um pesadelo para uma das mais distintas marcas de roupa da França."[35]

O importante aqui é a congruência. Uma mensagem é muito mais fácil de processar se a associação com o mensageiro não for forçada. Uma modelo atraente tende a ser uma mensageira mais eficaz para produtos de beleza do que, por exemplo, uma cantora ou esportista igualmente famosa. Isso não significa que precisa haver um ajuste exato. Afinal, o alardeado sucesso de Trump nos negócios venceu a experiência política de Hillary

MENSAGEIROS

Clinton. O importante é, pelo menos, evitar uma clara dissonância. É interessante notar que celebridades que dão seu aval a uma marca de maneira *implícita* para a audiência tendem a ser mensageiras mais eficazes do que aquelas que dizem de maneira explícita porque preferem determinada marca. Por isso não é incomum que os anúncios foquem a atenção na associação da celebridade (e não na defesa) a um produto. A multidão do século XXI pode ter conhecimento das recompensas oferecidas para os famosos que realizam recomendações pagas, mas essa também é uma multidão sobrecarregada — isto é, a multidão considera difícil estar suficientemente alerta para as associações inconscientes que são feitas em suas mentes ao visualizar os canais de produtos de celebridades e outras mensagens implícitas. Essa é a deixa, portanto, de uma infinidade de filmes e vídeos online de ricos e famosos aparecendo em todo tipo de evento com suas marcas onipresentes, bebendo café na cafeteria local, fazendo check-in em um determinado hotel ou bebendo suas marcas "favoritas" de cerveja em um evento esportivo.

É claro que nem mesmo o mensageiro de maior status está imune a perder sua influência. Ainda que sejamos levados pela posição hierárquica deles, nós certamente começaremos a questionar caso eles se desviem muito do comportamento esperado. Kanye West é um bom exemplo disso. De modo geral, West é uma grande celebridade: um rapper de sucesso e um peso-pesado nas mídias sociais, que vendeu mais de 32 milhões de álbuns e foi agraciado com 21 Grammy's Awards. Apesar desses feitos admiráveis, o público deliciou-se ao derrubá-lo. Uma notável amostra de antagonismo ocorreu em 2015 no Palco Pirâmide de Glastonbury, um dos mais conhecidos festivais de música do mundo. Havia uma grande multidão e o show estava indo bem. Na metade da apresentação, entretanto, alguém levantou uma bandeira contendo a imagem de uma gravação vazada de cenas sexuais da esposa de Kanye, Kim Kardashian, com seu parceiro anterior, Ray J. Com a imagem estavam as palavras "Get Down, Girl, Get Head Get Down". A frase não era aleatória, mas sim um jogo de palavras com a letra

POSIÇÃO SOCIOECONÔMICA

de uma das músicas de Kanye, intitulada "Gold Digger", fazendo menção à prática de sexo oral.

Tendo em vista que a posição socioeconômica de alguém geralmente leva à admiração e ao respeito, por que o restante da plateia não defendeu Kanye e repreendeu a atitude? Afinal, essa com certeza seria a reação do público se alguém fizesse algo parecido no show de Paul McCartney ou dos Rolling Stones. Haveria um tumulto! Apesar disso, o insulto contra West não foi contestado. Por quê?

Uma potencial resposta surge se considerarmos os insultos que West recebeu na noite de sábado em Glastonbury à luz de seu histórico bem-documentado de se desviar das duas normas-chave do mundo das celebridades. A primeira é a necessidade de aceitar graciosamente o resultado quando um dos colegas artistas é premiado.* West tem uma reputação de não fazer isso. Quando sua música "Touch the Sky" não ganhou o prêmio de Melhor Vídeo durante o MTV Europe Music Awards, ele foi até o palco e anunciou publicamente que deveria ter ganho. Ele também fez algo semelhante durante a edição de 2009 do MTV Video Music Awards quando, enquanto Taylor Swift recebia o prêmio de Melhor Vídeo Feminino, ele subiu no palco sem ser convidado para declarar que o vídeo da música *Single Ladies (Put a Ring on It)* da cantora Beyoncé era muito melhor.

A outra quebra de etiqueta dos famosos, realizada por Kanye West, é vangloriar-se abertamente de seu intelecto e status. "Eu compreendo que minha posição na história é a de que serei conhecido como a voz desta geração, desta década. Eu serei a voz mais alta", disse ele em uma entrevista para a *Associated Press* em 2008.[36] Seu álbum de 2013, *Yeezus*, contém uma

---

* Existem até alguns sites que visam informar a novas celebridades como adotar o que é conhecido como "Rosto de Perdedor de Oscar". Infelizmente para Samuel L. Jackson (*Pulp Fiction*), o serviço não estava disponível em 1994 quando ele perdeu o prêmio de Melhor Ator para Martin Landau (*Ed Wood*). Para ser justo com Jackson, sua expressão compreensível (facilmente encontrada em uma rápida busca online) não chegou perto de Kanye West e sua violação de uma das normas mais estimadas de Holywood.

canção chamada "I am a God" ["Eu sou um Deus", em tradução livre] e, em entrevista para a revista *W*, West explicou: "Fiz essa música porque eu sou um Deus… não acho que preciso explicar mais do que isso."[37] Em uma entrevista com Jon Caramanica do *New York Times*, Kanye deixou bem-claro que não só se considerava um dos melhores rappers do mundo, como também tinha habilidades e intelecto superiores: "Eu serei o líder de uma empresa que acabará valendo bilhões de dólares porque tenho as respostas. Eu entendo a cultura. Eu sou o núcleo."[38]

Há várias maneiras de caracterizar esse comportamento. West é claramente um tanto narcisista.*[39] Não é só o narcisismo que faz com que as pessoas reajam a essas explosões com hostilidade. É ainda mais fundamental do que isso. Quando um mensageiro quebra um padrão de conduta aceito ou é visto como incompetente, inferior ou apenas idiota, e portanto não merecedor do status elevado, o privilégio de sua posição econômica pode ser rapidamente retirado. O exagero das explosões emocionais de Kanye West parecem ter levado muitos a vê-lo como uma piada que precisava ser colocada em seu lugar. Quando uma multidão se sente dessa forma quanto a um mensageiro, ele logo perde o status de "digno". Essa é a mensagem que Glastonbury mandou para West naquela noite de sábado em junho de 2015. Até mesmo o ex-presidente Barack Obama o chamou de "imbecil".

---

* Uma característica central do narcisismo é que uma autoimagem grandiosa geralmente é associada à crença de que o indivíduo em questão tem direito a um tratamento especial porque ele se considera especial. Pesquisas mostram que pessoas com notas altas em testes de narcisismo têm mais chances de procurar oportunidades para aumentar seu status já autoelevado. Eles procuram reconhecimento excessivo para suas conquistas, criam fantasias sobre fama e glória e são muito motivados a aumentar seu poder percebido. Também parecem estar menos preocupados com outras qualidades centradas no ser humano, como a humildade, e adotam comportamentos críticos, bruscos, insensíveis e até mesmo ofensivos, o que explica porque as pessoas geralmente se irritam com esse estilo interpessoal. É como se o caráter do narcisista tivesse sido perfeitamente criado para promover e aumentar a posição socioeconômica dele.

O aço mais duro é forjado na chama mais quente

É importante ter em mente que posição socioeconômica é apenas um tipo de status. Alguns grupos e culturas premiam com status indivíduos que têm características como humildade e generosidade. Outros, talvez aqueles com um maior histórico de guerras, preferem determinar o status de acordo com a destreza física. Em muitas religiões, e o budismo é um bom exemplo, o status vem da noção de que indivíduos devem superar os desejos egocêntricos e participar de ações altruístas, caridosas e compassivas. Nessas sociedades, o dinheiro e bens de luxo, que em geral sinalizam status e subsequente aumentam a eficácia do mensageiro, são com frequência vistos como as raízes de todo o mal. Daí se segue, portanto, que um fator relevante para determinar quais características de mensageiros são associadas com alto status em uma determinada sociedade é a ideologia daquela sociedade em particular ou a cultura subjacente.

Status, de maneira mais ampla, é a posição relativa que alguém ocupa em um grupo baseada em um grau de importância, atenção e respeito que é dado a ele por outros, bem como a influência que essa pessoa tem na alocação de recursos, resolução de conflitos e tomada de decisões de grupos. Como mostramos neste capítulo, aqueles em elevada posição socioeconômica costumam ser tipicamente apreciados por aqueles que os rodeiam. Presume-se que eles detenham conhecimentos e habilidades superiores, controle sobre recursos valiosos, e, portanto, a habilidade de infligir custos e conceder benefícios a terceiros. Consequentemente, quando a celebridade certa ou mensageiro de alta classe é escolhido para enviar a mensagem correta da maneira correta, o resultado pode ser incrivelmente persuasivo. Não é coincidência que nos maiores dias do calendário da publicidade, por exemplo no dia do Super Bowl, pelo menos metade dos anúncios incluirão uma celebridade.

Em 2011, essa celebridade era Eminem. Ele não apareceu na publicidade de lojas importantes como Best Buy, Kmart ou Walmart. Com base em seus desabafos recentes sobre as dificuldades que enfrentava ao ir a esses lugares, talvez isso não surpreenda. Em vez disso, ele apareceu em um anúncio do novo Chrysler 200. Um veículo sofisticado. Cor preta. Capota rígida retrátil. Produzido em Detroit, sua cidade natal, onde o aço mais duro é forjado na chama mais quente. Vidros escuros, naturalmente. Perfeito para que ricos e famosos dirijam pela cidade, sendo reconhecidos sem serem reconhecidos.

2

COMPETÊNCIA

Especialidade, Experiência e Porque o
Potencial Supera a Realidade

Se a posição socioeconômica percebida de um mensageiro — seja ela adquirida por meio da fama, fortuna, vidros escuros ou uma marca chique — pode afetar e exagerar o impacto de sua mensagem, geralmente sem depender da real qualidade da mesma, então, pode-se dizer o mesmo da competência percebida de um mensageiro. Mais uma vez, a palavra importante aqui é *percebida*. Claramente, faz sentido ouvir pessoas que sabem o que estão falando, mas assim como temos uma tendência a aceitar o mensageiro que deixa transparecer uma elevada posição socioeconômica, nós também estamos prontos para aceitar aqueles que sinalizam que são experientes. E, como o caso médico a seguir ilustra muito bem, isso pode ocorrer independentemente de a sua mensagem fazer ou não algum sentido.

O Institute for Safe Medication Practices (ISMP) é uma organização sem fins lucrativos cujo objetivo central é reduzir o número de erros médicos ocorridos em hospitais e centros médicos. Veio à luz em 1975 como um periódico em uma revista para farmacêuticos hospitalares e ofereceu um fórum para que médicos e farmacêuticos descrevessem (anonimamente) quaisquer gafes e enganos que ocorriam em seus hospitais e centros de saúde, para que os colegas pudessem aprender com seus erros. A modesta coluna ganhou reputação por ser informativa, confiável e, como veremos, muitas vezes alarmante. A sua popularidade era tanta que os editores logo recolheram exemplos o suficiente para transformá-la em um livro didático.[1]

Intitulado *Medication Errors: Causes and Prevention,* o livro recebeu a curadoria de Michael R. Cohen, o presidente do instituto, e seu colega farmacêutico Neil Davis. O livro foi publicado pela primeira vez em 1981 e desde então tem sido revisado e atualizado — evidência, talvez, do valor desse tipo de publicação e da quantidade de erros que ocorrem em hospitais. O último volume descreve, ao longo de mais de 700 páginas, casos de medicações sendo prescritas, distribuídas e administradas de maneira contrária às práticas e protocolos recomendados. Alguns erros são mais comuns do que outros. Por exemplo, muitos pacientes recebem o medicamento errado, o que, embora preocupante, também é compreensível. Os nomes das medicações podem ser confusos, mesmo para uma equipe altamente treinada, competente e sobrecarregada. No site do ISMP existe a "Confused Drug List". Trata-se de um registro com mais de 600 medicamentos cujos nomes são muito similares entre si. Bidex e Videx são um exemplo: podem ter um nome semelhante e, à primeira vista, podem até ser fisicamente parecidos, mas a semelhança para por aí. Bidex é um expectorante usado para tratar problemas respiratórios comuns como bronquite ou um caso grave de resfriado comum. Videx é um inibidor nucleosídeo da transcriptase reversa, usado no tratamento do HIV e AIDS. Uma causa comumente citada de erros de prescrição médica é a má caligrafia do médico, então é reconfortante saber que cada vez mais os hospitais encorajam os médicos a digitar as prescrições no computador em vez de escrevê-las à mão. Apesar disso, essa solução talvez não seja suficiente para o caso de Bidex e Videx, considerando que em um teclado QWERTY as letras V e B estão próximas uma da outra.

Outro erro médico comum é o de pacientes que recebem a medicação correta, mas com uma dosagem errada. Às vezes, a medicação e a dosagem são prescritas da maneira correta, mas para o paciente errado. Na verdade, são quatro os erros mais comuns. Além da medicação errada, dosagem errada e paciente errado, Cohen e Davis descrevem um quarto tipo de erro que eles chamam de "erro de via". A droga prescrita é apropriada, a dosagem é a recomendada e o paciente é o correto. O erro ocorre na via, ou seja, no modo como o medicamento é introduzido no organismo.

Talvez o exemplo mais curioso de "erro de via" seja um registro bastante alarmante na coluna do periódico com o título "dor de ouvido retal". O colaborador descreveu como pediram para que um doutor visitasse um paciente do hospital que estava se queixando de uma dor no ouvido direito. Durante o exame, o médico notou corretamente que o ouvido interno estava inflamado e, também da maneira correta, prescreveu um anti-inflamatório em gotas. Nada de incomum na sequência desses eventos, exceto que no momento de escrever "gotas a serem colocadas no Ouvido Direito do paciente", o médico abreviou as instruções.*

Pedindo para que o paciente se deitasse de lado e colocasse os joelhos contra o peito para ficar na posição correta, a enfermeira seguiu as instruções do médico, colocando três gotas no reto do paciente. Levando em conta a condição do paciente, isso não fazia o menor sentido. Apesar disso, em nenhum momento ela questionou as instruções do médico, assim como o paciente não questionou o que ela estava fazendo. A mensagem se tornou irrelevante, porque ela foi substituída pelo mensageiro. Como o renomado psicólogo Robert Cialdini apontou em seu trabalho atemporal *Influence: The Psychology of Persuasion*: "Em muitas situações em que uma autoridade legítima falou, o que de outra forma faria sentido se torna irrelevante."[2]

Esse pode ser um exemplo trivial, mas a história está cheia de casos nos quais indivíduos de alta posição social falharam em reconhecer a influência desproporcional que eles exercem sobre os subordinados, e onde a percepção da perícia — e a deferência que foi dada a ela — culminou em desastre. A colisão dos voos das companhias KLM/Pan Am em 1977 na ilha de Tenerife e o desastre da Air Florida em Washington, D.C. no ano de 1982 são só dois casos nos quais uma pessoa de alto status (o comandante, em ambas as situações) fez um julgamento incorreto que não foi corrigido por alguém de posição inferior (o copiloto). No caso da colisão da Air Florida, por exemplo, o piloto não ativou o sistema de proteção antigelo durante uma tempestade de neve que ocorrera antes da decolagem, fazendo com que os indicadores de pressão da aeronave fornecessem leituras falsas. Em que pese o copiloto ter destacado diversas vezes que as leituras não pareciam precisas, o comandan-

---

* N.T.: No original, o ouvido direito (Right Ear) foi abreviado para R. Ear, que em inglês pode ser lido como traseiro (Rear). Essa particularidade se perde em qualquer tentativa de tradução.

te ignorou os avisos. O avião teve dificuldade em decolar e manteve-se no ar cerca de 30 segundos antes de cair na 14th Street Bridge de Washington, D.C. De maneira similar, problemas médicos muito mais sérios do que a "dor de ouvido retal" ocorreram quando uma pessoa qualificada (enfermeira, por exemplo) não conseguiu questionar alguém que aparentava ser ainda mais qualificada (um médico ou cirurgião). A diferença de status percebido pode ser o suficiente para abafar o que é, de fato, um julgamento ruim. Essa é a razão pela qual Michael Cohen e seu colega Neil Davis foram capazes de preencher 700 páginas do livro deles com um catálogo de erros médicos.

O status socioeconômico é um dos caminhos para que um mensageiro seja escutado, mas há um outro tão poderoso quanto ele: o status derivado de uma competência presumida. Mensageiros que são vistos como competentes ou especialistas têm um valor *instrumental*, pois são considerados como portadores de conhecimentos, experiências e habilidades que ajudarão, a eles e às suas comunidades, a alcançar os objetivos desejados. Eles também estão em posição de repassar esses atributos para os outros (por meio de um processo conhecido como "transmissão cultural").[3] O papel deles na sociedade, portanto, é crucial, o que também colabora para a melhoria da eficiência da sociedade. Todos nós podemos tentar adquirir um nível básico de conhecimento em tudo a fim de nos movermos com sucesso em meio às muitas complexidades e desafios da vida, mas claramente faz muito mais sentido (e é muito mais fácil) para nós recorrermos a indivíduos que desenvolveram um talento em particular ou um conhecimento especializado. Precisamos de fazendeiros, encanadores, mecânicos, médicos e contadores para nos ajudar naquilo em que não temos tanto conhecimento, e não só para poupar tempo. Como o poeta romano Virgílio disse dois mil anos atrás, nós devemos "acreditar no especialista".

Existe outra coisa acontecendo também. Quando alguém é motivado a tomar uma decisão sozinho e tem a habilidade e a capacidade para tal, bem como acesso a informações apropriadas e relevantes, a necessidade de um mensageiro especialista é reduzida. Porém, muitas vezes a vida nos coloca diante de decisões difíceis de tomar e que exigem que exploremos profundamente nossos recursos físicos e mentais, comparando opções, fazendo as perguntas corretas e calculando os resultados possíveis — para alcançar o que esperamos ser a conclusão correta. Quando nos deparamos com esses desafios, a opção fácil é procurar o conselho de pessoas competentes e recorrer a esses mensageiros que nos parecem especialistas. É uma opção que envolve menos esforço físico e mental.

Esse simples fato foi demonstrado em um experimento que consistia em submeter voluntários a uma ressonância magnética para medir alterações no fluxo sanguíneo cerebral e observar o que acontece dentro dos cérebros deles quando se deparam com uma série de decisões financeiras que os façam medir o valor de aceitar um pagamento garantido ou aguardar por um pagamento potencialmente maior, porém muito mais incerto. Aqueles que fizeram o cálculo sozinhos, sem nenhuma ajuda externa, mostraram um aumento nítido de atividade nas regiões do cérebro relacionadas à ponderação de probabilidades. Por outro lado, aqueles selecionados aleatoriamente para receberem a orientação de um mensageiro, apresentado a eles como um especialista financeiro, mostraram uma atividade mental muito menor nessas áreas do cérebro. Consequentemente, na maioria dos casos eles decidiram confiar no que o "especialista" havia dito.[4] Seus cérebros, metaforicamente, desligaram e deixaram o especialista fazer todo o trabalho. Isso não é surpreendente.* Com a vida moderna oferecendo tantas alternativas incríveis para prender nossa curta atenção, como vídeos no YouTube ou memes de gatos, pode ser difícil nos motivarmos a atender questões sem dúvida mais importantes, mas geralmente mundanas. Diante desse contexto, o mensageiro que é percebido como competente continua sendo uma referência confiável.

Mais uma vez, a palavra-chave aqui é *percebido*. Uma característica do mundo acelerado e sobrecarregado de informações de hoje é que nós rara-

---

* O que pode ser surpreendente são estudos mostrando que quando uma tarefa é mais simples e os participantes não sabem que o orientador é um especialista, geralmente eles confiam muito em sua própria competência, um fenômeno conhecido como "desconto egocêntrico". Yaniv, I. & Kleinberger, E. (2000), 'Advice taking in decision making: Egocentric discounting and reputation formation', *Organizational Behavior and Human Decision Processes*, 83(2), 260–81.

mente temos tempo e recursos para investigar se a experiência de um mensageiro é genuína e relevante. Em vez disso, precisamos nos contentar em seguir o conselho ou a sugestão do comunicador que meramente *parece* ser competente. Fazer o contrário consumiria tempo e recursos valiosos que nós preferimos direcionar para outras prioridades. Mas, então, como avaliamos se alguém *parece* ser competente, principalmente quando — como acontece com frequência hoje em dia — pessoas diferentes que afirmam ser especialistas estão lutando para conseguir nossa atenção?

Vestindo-se e olhando para baixo

Uma resposta é que, assim como na avaliação daqueles que ocupam uma maior posição socioeconômica, nós procuramos por pistas imediatas e simples que sinalizem que essas pessoas são especialistas. Roupas e posições novamente podem transmitir sinais poderosos — fatores que explicam em parte o comportamento alarmante documentado nos agora infames estudos de obediência de Stanley Milgram.[5] Milgram demonstrou que pessoas aparentemente comuns estariam dispostas a administrar choques elétricos de até 450 volts em outro participante da pesquisa, que poderia ser ouvido gritando de dor e batendo na parede para que parassem, simplesmente porque um cientista da Universidade Yale mandou. A verdade é que a vítima não estava sentindo dor e nem correndo perigo, os gritos eram todos pré-gravados e todo o experimento era encenado, mas isso não tornou os resultados menos assustadores para Milgram e o resto da comunidade científica.

Os experimentos de Milgram, que foram desenvolvidos para compreender melhor porque as pessoas tomariam decisões tão horríveis e o fator contributivo que o jaleco e a posição de um pesquisador em uma universidade prestigiada têm nessas decisões, obteve amplo destaque na imprensa científica e popular. O que foi reportado de maneira menos ampla, porém, foi um outro conjunto de experimentos semelhantes ao primeiro que foram conduzidos em um prédio comercial degradado no subúrbio, no qual os participantes foram informados de que o estudo seria conduzido em nome de uma empresa de pesquisa comercial e não em nome do laboratório de uma universidade. Essas mudanças fizeram uma grande diferença. Quando cientistas especialistas foram substituídos por pesquisadores de mercado, os participantes estavam muito menos dispostos a administrar os choques elétricos. Note que, seguindo o tema central desse livro, a mensagem nunca mudou, apenas o mensageiro. O jaleco branco de um cientista carrega um grande poder.

Não são só as roupas que exercem esse tipo de influência. Acessórios podem funcionar precisamente da mesma forma. Por exemplo, pacientes têm mais chances de lembrar de mensagens benéficas para a saúde se elas forem entregues por um profissional médico com um estetoscópio pendurado sobre os ombros do que se o profissional não o tiver.[6] O uso do estetoscópio é irrelevante, o paciente usa a ferramenta para decidir sobre a perícia do médico.

Uma situação semelhante ocorre com a variedade de relógios registrando a hora das capitais ao redor do mundo, geralmente encontrados em recepções. A utilidade deles é questionável: parece pouco provável que o visitante médio em um escritório de, digamos, Nova York ou Londres tenha a necessidade urgente de saber que horas são em Jakarta ou Hong Kong, mas esse não é o motivo pelo qual eles estão lá. Os relógios estão lá para impressionar os visitantes com a mensagem de que a organização tem uma importância e um alcance global e, portanto, sinalizam status e experiência. Mostrar a hora é secundário. Esses relógios garantem que as pessoas saibam que essa é uma organização que sabe o que está fazendo.

O mesmo acontece com as pastas e os papéis aparentemente importantes que os executivos carregam ao circular intencionalmente em seus escritórios. É claro que sempre existe a possibilidade de que os papéis sejam importantes para o trabalho em questão, mas considerando que as pessoas têm sido observadas caminhando até o bebedouro ou o banheiro com eles, fica claro que esse nem sempre é o caso. Executivos desejam aumentar a percepção de sua importância, e essa é uma forma muito fácil de alcançar esse objetivo.[7] Na série *Friends*, Chandler, chegando a casa após um dia de trabalho no escritório e com a maleta nas mãos, exclama: "Sabe, esqueci a senha disto aqui faz mais ou menos um ano. Só ando com ela por aí." Ele entende a necessidade de transmitir seu valor instrumental e, portanto, seu status.

Relógios, uniformes e outros instrumentos de trabalho relacionados, como o estetoscópio do médico, a maleta de alguém que trabalha em uma empresa ou um empreiteiro com sua van e ferramentas não são os únicos sinais que podem aumentar a competência percebida de um mensageiro. A competência também mostra sua face.

A face da competência

Geralmente, quando pensamos em pistas faciais, nós pensamos em termos de sinais emocionais. Por exemplo, se alguém exibe um sorriso sincero, caracterizado pelo aperto das pálpebras e um enrugamento ao redor do canto dos olhos, nós o reconhecemos como um sinal de felicidade (é um tipo de sorriso conhecido como sorriso *de Duchenne*, batizado em homenagem ao neurologista francês Guillaume Duchenne, considerado por muitos como o pai da neurologia moderna). Nós também podemos reconhecer quando alguém está com raiva: os olhos saltam, as sobrancelhas descem e os lábios normalmente são pressionados um contra o outro. Medo é outra emoção escrita em nossos rostos e caracterizada pela expressão boquiaberta e de olhos arregalados que muitas pessoas acham engraçada, especialmente quando o medo acontece no momento inadequado.[8] Em resumo, os rostos fornecem uma grande quantidade de informação a ser decodificada pelos observadores e, portanto, nós somos constantemente atraídos por eles. Mas não são apenas os humores que podemos inferir, também realizamos julgamentos sobre personalidade e traços de caráter. Usamos pistas faciais para avaliar, até mesmo, a competência.

Técnicas de modelagem computacional levaram pesquisadores a concluir que a face competente tem uma expressão madura e atraente. Ela é tipicamente menos redonda que a face média, com as maçãs do rosto mais altas, um maxilar mais angular e uma menor distância entre as sobrancelhas e os olhos. Esses princípios se adequam tanto para os homens quanto para as mulheres.

Por que as pessoas usam essas referências faciais para inferir competência? Pensa-se que as crianças aprendem logo que a aparência madura dos adultos indica mais competência do que os rostos mais suaves das crianças. Estereótipos sobre características físicas associadas à competência são então fixados em suas mentes e usados no momento de julgar adultos cuja maturidade facial não está relacionada a competência. Isso não é só uma peculiaridade psicológica; essas avaliações mal-informadas baseadas nas competências faciais frequentemente geram consequências mais tarde.

Uma dessas consequências foi demonstrada em um estudo no qual as pessoas receberam 50 fotografias para examinar, das quais metade eram de CEOs das 25 companhias mais bem-classificadas na lista *Fortune 1000*, e a outra metade das 25 organizações mais malclassificadas da lista. Quando pediram aos voluntários que inferissem as características de personalidade deles, os resultados foram surpreendentes. As faces classificadas pelos voluntários como as mais competentes tendiam a ser da organização mais lucrativa e bem-sucedida, enquanto aquelas julgadas como menos competentes tendiam a ser das companhias menos bem-sucedidas.[9] O resultado se manteve tanto para os homens quanto para as mulheres.[10] Isso, é claro, levanta uma questão interessante: estariam os CEOs em suas posições por que merecem estar, ou por que eles *parecem* merecer? Eles argumentariam, de maneira razoável, que não seriam capazes de manter suas posições se apenas parecessem ser qualificados, mas é possível questionar se não existem incríveis CEOs em potencial por aí que não conseguem a vaga simplesmente porque suas aparências não os favorecem. Pela mesma razão, é tentador acreditar que alguns dos CEOs menos admiráveis estão nessa posição em virtude de sua aparência física.

Dadas as suposições que as pessoas estão tão prontas a fazer a respeito daqueles vistos como candidatos a gerente sênior, não surpreende aprender que um tipo semelhante de mentalidade está em ação quando se trata de decidir em quem votar. Aqui, mais uma vez, a crença de que "se alguém parece ser competente, então deve ser competente" funciona de forma alarmante. E isso ocorre de maneira extraordinariamente rápida.

Quando pediram para que participantes de um experimento da Universidade de Princeton olhassem para fotos de políticos — que eles dificilmente seriam capazes de identificar e que haviam disputado ou estavam disputando a corrida eleitoral nos Estados Unidos — e fornecessem uma classificação intuitiva da competência de cada um, não só as impressões deles correlacionaram-se de perto com os resultados eleitorais, como também foram formadas em meros 100 milissegundos. Uma rápida olhada nos rostos dos candidatos foi o suficiente para realizar uma estimativa bem-informada, e em grande parte precisa, de quem venceria (e de fato venceu).[11] Outros estudos mostraram como esses resultados são replicados quando cidadãos de um país fazem julgamentos sobre políticos de outro país com os quais é extremamente improvável que estejam familiarizados. Por exemplo, a classificação de competência realizada por uma criança suíça de cinco anos conseguiu prever com precisão o resultado das eleições parlamentares da França em 2002.[12] É interessante notar que quando as pessoas dispõem de um tempo maior para analisar as imagens do candidato e deliberar sobre a decisão, a habilidade de identificar os vencedores é drasticamente reduzida, sugerindo que a capacidade de prever o provável vencedor com base na aparência facial tem origem em nossos instintos, e não em processos mentais elaborados. Parece que os eleitores substituem a questão "Qual é o candidato mais competente?" por uma mais simples e mais intuitiva: "Qual candidato parece ser o mais competente?"

Confiante e competente

Intuitivamente, faz sentido que o mensageiro que tem *competência* pareça ser mais *confiante*.[13] Curiosamente, essa dinâmica também parece funcionar ao contrário. O mensageiro que simplesmente parece ser *confiante* geralmente é visto como *competente*, ainda que as evidências de sua destreza sejam escassas. Confiança é o grau de crença que uma pessoa tem em suas próprias habilidades e conhecimento. Aqueles que transparecem confiança estão projetando, portanto, uma suposta competência. Eles acreditam com veemência que o que estão falando está correto. Na falta de indícios que sugiram o contrário — por exemplo, que eles foram mal-orientados ou, pior ainda, que estão equivocados — uma audiência pode acreditar neles e atribuir uma importância maior do que a devida para o que eles dizem.

Considere, por exemplo, os resultados dos estudos nos quais as pessoas respondem ao questionário conhecido como *Paulhus Over-Claiming Questionnaire* (OCQ). Configurado de maneira inteligente, ele visa medir a confiança em uma variedade de assuntos e tópicos. Nele, solicita-se aos entrevistados para classificarem o próprio conhecimento e familiaridade sobre uma longa lista de itens — personagens históricos, celebridades, marcas, atualidades — muitos dos quais são verdadeiros, mas também alguns que são inventados. Os indivíduos que afirmam ter conhecimento sobre os itens falsos estariam, segundo se pensa, exibindo um clássico excesso de confiança. Não deve causar espanto o fato de que o teste revela que muitas pessoas têm noção exagerada dos próprios níveis de inteligência. O que é notável, porém, é o impacto que a suposta sabedoria deles ocasiona nas pessoas ao redor: na ausência de evidências em contrário, os outros inferem, com base na confiança que têm em seus colegas, que eles sabem o que estão falando e, por pensarem que os indivíduos confiantes também são competentes, conferem a eles um status elevado e uma maior influência.[14] Existe aqui uma lição para todos nós. Cuidado com os indivíduos que falam de maneira muito confiante, particularmente nos estágios iniciais de um debate. Eles irão, frequente e automaticamente, ser recompensados com um maior status e suas opiniões consequentemente parecerão mais relevantes, independentemente do mérito daquilo que está sendo dito.

Dada nossa tendência de esperar que confiança e competência andem de mãos dadas, não surpreende que observemos esses dois fatores na hora de decidir a quem devemos seguir. Naturalmente, nós queremos que aqueles no topo soem como se tivessem as respostas que nos guiarão de maneira segura em meio ao perigo, às incertezas e ao ambiente volátil que é o mundo moderno. Líderes que não são confiantes são vistos como fracos. Não inspiradores. Substituíveis. Até mesmo incompetentes. Não só na política, como também nos negócios, o mensageiro precisa transmitir confiança para comunicar suas ideias, invenções e inovações de forma eficaz. Um cético pode argumentar que excesso de confiança mascara a falta de imaginação ou cega as pessoas, tornando mais difícil para elas enxergar alternativas para o sucesso esperado. O cético está correto, evidentemente. A maioria das startups declaram falência após alguns anos, mas o mensageiro que transmite qualquer coisa menos do que confiança total arrisca perder o interesse de audiências céticas, que estão buscando por sinais de falhas e fraquezas em suas propostas. Não é surpresa, portanto, que muitos mensageiros se preocuparão primeiro com o nível de confiança que têm em uma ideia, em vez da essência que a sustenta. Muitas audiências, vendo essa confiança como um sinal de competência, depositarão maior crédito às suas afirmações. Isso ocorre especialmente quando essa audiência não tem certeza do nível de conhecimento do mensageiro ou, mais preocupante, não tem certeza de qual é a coisa certa a se fazer ou pensar.

Então é sempre uma boa ideia, para os mensageiros, transmitir uma mensagem de maneira confiante? Não necessariamente. Aqueles cujas afirmações confiantes se revelarem imprecisas perderão credibilidade e, consequentemente, exercerão menos influência. Como, então, um mensageiro deve decidir quando transmitir sua mensagem com confiança? A resposta é que depende muito de sua situação atual. Caso atualmente ele não esteja sendo ouvido, mas acredita no mérito de suas ideias (empreendedores iniciantes, candidatos novatos, entre outros), ou caso esteja tentando suprimir a incerteza temporariamente, ele precisa apresentar sua mensagem com mais confiança do que provavelmente acharia apropriado para conseguir ganhar a audiência. Por outro lado, se o mensageiro já está bem-estabelecido e exerce alguma influência, ou está mais preocupado com a precisão de suas afirmações do que com a redução da incerteza, ele tem menos necessidade de colocar um excesso de confiança em suas afirmações. Os ganhos que ele conseguiria ao parecer muito confiante seriam insignificantes. Já as perdas que teria, caso ficasse provado que ele estava errado, seriam consideráveis. Portanto, adotar uma abordagem cautelosa é a melhor opção ao preparar suas novas sugestões e ideias.[15]

A sugestão de falibilidade da parte deles também traz outra vantagem. Um conjunto de estudos conduzidos em 2010 mostrou que, quando um especialista está preparado para expressar pequenas dúvidas sobre seus conselhos e opiniões, a audiência acaba aceitando melhor as ideias dele, particularmente se as ideias dizem respeito a uma questão na qual não existe uma resposta objetiva e clara.[16] Funciona mais ou menos assim: quando um mensageiro que já é percebido como competente demonstra incerteza, a audiência tende a pensar, de maneira um tanto quanto paradoxal, que se ele é confiante o suficiente em sua análise e julgamento para admitir essa incerteza, então ele deve ser confiável. Talvez tenha chegado a hora, depois de dois mil anos, de atualizar o sábio conselho de Virgílio. Em vez de "acredite no especialista", talvez devêssemos usar "acredite no especialista incerto".

O dilema da autopromoção

Todos os sinais de competência que nós descrevemos até aqui — uma habilidade específica, conhecimento especializado, uma conquista prévia, relógios nas paredes do escritório, uma caminhada decidida ou uma atuação confiante — podem, de forma individual ou combinada, aumentar o valor instrumental e o status percebido de um mensageiro, mas existem limites e aqueles que exageram correm o risco de colocar as pessoas contra eles. Tanto os mensageiros quanto as audiências parecem compreender de maneira implícita que esses sinais devem ser demonstrados de maneira discreta e não de forma arrogante. Isso não significa que alguns mensageiros não se darão bem com uma boa dose de autopromoção, mas de modo geral é mais seguro sinalizar a competência por meios mais sutis.

MENSAGEIROS

O mensageiro eficaz pode, durante uma conversa, mencionar no momento apropriado uma habilidade sua ou um atributo; ele pode ilustrar uma discussão com um ou dois exemplos relevantes de suas responsabilidades atuais e conquistas anteriores. Alguns podem tentar alcançar a percepção de competência ao adotar uma estratégia equiparável à das celebridades que circulam pela cidade em seus carros de vidros fumê para que sejam reconhecidas sem serem reconhecidas. Apelidada de "*humble-bragging*", [algo como "vangloriar-se de sua humildade", em tradução livre] essa abordagem envolve camuflar declarações de exibição pessoal com autodepreciação: "Eu me lembro do quão idiota me senti na manhã em que esqueci de programar o despertador e quase perdi minha reunião com o ministro." O *humble-bragging* é, porém, uma estratégia perigosa porque pode fazer alguém parecer falso. Pior que isso, pode fazer com que alguém seja visto como desagradável.[17] O que o usuário dessa estratégia ganha ao dar sinais de sua competência é contrabalanceado por sua falta de cordialidade e fidedignidade.[18]

Alardear suas próprias qualidades pode ser igualmente perigoso. Já mencionei aqui Greg Lippmann, negociador de hipotecas do Deutsche Bank que convenceu alguns investidores a apostarem contra o mercado subprime antes da crise econômica; ele é um bom exemplo disso. Consta que ele ia até aquelas pessoas para, descaradamente, informá-las como ele iria "fatiar" o mercado subprime e com isso fazer "rios de dinheiro".[19] Como um experiente pescador, ele jogava a isca para os clientes em potencial falando de uma faixa de renda na qual seus ganhos se encontravam, e os convidava a tentar adivinhar para ver qual deles estava mais próximo da verdade. Quando eles mordiam a isca, ele os informava, no maior estilo "conversa de pescador", que a avaliação deles sobre seus rendimentos não chegava nem perto daquilo que ele se considerava merecedor. Para alguns, tal performance fez com que ele parecesse um homem digno de admiração e confiança. Para outros, porém, ele acabava se tornando desagradável e pouco confiável. Alguém profissionalmente próximo de Lippmann se referiu a ele como "o babaca conhecido como Greg Lippmann".

Uma empresa que fazia negócios com Lippmann, a FrontPoint Partners LLC — um fundo de hedge da Morgan Stanley — estava desesperada para acreditar no que ele dizia porque se alinhava perfeitamente com a visão da empresa sobre o mercado subprime. Mas ela também suspeitava que as tentativas de Lippmann de persuadi-la a comprar seu "credit default swap" [ou CDS, são títulos do mercado de derivativos] pudessem mascarar segundas intenções. Michael Lewis, autor de *The Big Short*, descreve como a FrontPoint, preocupada com o interesse pessoal completamente transparente de Lippmann, exigiu que ele retornasse até o escritório deles em três ocasiões diferentes para reafirmar seu discurso. Talvez com isso eles pensassem que Lippmann fosse escorregar de alguma forma e revelar algo inapropriado. Em um desses encontros, um executivo da FrontPoint olhou nos olhos de Lippmann e afirmou de maneira direta: "Greg, não me leve a mal, só estou tentando entender como você vai me foder." Parece que a autopromoção constante de Lippmann significava que ele tinha uma luta incrivelmente dura para ganhar a confiança da FrontPoint, que o via como o estereótipo da escória de Wall Street.

Então o que está acontecendo aqui? Se temos a tendência de considerar verdadeiras as declarações de competência das pessoas, então por que repentinamente nos tornamos céticos quando essas afirmações são feitas com falsa modéstia ou de maneira petulante? Já vimos como a confiança pode agir como um poderoso equivalente indireto para a competência, então, certamente poderíamos depreender daí que quanto maior o excesso de confiança do mensageiro, mais confiamos nele, certo? A vida, entretanto, não é tão simples assim. É verdade que os humanos tendem naturalmente a aceitar aqueles que são vistos como detentores de uma maior posição socioeconômica ou seguir os conselhos de um mensageiro que nada mais tem além de algo que possa ser associado a uma determinada especialização, como um jaleco branco. Contudo, como discutiremos em detalhes mais tarde, modéstia e humildade também são qualidades humanas altamente valorizadas. Tentativas egocêntricas ou pretensiosas de aumentar o status de alguém podem causar o efeito inverso e resultar em uma menor conexão. Sinalizar competência oferece uma imensidão de vantagens, mas uma gritante autopromoção pode forçar em demasia e destruir a mensagem.

Dito isso, existe uma forma de evitar as armadilhas da autopromoção: remover o "auto" da "promoção". Os professores da Stanford Business School, Jeffrey Pfeffer, Christina Fong, Robert Cialdini e Rebecca Portnoy, mostraram que comentários positivos feitos por um intermediário do mensageiro não é considerado como uma ação de autopromoção.[20] À primeira vista isso não surpreende, afinal as pessoas frequentemente são receptíveis às recomendações ou aos endossos de um terceiro. O que é extraordinário, porém, é que elas são bem-recebidas mesmo quando é de conhecimento geral que o terceiro não é um expectador desinteressado, mas um defensor. Parece que as pessoas não são boas em identificar o interesse travestido que pode estar escondido na essência do que um defensor tem a dizer. Eles tendem a levar em consideração a mensagem que está sendo transmitida. Em outras palavras, eles podem ser cínicos em relação à autopromoção, mas não identificam a autopromoção *delegada*.

Um pouco antes de termos ciência desses estudos, um de nós autores foi capaz de pôr em prática no mundo real o que foi tão elegantemente demonstrado no laboratório de Stanford de Pfeffer, ao ser convidado para estudar o mundo da gestão imobiliária.

Como em muitos setores de atividade, aqueles que trabalham no ramo imobiliário enfrentam um desafio assustador: uma vez que seus competidores estão fazendo a mesma coisa que eles, é muito difícil se destacar nesse meio. A maioria dos corretores oferecem um serviço similar por um preço similar, e para o cliente a experiência costuma ser a mesma, independentemente da corretora escolhida. Então, considerando que a mensagem de um agente será em grande medida semelhante à dos outros, não importa quem eles sejam e quem representem, o que aconteceria se tomassem providências para apresentar suas competências via um intermediário?

A resposta é: muita coisa.

COMPETÊNCIA

Quando clientes em potencial de uma companhia independente de venda e aluguel de imóveis localizada em Londres entravam em contato para perguntar sobre a venda ou aluguel de suas propriedades, o primeiro contato seria tipicamente com o recepcionista, que perguntaria a razão da ligação antes de realizar a transferência para o colega apropriado. Isso acontecia em uma questão de segundos e em nenhum momento o recepcionista fazia menção às competências ou experiências dos colegas. Então, após nossa sugestão, uma pequena alteração foi feita nesse processo, chamando a atenção dos clientes em potencial para a competência dos colegas, antes de passar a ligação para o ramal de um deles. "Vendendo sua propriedade?", o recepcionista foi instruído a falar. "Deixe-me transferir para Peter, nosso chefe de vendas. Ele tem 20 anos de experiência na venda de propriedades nessa área. Com toda a certeza ele é a melhor pessoa para falar sobre isso." Os resultados foram imediatos e impressionantes. A empresa registrou um aumento de quase 20% no número de consultas que foram convertidas na realização de orçamentos. O número de contratos fechados pela empresa também obteve uma melhora significante: um aumento de 15% no total.

Existem quatro características notáveis nessa estratégia. Primeiro, tudo que o recepcionista disse para os clientes sobre a experiência do colega era verdade. Peter de fato era o chefe de vendas da filial e tinha duas décadas de experiência. Entretanto, caso Peter tivesse dito tudo isso para os clientes, ele teria minado sua posição imediatamente, porque seria marcado instantaneamente como pretensioso e não como competente. Esse é o clássico dilema do mensageiro. As vantagens adquiridas ao assumir a posição de *hard messenger* muitas vezes serão mais do que contrabalançadas pelas desvantagens de não assumir uma posição de *soft messenger*. Ao delegar a apresentação de suas competências para um terceiro, o mensageiro foi capaz de driblar esse dilema. O segundo ponto é que mesmo que o recepcionista dificilmente possa ser visto como uma terceira pessoa imparcial, isso não pareceu fazer diferença para os clientes que estavam recebendo recomendações de alguém claramente conectado ao corretor e que provavelmente também se beneficiaria com essa estratégia. Assim como a enfermeira que, prestando total atenção no médico, derramou sem questionar as gotas no reto do paciente, os vendedores de imóveis em potencial consideraram uma única característica da mensagem do recepcionista: a familiaridade com o trabalho de seus colegas.

Esse tipo de autopromoção delegada não é incomum, especialmente na arena política. Por qual outra razão, durante os debates presidenciais, alguns candidatos seriam quase que invariavelmente apresentados aos eleitores pelos indivíduos mais próximos e interessados no sucesso deles: suas esposas? Ainda assim, isso funciona. De acordo com uma pesquisa do Departamento de Política e Assuntos Públicos da Universidade de Princeton, uma esposa tem uma familiaridade que lhe permite ser mais "pessoal" do que qualquer outro apresentador. Em seu livro *On Behalf of the President*, Lauren Wright mostrou como as aparições de Melania Trump nos comícios de seu marido fizeram com que ele ganhasse apoio, especialmente entre eleitores independentes.[21]*

Finalmente, a quarta e possivelmente mais atraente das características da estratégia de apresentação é que na maioria dos casos ela pode ser implementada virtualmente de graça.

Potencial versus realidade

Por mais impressionante que sejam os resultados encontrados na corretora, existe um desafio óbvio que as pessoas encontrarão ao tentar implementar a estratégia da apresentação. O que acontece se um mensageiro não tiver experiência? É fácil criar uma apresentação que impressione para o profissional com décadas de experiência, um treinamento extensivo e centenas de sucessos no mercado. É muito mais desafiador criar a apresentação de alguém que ainda precisa alcançar uma posição elevada ou formar uma

---

* N.T.: Termo usado para os eleitores dos EUA que não se identificam com um partido político em específico.

lista de sucessos anteriores. Apesar disso, nem tudo está perdido. Na verdade, existem circunstâncias nas quais um mensageiro que só tem potencial pode competir com um mensageiro que adquiriu uma experiência tangível e provou sua competência.

O esporte fornece muitos exemplos de jogadores com pouca ou nenhuma experiência que assinam um contrato multimilionário com base na promessa de um ótimo desempenho. De forma similar, jovens artistas e músicos são destinados para "grandes coisas" e "futuros brilhantes". Também na esfera política é possível ver aqueles com pouca experiência se tornando mais atraentes do que aqueles com um histórico comprovado. A eleição de Emmanuel Macron como presidente da França em maio de 2017, sete meses antes de seu aniversário de quarenta anos, ocorreu apesar dele ser virtualmente desconhecido (o novo e inexperiente presidente também foi o mais jovem da república francesa). Os canadenses, de forma similar, foram seduzidos pelo potencial promissor do jovem Justin Trudeau, que assumiu o cargo como primeiro-ministro em novembro de 2015 (nesse caso, porém, é possível discutir que, por ser o filho mais velho do ex-primeiro-ministro Pierre Trudeau, tinha tanto o potencial quanto uma conexão com a experiência). O astro de *reality show* Donald Trump pode não ter a juventude de Macron e Trudeau, mas para muitos, especialmente para aqueles que se sentiram privados de direitos pela política americana contemporânea, foi seu potencial, em vez de sua experiência, que contou para a eleição.

Talvez possa parecer que esses exemplos tenham sido escolhidos a dedo com base em especulações casuais, mas estudos realizados por Zakary Tormala e Jayson Jia, da Universidade Stanford, junto com Michael Norton da Harvard Business School, mostraram que o potencial pode, de fato, muitas vezes superar as conquistas demonstradas. Em um de seus experimentos, por exemplo, os recrutadores receberam informações sobre dois candidatos que se inscreveram para uma posição sênior no setor financeiro de uma grande empresa.[22] Cada um dos candidatos tinha uma formação semelhante e mostrava o mesmo conjunto de qualificações. A diferença é que um deles tinha dois anos de experiência prévia e conseguira uma pontuação alta em um teste de *conquista de liderança*, enquanto o outro não tinha experiência, mas obtivera uma pontuação alta em um teste de *potencial de liderança*. Após verem essas informações sobre cada um dos candidatos, os recrutadores classificaram o candidato com o potencial sendo muito mais desejável e interessante do que a experiência. Uma conquista, pelo menos em termos temporais, é algo que já passou. Conquista é história. Metaforizando o comportamento do adicto, nossa atenção está pronta para seguir adiante e procurar a próxima dose, e é aí que o potencial se torna a droga de escolha [no mundo das drogas, há preferência pelo uso de uma delas]. É como um doce para o cérebro, estimulando um maior interesse e um aumento do processamento mental graças à incerteza e à ambiguidade.

Os pesquisadores encontraram resultados semelhantes ao olhar a rede social. Usuários do Facebook viram uma série de anúncios de um show com um comediante. Para a metade deles o anúncio transmitia um foco *potencial*: "O próximo grande sucesso de acordo com os críticos" e "No ano que vem, nessa mesma época, todos vão estar falando sobre (esse cara)". Os demais viram anúncios que descreviam um foco *realista*: "O grande sucesso do momento de acordo com os críticos" e "Todos estão falando sobre [esse cara]". Aqueles expostos ao anúncio que transmitia o potencial do comediante mostraram um interesse muito maior (medido pela taxa de cliques) e gostaram muito mais (medido pela quantidade de "curtidas" nas páginas de fãs) em comparação com aqueles que viram e ouviram sobre as reais conquistas do comediante.

A tendência de favorecer o potencial é tão forte que ela funciona mesmo quando o objeto de avaliação não é o mensageiro em si, mas algo que ele criou. Quando pediram aos participantes para relatarem o quanto eles gostaram de algumas obras de arte específicas, após tomarem conhecimento de que um artista tinha grande potencial e o outro tinha grandes conquistas, eles expressaram uma preferência pelas obras pintadas pelo artista com potencial. Obras de arte, é claro, são estáticas e não podem mudar com o tempo. O julgamento das pessoas foi, portanto, moldado pelo que estava na frente delas. Ainda assim, a avaliação foi enviesada pelo pensamento de que aquele artista pode alcançar grandes feitos. O que é verdade para indivíduos também acontece com organizações. Em abril de 2017, a imprensa financeira repercutia intensamente as notícias de que o valor de mercado da Tesla havia acabado de superar o da General Motors em mais de US$1 bilhão. Isso apesar do fato de que, primeiro, a General Motors fabrica carros desde sua incorporação em 1908 (em outras palavras, cerca de um século a mais que a Tesla); segundo, no trimestre anterior a Tesla vendeu apenas 25 mil veículos em comparação aos 2,3 milhões vendidos pela General Motors; e terceiro, mesmo tendo um valor de mercado maior que o da General Motors, a Tesla auferiu lucros em apenas dois trimestres de sua história de 15 anos. O desalinhamento entre o desempenho da Tesla e o valor de suas ações levou o analista de tecnologia Walt Mossberg a escrever no Twitter: "Esse é o bilionésimo exemplo do porquê o mercado de ações não reflete a realidade."[23] Mossberg estava certo, o mercado de ações costuma valorizar excessivamente o potencial.

Isso não significa necessariamente que as pessoas *sempre* acreditam que o potencial é melhor do que certos resultados palpáveis, mas pode fazer com que elas atribuam um maior nível de atenção e interesse aos mensageiros que têm potencial. Nas eleições, como em muitas competições com um único vencedor, a maior atenção e interesse podem ser o suficiente para equilibrar a balança. Em 2016, tanto os republicanos quanto os democratas afirmariam que a Hillary Clinton era a candidata presidencial mais experiente e qualificada, não só naquele momento, mas talvez de modo geral. Em gritante contraste, Donald Trump não trabalhou um dia sequer em qualquer função pública. Durante a campanha eleitoral, o então presidente em exercício, Barack Obama, deu o famoso aviso de que Trump era "completamente despreparado [para atuar como presidente]" e que "não parecia ter o conhecimento básico sobre questões críticas".[24] Clinton poderia, com legitimidade, apontar suas numerosas conquistas. Trump só poderia apontar seu potencial.

Indiscutivelmente, isso o tornou mais interessante.

Ouvindo a competência

Quando um mensageiro dá a entender que é competente — seja por meio da aparência, de uma apresentação persuasiva, do seu potencial, de um modo confiante de agir ou simplesmente por um título adequado — a forma como os outros reagirão a ele pode mudar drasticamente. O desastre aéreo da KLM/Pan Am em 1977. O desastre da Air Florida em Washington D.C. no ano de 1982. A enfermeira qualificada que não foi capaz de questionar a ridícula instrução feita por um médico, mesmo quando ela acreditou que o médico poderia estar enganado. Em cada um desses casos, foi o mensageiro, não a mensagem, que influenciou o resultado por meio da conformidade inquestionável de um colega de baixo status a uma diretiva feita por alguém de alta posição.

Para ser claro, o mensageiro competente não precisa se valer de seu maior poder hierárquico ou funcional em relação à audiência para ser eficaz, ainda que frequentemente a influência da competência e o poder posicional trabalhem em harmonia, uma vez que o mensageiro de alto status é visto como tendo ambos. Esse par de forças consideráveis pode facilmente colocar de lado o que, na ausência delas, não faria sentido algum. Gotas para o ouvido são colocadas no reto do paciente e Michael Cohen é capaz, com a ajuda de seu colega Neil Davis, de preencher 700 páginas de seu livro com um catálogo aparentemente interminável de erros médicos.

O mensageiro competente também não precisa necessariamente procurar ser melhor que os outros ou governar pela força. O status atribuído aos mensageiros competentes resulta de suas habilidades, sabedoria e experiência superiores. Ou pelo menos da *percepção* de que eles têm tais qualidades. Eles têm grande influência porque são respeitados em razão de seus talentos e são vistos como uma fonte de conhecimento útil e de informações consistentes. Mensageiros competentes *informam* suas audiências. Eles não *exigem* que as pessoas os escutem. Aqueles que exigem atenção são um tipo bem-diferente de gente: eles exercem o *domínio*.

3

DOMINAÇÃO

Poder, Superioridade e Quando o Comando
Prevalece sobre a Compaixão

Durante o primeiro debate presidencial de 2016, o candidato republicano, Donald Trump, interrompeu sua adversária democrata, Hillary Clinton, 51 vezes.[1] Isso significa, em média, uma interrupção a cada 50 segundos durante a fala de Clinton. Nos debates subsequentes, Trump não só insistiu nessa tática como procurou dominar Clinton fisicamente também. Em várias ocasiões, ele literalmente a perseguiu pelo palco, pairando ameaçadoramente sobre ela.

Por que um país democrático moderno elegeria um candidato dominador que, durante as primárias, já havia demonstrado uma aptidão para insultos, desrespeito e uma tentativa de controlar aqueles ao seu redor? Certamente uma sociedade sofisticada espera que o seu presidente seja... presidencial? Encantador. Cooperativo. Modesto. Alguém habilidoso em transformar adversários em aliados e não alguém que cria aqueles à custa destes. Certamente, em uma sociedade moderna, alguém cujos objetivos sejam apenas dominar os outros não pode ser levado a sério, não? Essa forma de pensar, entretanto, mascara uma triste verdade. Quando se trata de quem nós ouvimos, os mensageiros percebidos como dominantes ou que demonstram seu domínio sobre os outros podem aumentar seu status percebido e, consequentemente, terão alguma vantagem.[2]

A dominação como um caminho para o status

Hard messengers alcançam a aceitação de suas mensagens primeiro ao estabelecer que têm status. E, assim como a posição socioeconômica e a competência, a dominação é um dos caminhos para obter status.[3] Entretanto, diferentemente da posição socioeconômica e competência, que tendem a existir de maneira contínua, a dominação é mais binária e absoluta. Ela é frequentemente associada a um único resultado registrável. Na genética, uma variante de um gene (conhecida como alelo) pode ser dominante ou recessiva. Nas ervilhas, por exemplo, a presença de dois genes dominantes (o alelo R) resultará em ervilhas lisas, enquanto a presença de dois genes recessivos (o alelo r) resultará em ervilhas rugosas. Entretanto, quando um alelo R e um alelo r estão presentes, o alelo R prevalece e produz ervilhas lisas. Portanto, nas ervilhas onde R é completamente dominante e o r é completamente recessivo, o alelo R vence. É um ganho de soma zero, onde se um vencer, o outro inevitavelmente perde.

O mesmo ocorre com humanos. Ainda que a estrutura de um grupo social possa ser complexa, muitos dos relacionamentos individuais se baseiam em quem é dominante e quem é submisso, e os grupos sociais tendem a ter líderes e seguidores. O domínio social pode ser definido como a posição de um indivíduo em um grupo, e é formado com base em suas habilidades de prevalecer sobre os outros em uma situação competitiva. Portanto, o domínio é ganho quando uma pessoa se afirma, às vezes por interesse próprio e muito frequentemente à custa dos outros. Isso pode se dar na busca da vitória em um concurso, ou para conseguir algo, ou ainda para garantir que as vozes e opiniões deles são as que serão ouvidas com mais frequência. O objetivo central do mensageiro dominante é triunfar sobre os outros.

Isso claramente se aplica no esporte e em competições. Pense no Liverpool Football Club nos anos 1970 e 1980. Michael Jordan e os Chicago Bulls nos anos 1990. Roger Federer nos anos 2000. Os Patriots nos anos 2010. Os All Blacks no rugby ao longo de quase todas essas épocas. Quando uma pessoa ou equipe vence a outra, especialmente de uma maneira convincente, diz-se que eles dominaram seu oponente. Simultaneamente, o adversário perde parte de seu domínio ou tem a afirmação de seu status inferior, tanto pelos olhos do vencedor quanto pelos olhos das audiências que testemunharam a derrota.

A dominação não é, entretanto, apenas um resultado comportamental. Ela é também um traço de personalidade. Indivíduos com tendência a agir competitivamente e se afirmarem, às vezes agressivamente, podem ser considerados como dominantes. Também podem ser vistos dessa forma os indivíduos com um desejo de controlar e manter o poder em toda situação em que entram. Essas personalidades dominantes adotam a filosofia "vencer é mais importante do que o jeito de jogar".[4] Mensageiros com personalidades dominantes são combativos em vez de amigáveis. Eles não estão predispostos à empatia porque a preocupação principal deles é o interesse próprio, acumular ganhos e manter seu domínio social sobre os outros. Caso os objetivos deles possam ser alcançados à custa de um competidor ou desafiante, melhor ainda. Essa é a cereja no bolo do mensageiro dominante. Na verdade, se alguma vez testemunharmos uma pessoa naturalmente dominante adotando um comportamento amigável e educado, nós passamos a percebê-la como *menos* dominante.[5] Eles podem ser determinados na busca por poder e endossar ideologias não igualitárias que colocam certos grupos no topo e outros no piso.[6] Algumas ferramentas de construção de perfil de personalidade e escalas de avaliação se referem às pessoas com essas características como "Personalidades tipo D". Dominantes. Diretas. Decididas.

Detecção de dominação enraizada

A dominação social, como forma de status hierárquico, evoluiu há muito tempo para cumprir uma função importante: encorajar a cooperação hierárquica e ajudar a evitar custos repetidos e desnecessários de conflitos.[7] Ela permanece como o principal caminho para o status entre os primatas não humanos. O macaco-rhesus é um bom exemplo. Usualmente descrito como o macaco do Velho Mundo, ele é uma criatura carismática, inteligente e curiosa que pode ser encontrada vivendo em proximidade com os humanos em muitas das cidades densamente povoadas da Índia, Paquistão e

MENSAGEIROS

Afeganistão. Eles se alimentam de raízes, nozes, sementes, cascas e cereais e particularmente amam frutas e o suco que provém delas. Além disso, também são animais altamente sociais — e hierárquicos.

Um macaco-rhesus em Jaipur, Índia.

Em um estudo, um grupo de macacos-rhesus com sede[*] que foram encontrados vivendo em pequenos grupos foram separados e colocados, um a um, na frente de uma grande tela.[8] Cada macaco logo descobriu que poderia ganhar diferentes quantidades de suco de fruta de acordo com o lado da tela que ele olhava. Ao se virar para a esquerda, sua recompensa era um generoso gole do suco. Porém, caso ele olhasse para a direita, veria uma foto de outro macaco e receberia uma diferente quantidade de suco.[†] A

---

[*] Limitou-se o acesso deles a fluidos na preparação para o experimento.

[†] O que nós descrevemos aqui é uma versão simplificada do experimento.

questão era: estariam os macacos dispostos a pagar um preço maior (medido pela quantidade de suco que eles estariam dispostos a abrir mão) para ver imagens de seus pares?

Parte da resposta não deve ser nenhuma surpresa: macacos machos estavam dispostos a abrir mão de uma quantidade considerável de suco em troca de um vislumbre da genitália de uma fêmea sexualmente receptiva. O que talvez tenha sido mais marcante, entretanto, é que eles também estavam dispostos a sacrificar suco para ver um macho dominante, de maior status. Ao mesmo tempo, eles exigiam um "bônus de suco" por ter olhado para um macho de baixa posição. Em outras palavras, dependendo do próprio status relativo que tinham, eles estavam preparados para pagar um preço ou exigir pagamento com base na dominação relativa do macaco que estavam observando. Tal padrão comportamental, já se pode imaginar, não é único dos macacos. Seus primos humanos comportam-se de forma semelhante. Pais que se desesperam quando os filhos não vão para a mesa de jantar porque a atenção deles está totalmente voltada para seus astros pop favoritos vão reconhecer que todos nós, de uma maneira ou de outra, nos entregamos ao Pay-Per-View Primata.

Humanos e macacos usam mecanismos cognitivos semelhantes para navegar em certos ambientes sociais. Esses processos são evolutivamente adaptáveis e devem ter permitido que nossos ancestrais em comum pudessem adquirir, de forma seletiva, informações sobre os indivíduos mais importantes ao redor deles. Os processos fazem mais, entretanto, do que apenas fornecer um guia para quem se deve olhar. Eles também nos ajudam a tomar boas decisões. Chimpanzés subordinados, por exemplo, vão rastrear se os membros mais dominantes do grupo descobriram onde a comida está escondida para que eles possam decidir se é seguro aproximar-se para recuperá-la. Da mesma forma que uma vítima do valentão da escola pode recuar até a biblioteca ou o armário do zelador para evitar que sua comida seja roubada, os chimpanzés subordinados têm uma maior probabilidade de recuperar sua comida caso seus pares dominantes não souberem onde ela se encontra.[9] Tanto para o aluno quanto para o chimpanzé, esses processos mentais permitem que sejam tomadas medidas para evitar potenciais conflitos nos quais serão, provavelmente, o lado perdedor.

Sinais de dominação, e as respostas que surgem a partir deles, estão tão enraizados nos humanos que podem ser reconhecidos por crianças de dez meses de idade. Em um conjunto de estudos, algumas dezenas de crianças viram um vídeo curto no qual duas figuras animadas interpretavam os papéis principais. Uma delas era um triângulo marrom com olhos e um pequeno nariz de botão. Ele andava até uma pequena casa, sentava-se do lado de dentro e parecia feliz até que outra figura, um círculo azul também com olhos e nariz, aparecia tentando empurrar o triângulo para fora da casa. O triângulo inicialmente resistiu, mas o círculo azul valentão prevaleceu. As crianças, então, viram um segundo vídeo no qual as mesmas figuras eram vistas correndo e coletando objetos que caíam do céu, como maçãs caindo de uma árvore. Na cena final, os dois personagens se moveram para pegar um último objeto. Como dois cavalheiros ingleses puxando suas pistolas em um duelo para resolver uma "questão de honra", o triângulo marrom e o círculo azul se enfrentaram antes que um dos dois recebesse a última recompensa. Entretanto, duas versões diferentes desse final foram apresentadas para as crianças. Em uma, o círculo azul que havia sido dominante anteriormente pegou o último objeto enquanto o submisso triângulo marrom desistia. Na segunda versão, os papéis foram invertidos. O triângulo marrom (antes submisso) afirmou sua dominância e pegou o objeto, fazendo o círculo azul (antes dominante) se render.

Usando o tempo de fixação do olhar para medir a surpresa — uma técnica que nós mencionamos anteriormente (veja a página 46) e que ajuda os pesquisadores a avaliarem o quanto uma criança se surpreendeu com o que acabou de ver — os pesquisadores descobriram que as crianças que viram o final inesperado fixaram o olhar por um tempo significativamente maior do que aquelas que viram a forma dominante ganhar o conflito.[10] O fato de que crianças tão jovens não só foram capazes de se lembrar qual personagem era mais dominante, como também usaram essa informação para formar uma expectativa sobre o resultado de um conflito futuro é impressionante. A pesquisa não acaba por aí. Outro conjunto de estudos mostrou como crianças também são capazes de realizar inferências transitivas sobre a dominância relativa de diferentes mensageiros. Por exemplo, após assistirem a Pessoa A triunfar em um conflito contra a Pessoa B, e a Pessoa B ganhar da Pessoa C em uma competição semelhante, as crianças de dez meses de idade são capazes de inferir que a Pessoa A deve triunfar sobre a Pessoa C em uma disputa.[11] Outros estudos, como aqueles conduzidos pela estudiosa de Stanford, Elizabeth Enright, usando a fixação do olhar como instrumento de medida, mostra como as crianças registram surpresa quando os recursos são divididos igualmente entre um par dominante e submisso, diferentemente do que quando o personagem dominante recebe mais.[12]

Fica claro, então, que uma expectativa profundamente enraizada reside em todos nós desde tenra idade: para o vencedor, os espólios. Como humanos, nossa mente foi desenvolvida para detectar a dominação, usá-la como uma pista para navegar em nosso ambiente social e recompensá-la com uma maior atenção e status. Portanto, não é nenhuma surpresa que a pessoa dominante frequentemente será um mensageiro eficaz.

Sinais não verbais de dominação

Nós tipicamente associamos dominação com um certo tipo de caráter: assertivo, provavelmente impetuoso e talvez até agressivo. Por mais surpreendente que isso possa parecer, esses traços podem ser atrativos. As evidências têm mostrado que homens que postam fotos de si mesmo adotando uma postura expansiva e dominante geralmente se saem melhor em aplicativos de relacionamentos, como o Tinder, do que aqueles menos expansivos, de aparência mais dócil.[13] Nesse contexto, a razão pela qual fotos do presidente russo Vladimir Putin, sem camisa e com aspecto dominante, montado em um cavalo,[14] circulam de maneira tão ampla não é mistério nenhum. Do mesmo modo que um cara com uma aparência dominante pode ganhar no mercado dos encontros online, Putin ganha o mercado da eleição com exibições de masculinidade. Apesar disso, existe muito mais na dominação social do que exibições de masculinidade cruas e rudimentares.

Quando as pessoas interagem entre si, existe uma tendência a adotar posturas corporais complementares.[15] Nas pessoas dominantes, entretanto, essas posturas tendem a ser mais expansivas, e os gestos, mais abertos. Elas vão ocupar mais espaço. De fato, não é incomum para alguém que deseja demonstrar sua dominância literalmente apoderar-se de seu entorno ao repousar os membros sobre a mobília. Quando era líder da maioria no Senado, Lyndon B. Johnson tinha a bem-merecida reputação de dar a seus adversários políticos um "tratamento" na forma de uma postura e linguagem corporal dominadora. Em vez de delegar a responsabilidade de fazer *lobby* a seus assessores, ele buscava e encurralava os legisladores nos corredores do Senado, ficando tão próximo deles que eles podiam sentir sua respiração em seus rostos. Um livro de 1966 sobre Lyndon Johnson descreveu como ele "se aproximava, o rosto a apenas alguns milímetros do seu alvo, seus olhos se estreitando e se alargando, as sobrancelhas subindo e descendo". Diz-se que isso colocava os alvos dele em um estado quase hipnótico, deixando-os atordoados e desamparados.[16] Uma clássica linguagem corporal dominante. Em contraste, e como resposta, um companheiro mais submisso fará o oposto. Ele irá cruzar as pernas e contrair fisicamente a postura, fazendo com que ele pareça mais dócil.

Todos nós recebemos esses sinais, ainda que não os registremos de maneira consciente. Estudos mostraram como as pessoas são bem-sucedidas em descobrir quem tem maior posição de mando quando veem uma imagem de dois empregados em uma conversa no ambiente de trabalho. Eles não precisam ver múltiplas imagens ou vídeos. Uma única foto, tirada contra um fundo neutro, é o suficiente para lhes fornecer as pistas necessárias.[17] Até mesmo crianças com três anos de idade têm essa habilidade.[18] Ao observar a postura corporal, fixação dos olhos, inclinação da cabeça, idade e posição física, elas também rapidamente identificam quem "está no comando".

Tais gestos são comumente associados ao estado emocional interno do mensageiro: poses dominantes indicam um sentimento de orgulho, enquanto poses submissas são uma indicação de vergonha. No seu trabalho *Cristianismo Puro e Simples*, o escritor e teólogo britânico C. S. Lewis sugere que "O orgulho não obtém prazer em ter algo, mas em ter mais do que o próximo".[19] Em essência, Lewis afirmou que o orgulho é, antes de qualquer coisa, uma emoção competitiva. Teóricos evolucionistas tendem a concordar, sugerindo que orgulho (e o seu antônimo, vergonha) evoluiu, em parte, para transmitir a posição social de um indivíduo comparado aos outros.[20] Assim como um chimpanzé dominante adotará uma postura expansiva, inchando o peitoral e inclinando a cabeça para trás após derrotar um rival, os humanos exibem comportamentos semelhantes. A vergonha resulta no exato oposto: uma posição submissa, cabeça inclinada para baixo, ombros caídos e peito contraído. Assim como ocorre com os primatas, a vergonha e o orgulho humanos são evidentes. E, o que é fascinante, essas manifestações físicas de reações emocionais parecem ser inatas.

Em um intrigante conjunto de estudos conduzidos pelos psicólogos Jessica Tracy e David Matsumoto, os comportamentos não verbais espontâneos de atletas que acabaram de vencer ou perder uma luta de judô foram examinados. Vitória ou derrota os sinais indicadores eram palpáveis. Vencedores se mantinham de pé, peito aberto, postura expansiva, a insinuação de um sorriso orgulhoso. Perdedores, em contraste, pareciam abatidos, com os ombros caídos e a cabeça baixa.[21]

Como podemos ter tanta certeza de que essas são reações inatas, não aprendidas? Afinal, é possível argumentar que os vencedores e perdedores já haviam assistido, em alguma ocasião anterior, como os vencedores e perdedores anteriores reagiram em tais situações e simplesmente os copiaram. Os estudos de Tracy e Matsumoto sobre o judô mostraram que não é isso o que acontece, porque todos os atletas eram paralímpicos, cegos desde o nascimento. Em nenhum momento das suas vidas eles foram capazes de observar as posturas de vencedores e perdedores, portanto, não poderiam ter aprendido como emular os outros e combinar emoções específicas com movimentos específicos. Eram reações instintivas.

Uma expressão prototípica de orgulho, identificada por uma análise sistemática dos movimentos comportamentais relevantes para o orgulho. A expressão inclui um pequeno sorriso, uma leve inclinação da cabeça para trás, uma postura expansiva e as mãos nos quadris.[22]

Não é só a expressão prototípica de orgulho que é um processo automático, a reação das audiências a essa expressão também é. Ao presenciarmos uma demonstração de orgulho, nossas mentes, sem muita necessidade de deliberação consciente, rapidamente fazem associações com dominação e status. Uma pesquisa conduzida utilizando o Teste de Associação Implícita (TAI), um teste comum utilizado por psicólogos para medir a força de associação entre conceitos diferentes, demonstra isso de forma cabal.[23] Pediu-se aos participantes do estudo que reagissem às fotos das pessoas que ora exibiam orgulho, ora outras emoções diferentes, como surpresa, medo, vergonha ou felicidade. Enquanto viam essas fotos, lhes foi solicitado que observassem e associassem a elas uma série de palavras de alto status como *comando, dominante, importante, prestigioso* e palavras de baixo status como *humilde, menor, submisso* e *fraco*. O que os pesquisadores descobriram foi que quando dois estímulos congruentes eram apresentados juntos, como uma foto que exibe orgulho e a palavra *dominante*, era fácil classificá-los rapidamente e de maneira precisa, mas quando os estímulos eram categorizados de maneira incongruente, com a exibição de orgulho e a palavra *fraco*, por exemplo, as pessoas tinham que se esforçar para superar as associações feitas de maneira natural para fornecer respostas corretas. Essa era a equivalência mental de esfregar a barrigas enquanto se acaricia a cabeça. É importante notar que esses testes não foram conduzidos apenas com grupos homogêneos e ocidentais. Resultados similares foram descobertos quando o estudo foi repetido com os cidadãos de uma pequena comunidade fiji. Uma expressão de orgulho por parte de um humano é universalmente ligada a um status presumido pelos outros.[24]

O orgulho cobre duas emoções bem diferentes. Existe o orgulho autêntico que acompanha as conquistas. Esse orgulho é ganho, como o de um atleta olímpico que, após anos de treinos, consegue a medalha de ouro. Existe também o orgulho arrogante, que surge de uma visão exagerada e jactanciosa de si mesmo.[25] A pessoa que exibe o orgulho arrogante pode acreditar que ganhou o direito para tal, mas agraciado e agraciador são a mesma pessoa. Alguém cujo sentimento de orgulho é autêntico tem na autoestima uma condição legítima, enquanto o orgulho arrogante gera uma visão interna de que os outros podem ser tratados como inferiores e resulta em um comportamento muitas vezes agressivo, coercitivo, egoísta e manipulador. Apesar das grandes diferenças, para o observador casual as duas variantes do orgulho parecem superficialmente a mesma coisa. Em essência, ambas as emoções são como gêmeas idênticas. Mesmo assim, ainda que em suas manifestações externas sejam semelhantes, as pessoas podem receber de maneira intuitiva as mensagens que elas enviam. Nós parecemos saber quando um mensageiro está orgulhoso de algo que ele fez e quando ele simplesmente acredita ser superior, e as nossas reações variam em conformidade.

Isso foi bem-demonstrado em um estudo no qual estudantes tiveram os níveis de cortisol — um hormônio liberado em resposta ao estresse — de sua saliva medidos enquanto eles realizavam uma apresentação via webcam para uma audiência. Periodicamente, ao longo da apresentação, os estudantes recebiam um feedback não verbal na forma de um dos três "sorrisos" que, mal sabiam eles, eram pré-gravados. Os diferentes tipos de sorrisos utilizados eram: um sorriso recompensador que sinalizava que o apresentador estava indo bem, um sorriso afiliativo que sinalizava a ausência de ameaças e um sorriso arrogante e dominante que sinalizava que o avaliador se sentia superior ao apresentador. Comparados aos estudantes que receberam sorrisos de afiliação e recompensadores, os apresentadores que receberam o sorriso dominante experimentaram um drástico aumento do estresse, medido pelos níveis de cortisol presentes na saliva — níveis esses que não voltaram ao normal até cerca de meia hora após o evento.[26] Se, ao receber um sorriso, você já sentiu uma sensação desconfortável de estresse ou nervosismo, é possível que tenha recebido um sorriso arrogante enviado por um dominador, em vez de um sorriso autêntico de alguém verdadeiramente orgulhoso e satisfeito.

Não são só a postura e a linguagem corporal que entregam o indivíduo dominante. A dominação também tem um rosto comum entre diferentes culturas e sociedades. Nos rostos dominantes, nota-se mandíbulas quadradas, sobrancelhas proeminentes, um nariz maior e uma relação de largura e altura facial maior que a média. Rostos como os de Sylvester Stallone, Babe Ruth, Xi Jinping e Vinnie Jones. Essas características faciais não são associadas à dominação de uma maneira tênue: estudos mostraram que uma pessoa com uma maior relação de largura e altura facial frequentemente será percebida como alguém formidável e dominante. Essas características também não são aleatórias. Pessoas de diversas culturas mostraram ter a característica marcante de inferir com precisão a força física com base no rosto.[27] Pesquisas mostraram até mesmo que a relação de altura e largura facial é uma forma válida de prever o quão agressivo alguém pode ser. Por exemplo, pesquisadores canadenses encontraram uma correlação entre a relação de altura e largura facial de uma seleção de jogadores profissionais de hóquei no gelo e o número de minutos que esses jogadores perderam em penalidades graças a seu comportamento excessivamente agressivo durante os jogos da temporada anterior.[28] Similarmente, a relação de altura e largura facial é uma forma válida de prever o possível sucesso de um lutador em competições de luta, como o Ultimate Fighting Championship.[29] Apresentar uma relação de altura e largura facial maior que a média pode até mesmo ajudar nos negócios. Um estudo mostrou como homens com mandíbulas mais quadradas e angulares negociavam de forma mais agressiva maiores bônus para si mesmos, quando comparados com seus pares com faces maiores e redondas.[30]

Tais pistas são percebidas desde tenra idade. Em um experimento, uma equipe de pesquisadores de Harvard e Princeton mostraram para crianças de três a quatro anos centenas de fotos de rostos manipulados digitalmente, e então fizeram perguntas como: "Qual dessas pessoas é muito má?" e "Qual dessas pessoas é muito legal?" Quase que invariavelmente, as crianças escolheram as faces dominantes (isso é, quadradas e com uma maior relação de altura e largura facial) como as "más", enquanto escolheram as faces redondas e com uma relação de altura e largura facial menor como as "legais". Mais precisamente, a taxa de acerto foi de 90%.[32] Resultados semelhantes foram registrados entre crianças mais velhas e adultos, fornecendo maiores evidências de que os humanos continuam a usar essas pistas físicas rudimentares conforme crescem.

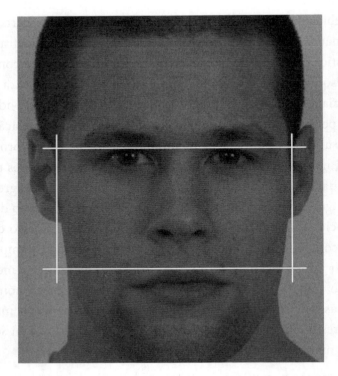

Um exemplo ilustrativo de como a relação de largura e altura facial é avaliada.[31]

Não é só um certo tipo de rosto ou exibição de postura que sinaliza a dominância. O mesmo acontece com a altura. Isso provavelmente não surpreende quando levamos em consideração as sociedades de nossos ancestrais, nas quais a força física era essencial para a sobrevivência. A associação entre altura e dominância, entretanto, está tão fixada em nós que ela se estende até mesmo para os papéis do cotidiano em que a força física não é necessária. Por exemplo, tudo o mais constante, os líderes mais altos tendem a ser eleitos com mais frequência do que seus oponentes mais baixos.*

---

* Qualquer um que já tenha se perguntado sobre os benefícios de eleger funcionários com base em um duelo público pode achar esse extraordinário videoclipe de 1984 relevante [conteúdo em inglês]: https://www.youtube.com/watch?v=K2QAMqTgPKI

É claro que existem exceções — Napoleão, Churchill e outros —, mas eles são as anomalias que se desviam da regra geral.[33]

Até mesmo em situações mundanas, a ideia de que a altura relativa de alguém pode resultar em uma dominância percebida e que essa, por sua vez, pode levar até a aprovação do mensageiro, ocorre de maneira previsível e rotineira. Isso foi demonstrado por uma equipe de psicólogos holandeses que observaram os compradores procurando ingressar em um supermercado no qual apenas uma pessoa podia entrar de cada vez. Verificando a altura relativa dos compradores, usando marcas de giz feitas nas paredes do corredor, a equipe notou que quando duas pessoas se aproximavam ao mesmo tempo, e uma precisava dar passagem para a outra, a pessoa de menor estatura dava a passagem para a de mais alta 67% das vezes. A descoberta se manteve tanto para pares de homens quanto de mulheres e foi replicada em estudos subsequentes com mais de mil pares.[34] É possível argumentar, claro, que tal disposição de dar a passagem para uma pessoa maior é uma prática cultural holandesa, mas outras pesquisas não confirmam isso. Em outro projeto, crianças de dez meses de idade viram um vídeo com dois personagens atravessando um espaço restrito. Eles registraram uma surpresa muito menor na fixação do olhar quando o personagem de menor estatura cedeu e o maior triunfou.[35]

O fato que crianças na fase pré-verbal fazem atribuições de dominância com base na altura parece confirmar que nós estamos predispostos a associar "grande e forte" com "conseguir o que quer". Além disso, o comportamento dos compradores holandeses sugere que essa mentalidade permanece conosco ao longo de toda a vida e influencia todos nós quando se trata de tomar decisões importantes. A forma com que escolhemos nossos líderes empresariais é um exemplo. Nós tendemos a favorecer os de maior estatura porque, de acordo com nosso raciocínio, mensageiros altos e com aparência forte são mais equipados para dissuadir que os outros membros do grupo, como colegas de trabalho e líderes em potencial, saiam da linha. E, assim como acontece com os mensageiros de aparência dominante por conta da relação entre largura e altura facial, nós acreditamos que mensageiros mais altos provavelmente serão mais assertivos ao negociar em nosso favor. Quando o psicólogo Aaron Lukaszewski mostrou aos participantes de um estudo fotografias com os empregados masculinos de uma consultoria de negócios, todos vestidos de maneira similar e com os rostos mascarados, os participantes tenderam a ver os profissionais mais altos de maneira mais positiva e a percebê-los como mais fortes, relatando que eles pareciam mais equipados para garantir que os outros membros da equipe seguissem suas instruções. Eles também acreditaram que os homens de maior estatura representariam melhor sua equipe, além de terem previsto que esses mesmos homens alcançariam maiores posições dentro da empresa.[36]

Esse preconceito a favor dos empregados mais altos é tão enraizado que eles também se saem melhor financeiramente. Em um famoso estudo de 2014, Timothy Judge e Daniel Cable, após fazerem correções para idade, gênero e peso, descobriram que as pessoas mais altas têm uma maior probabilidade de ganhar muito mais em suas carreiras do que seus colegas de menor estatura. Judge e Cable foram capazes até mesmo de quantificar o relacionamento matemático entre altura e ganhos: para cada polegada adicional na altura, há um aumento nos ganhos entre US$728 e US$897) para cada ano de trabalho.[37] Além disso, a dupla descobriu que, ainda que homens brancos de maneira geral tendem a ganhar mais do que mulheres, as mulheres mais altas também ganhavam mais do que suas colegas. Isso sugere fortemente que o efeito da altura nos ganhos funciona de maneira similar para ambos os gêneros.

Sinais verbais de dominação

Além do visual, existe um aspecto auditivo na dominação. Simplificando, nós tendemos a associar um alto status com uma voz mais grave e relaxada. Em parte isso ocorre porque, assim como uma voz aguda corre o risco de sinalizar perigo, medo e ansiedade — estados que sugerem um status reduzido ao serem ouvidos —, vozes graves soam confiantes e assertivas.[38] Em parte, a razão é biológica. Uma laringe grande e espessa produzindo um som grave não é apenas uma indicação do quão fisicamente forte alguém é, mas também indica a quantidade de testosterona no corpo. Ela sugere, portanto, uma maior força física e maior capacidade de dominação. A regra parece ser aplicável às mulheres tanto quanto aos homens. Aquelas com vozes em tom mais para o grave geralmente serão vistas como mais dominantes.

Como já é de conhecimento geral, tanto Theresa May quanto Margaret Thatcher, até então as duas únicas primeiras-ministras do Reino Unido, buscaram especialistas para ajudarem a alcançar uma voz mais grave, com maior força e estabilidade, com Thatcher recebendo esse treinamento, organizado pelo ator e diretor Laurence Olivier, no London National Theatre. Na conferência do Partido Conservador de 1975, é famosa a cena em que ela pegou um espanador e começou a limpar o pódio antes de iniciar seu discurso e enquanto o orador atual *ainda* estava se dirigindo à audiência.* Em seguida, ela se levantou para falar, não com sua voz aguda natural, mas uma que era mais grave e ressonante. O contraste explícito que ela buscava entre a visão de dona de casa estridente e a política de voz grave falando sobre sua visão de uma sociedade livre e a aquisição individual de status ficou bem-evidente. Alguns consideram que esse momento foi crucial para sua jornada em se tornar a primeira mulher a ocupar o cargo de primeira-ministra do país.

Vários estudos demonstraram o poder da voz grave. Em um deles, pediram que as pessoas ouvissem discursos de candidatos políticos do gênero masculino, cada um dos discursos manipulados digitalmente para ter um tom mais grave ou mais agudo. Quando perguntaram a elas "Em quem você votaria?", sete em cada dez pessoas votariam no candidato com a voz mais grave, ainda que ele estivesse, é claro, articulando precisamente a mesma mensagem que sua versão com a voz aguda.[39] O tom empregado

---

* https://www.youtube.com/watch?v=cVje4C1nTt0 [conteúdo em inglês]

quando um mensageiro fala também importa. As inflexões ascendentes no fim das frases têm o efeito de transformar afirmações em questões, nada apropriado para o domínio do mensageiro dominante cujo uso de uma entonação descendente pode, consequentemente, fazer algumas audiências receberem suas mensagens mais como a afirmação de um fato.

Casey Klofstad, um cientista político educado em Harvard, adiciona um detalhe intrigante ao impacto do tom e da altura da voz de um mensageiro. Seu trabalho envolveu medir o impacto das vozes de homens e mulheres, manipuladas com um tom mais grave ou mais agudo, e todas enunciando uma mensagem simples: "Eu lhe peço para votar em mim em outubro." Ele descobriu que uma forte preferência foi demonstrada para a voz grave de cada par pelos ouvintes.[40] É interessante notar que ele também descobriu que a preferência era particularmente forte entre eleitores do gênero feminino julgando as vozes de outras mulheres, uma descoberta que sugere que o maior retorno do treinamento de voz de Theresa May e Margaret Thatcher pode ter vindo do público feminino em vez do masculino. Outra pesquisa descobriu que a preferência por candidatos de liderança com a voz grave é tipicamente marcante entre os republicanos, quando comparados aos democratas.[41] A lógica por trás disso diz que os conservadores tipicamente julgam o mundo de uma forma mais competitiva e ameaçadora do que os progressistas e, portanto, eles preferem candidatos que pareçam ser capazes de defender seus seguidores e prevalecer em conflitos. Como resultado, uma voz grave, com um aspecto dominador, é uma característica mais relevante e impressionante para eleitores da direita, quando se trata de candidatos eleitorais, do que para aqueles do lado esquerdo do espectro político.

Seria absurdo afirmar que nas competições políticas da vida real uma voz grave invariavelmente vencerá. Existem muitos fatores em jogo, mas o trabalho de uma equipe de pesquisadores croatas sugere que a altura da voz exerce uma influência maior do que gostaríamos de admitir. Eles avaliaram mais de 50 pares de debates entre candidatos presidenciais, de diferentes países, que foram postados no YouTube. O que eles descobriram foi que aqueles com uma voz grave (mais dominante) venceram com maior frequência. Não só isso, vencedores de voz grave tendem a apresentar uma maior margem de vitória em relação ao pequeno número de candidatos de voz aguda que acabaram vencendo.[42]

Dominação na prática

Aqueles com uma disposição dominante tendem a ser egoístas, obcecados consigo mesmo e têm uma probabilidade muito menor de realizarem sacrifícios pelos outros. Evidências sugerem que isso é verdade mesmo quando os outros são pessoas próximas e queridas. Parceiros dominantes estão muito menos dispostos a ceder aos pedidos de suas esposas e mais propensos a comentários agressivos, jogados nelas como granadas de mão verbais. O parceiro mais dócil pode acreditar que se acomodando às exigências do seu parceiro dominante ganhará, gradualmente, influência no relacionamento. A triste realidade é que isso raramente é verdade. Quando a dominação é dividida de maneira injusta em um relacionamento, é o parceiro dominante que tende a dar a última palavra. Além disso, o parceiro menos dominante frequentemente adota as visões e emoções do parceiro dominante.[43] Há certo sentido na ideia de que os casais se parecem cada vez mais um com o outro ao longo do tempo, mas a verdade é que o parceiro menos dominante faz todo o trabalho pesado na convergência: eles caminharão mais na direção do parceiro do que o contrário. Mensageiros dominantes estão menos dispostos a realizar concessões recíprocas ou fazer trocas com aqueles que, segundo ele, têm um status inferior.

A dominação também pode ser alcançada por meio de mecanismos mais formais e estruturais. Longe da conduta habitual de outros animais, os humanos têm algumas formas únicas de estruturar hierarquias. Gorilas tendem a não solicitar uma promoção [no emprego]. Chimpanzés não assinam novos acordos e contratos. Diferentemente de nossos primos primatas, nós saltaremos em brechas processuais para competir e adquirir poder sobre os outros, acreditando que o controle resultante dos recursos é um meio muito mais civilizado para a dominação do que a agressão e o conflito direto. Isso não quer dizer que os resultados não sejam os mesmos.

Pessoas, assim como animais, tendem a se submeter àqueles em posição de status e de dominância. Lembra-se de como Stanley Milgram demonstrou a disposição de pessoas comuns em administrar poderosos choques elétricos em outro humano, simplesmente porque um cientista vestido de maneira estereotipada pediu para que fizessem isso? Lembra-se também como a conformidade caiu quando Milgram removeu os ornamentos da competência, isso é, os títulos de cientistas e os jalecos brancos? Apesar disso, remover sinais de competência não foi o suficiente para neutralizar a influência poderosa e penetrante do poder posicional: um número substancial de pessoas nessa situação, quase 50%, ainda concordaram com as exigências do pesquisador.

O trabalho realizado pelo psicólogo social Leonard Bickman atesta o efeito que o poder posicional pode ter, mesmo na ausência de uma competência presumida. Bickman encontrou resultados similares aos de Milgram, trocando os títulos e jalecos brancos por jaquetas de alta visibilidade e coletes acolchoados. Muitos de seus estudos envolviam apenas um pesquisador parando transeuntes e pedindo para que eles atendessem a um pedido. Pegue aquele lixo. Fique de pé em um ponto específico do ponto de ônibus. Coloque umas moedas no parquímetro. Em todas as vezes, tanto o mensageiro quanto a mensagem eram os mesmos. A única diferença estava na vestimenta. Algumas vezes ele estava utilizando roupas casuais, e em outras usava um uniforme de pessoal da segurança. Algumas vezes vestia até mesmo um uniforme de operário. Nas pesquisas anteriores ao estudo, a maioria das pessoas rejeita a noção de que a roupa do solicitante influenciaria sua reação, mas o resultado dos estudos de Bickman mostraram uma história bem diferente. Ele descobriu, por exemplo, que duas vezes mais pessoas dispunham-se a dar dinheiro a um completo estranho que estava com um uniforme de segurança do que à mesma pessoa com roupas casuais.[44] Os participantes desses estudos não estavam ouvindo porque achavam que o segurança ou o operário sabia mais do que eles sobre o que fazer com o lixo, eles concordaram porque os uniformes forneceram um sinal sobre quem estava no comando.

Imagine, por um momento, que você trabalha para uma grande organização que pesquisa e desenvolve novos medicamentos e terapias de ponta para o tratamento de doenças humanas. Imagine, também, que a empresa dispõe, em seu catálogo, de uma droga que funciona bem, mas tem um risco significativamente alto de efeitos colaterais adversos. O quão confortável você estaria em apoiar o marketing dessa droga? De acordo com Arthur Brief, um professor de ética de negócios na Universidade de Utah, a resposta pode ter menos a ver com a ética da questão do que com a influência de um indivíduo na posição de dominância.[45] Quando informados de que o diretor-presidente era a favor do marketing do remédio arriscado e estava tomando ações legais e políticas para prevenir que ele fosse proibido, apenas 33% dos estudantes de cursos de pós-graduação relataram que votariam para realizar o recall da droga em uma reunião do conselho. Se, por outro lado, eles soubessem que o diretor-presidente estava preocupado sobre o impacto que a droga poderia ter no bem-estar do consumidor e estava a favor do recall da medicação, 76% disseram que concordariam.

Executivos dominantes frequentemente estão no cerne dos escândalos das empresas. Em 2007, por exemplo, três dos principais executivos da Purdue Pharmaceuticals — o presidente da companhia, seu principal advogado e o ex-diretor médico — foram declarados culpados das acusações de enganar regulamentadores, médicos e pacientes sobre as qualidades viciantes da droga OxyContin.[46] As táticas dominadoras utilizadas eram tais — incluindo as estratégias dos executivos de fazer a equipe de vendas elaborar tabelas científicas falsas e distribuí-las para os médicos — que o caso foi comparado por alguns comentaristas à ocultação histórica dos riscos à saúde pela Big Tobacco [nome utilizado para se referir às cinco maiores empresas globais da indústria do fumo]. O "Momento Purdue" do setor financeiro veio na forma da crise da LIBOR em 2014, quando diversos indivíduos em vários bancos conspiraram para manipular a London Interbank Offered Rate, a taxa de juros utilizada nos empréstimos interbancários. Investigações subsequentes do escândalo destacam a influência da equipe sênior que, em um estilo clássico de dominação, orquestrava movimentos para pressionar os colegar juniores a inserir dados incorretos em uma tentativa de melhorar os ganhos e o próprio status. "Então tá, deixe comigo e, hã, não vai ser um problema" foi um comentário revelador gravado por investigadores procurando interações entre os que determinam a LIBOR.[47] Esse foi um clássico exemplo de como empregados juniores podem ser coagidos em ações que normalmente considerariam moralmente repreensivas e fora dos limites, caso estejam sob pressão de alguém acima na posição hierárquica. Apesar dos regulamentos e dos órgãos governamentais, o problema não desapareceu por completo.

Submetendo-se à dominação

Apesar de sua ubiquidade, a dominação talvez seja o caminho menos reconhecido para status em uma sociedade moderna e ocidental. A ideia de que atenção desproporcional é dada a uma minoria apenas porque ela grita mais alto e de modo mais convincente que os demais é uma ideia repugnante para a maioria. Nós preferimos pensar que, em uma sociedade democrática contemporânea, todas as vozes terão a mesma oportunidade de serem ouvidas e aquelas com as melhores ideias vencerão. Seja na família, no círculo de conhecidos, na comunidade local, na escola, no ambiente de trabalho, ou em um país inteiro, é difícil reconhecer que a pessoa que fala mais alto, em vez daquela que faz mais sentido, geralmente chama a maior parte da atenção. É duro verificar que o comportamento egoísta e não cooperativo geralmente é recompensado em vez de punido e que os valentões geralmente conseguem o que querem. Também não gostamos de admitir que, como indivíduos, tendemos a nos conformar com a vontade dos dominantes. Tal reconhecimento minaria o orgulho que temos de nossa própria identidade. Odiamos pensar que podemos estar nos conformando com a vontade dos outros, porque isso tanto reduz o nosso status quanto aumenta o deles. Ninguém que ser a ovelha do outro.

Um antigo estudo do psicólogo social Robert Cialdini demonstra as sutis influências que a submissão à dominação exerce.[48] Por outro lado, mensageiros dominantes tendem a gostar mais e atribuir maiores níveis de inteligência àqueles indivíduos que concordam com eles. Portanto, pode ser aconselhável para o estudante que pede a seu professor um prazo maior para o envio de um trabalho assumir uma posição submissa, em vez de dominante. Em contrapartida, aqueles observando um indivíduo submisso tendem a julgá-lo de forma muito mais dura, inferindo a partir do ato de submissão que o status dele é inferior. Então, um estudante que faz um pedido de extensão de prazo na frente dos amigos e contemporâneos pode ter que acompanhá-lo de gestos e expressões faciais desrespeitosas, caso queira manter o status aos olhos daqueles que o rodeiam.

Como Cialdini aponta, a maioria das pessoas entendem isso muito bem e, portanto, tomam medidas para evitar parecerem excessivamente conformistas. Pelo menos em público. Confidencialmente, as coisas são um pouco diferentes. É uma dinâmica que talvez possa explicar os resultados das eleições e dos referendos em países como EUA, Reino Unido e Brasil, que pegaram muitos especialistas de surpresa. Em público, as pessoas podem não estar dispostas a reconhecer seu apoio a um mensageiro dominante, mas o voto acontece de maneira privada, e depois que tomamos a nossa decisão é fácil nos tranquilizar com o pensamento de que nossas ações simplesmente confirmaram o que seria, evidentemente e de qualquer forma, o resultado. Essa indisposição em reconhecer nossa suscetibilidade a mensageiros dominantes não os torna menos eficazes. Na verdade, nossa recusa em reconhecer a dinâmica do comportamento dominante permite que ele opere sob o radar, o que torna ainda mais provável que ele não seja contestado.

A relutância da nossa parte em reconhecer a dinâmica da dominação ajuda a explicar porque uma de suas manifestações mais extremas, o bullying, tem sido tão subestimado historicamente e até hoje é frequentemente incompreendido. Em sua forma mais pura, é frequentemente encontrado entre crianças na escola. Por exemplo, um de nós (Steve) foi vítima do clássico bullying da infância durante quase dois anos e meio. Começou com um jogo em que os garotos formavam uma equipe e disputavam a posse de uma bola, no qual a diversão foi aos poucos sendo substituída pela agressividade. Com o tempo, os encontrões deixaram de ser generalizados e passaram a ser dirigidos a determinados alvos, com um grupo de garotos sendo escolhido para uma "atenção especial": cercados pelos outros, eles eram vítimas de tapas e socos de intensidade variável. A partir daí foi pequeno o passo para insultos e ameaças verbais, além de ataques físicos imediatamente antes de uma aula, o que significava que a vítima precisaria reprimir a dor ou arriscar ser alvo de uma ridicularização ainda maior. Até mesmo o roubo de pertences não estava fora dos limites: ganhos da venda matinal de jornais, dinheiro do jantar, adesivos de futebol e, mais frequentemente (uma vez que trazer sanduíches era uma alternativa preferível do que perder o dinheiro do jantar), o lanche em si. Por fim, Steve se viu obrigado a adotar o tipo de comportamento encontrado entre os primatas submissos: evitar os membros dominantes do grupo sempre que possível, buscando lugares seguros em que o lanche pudesse ser consumido sem ser roubado. Ele era a criança que procuraria abrigo na biblioteca ou se esconderia no armário do zelador na tentativa de evitar ter o lanche roubado por um atormentador.

Essa experiência será, e de maneira deprimente, familiar para muitos. Quase tão deprimente é o fato de que no passado tendíamos a interpretar mal o que está acontecendo aí. Pesquisas iniciais sobre o bullying sugeriram que esses que dominam rotineiramente os outros são tipos socialmente inadequados que não têm a habilidade de regular suas emoções apropriadamente.[49] Eles, portanto, agiriam de maneira agressiva e atacariam furiosamente os outros, quando provocados. Pesquisas mais recentes, entretanto, mostram que ainda que vítimas agressivas certamente existam, o valentão médio não é um brutamontes desmiolado. Muito ao contrário. O bullying pode ser uma tática instrumental para estabelecer a dominação. Mais que isso, evidências sugerem que as crianças vistas como valentões são, na maioria dos casos, bem populares. Elas frequentemente são as "crianças mais legais da turma" e, quando praticam o bullying, ele costuma ser altamente direcionado. O bullying direcionado é proativo, ele não surge como resultado de uma vitimização prévia, mas é motivado por uma recompensa. Os valentões fazem isso porque estão procurando a dominação e os espólios que acompanham o alto status e a maior influência.[50] É uma interpretação reconfortante pensar que o bullying vem da fraqueza e não da força, o que não faz dele algo menos errado.

Pela mesma razão, aqueles com uma maior probabilidade de chamar a atenção indesejada do valentão dominante são tipicamente submissos, pouco confiantes e socialmente ineptos. Aqueles que têm características não normativas também sofrem: minorias étnicas, obesos e membros da comunidade LGBTQ. Para o valentão, suas vítimas são "alvos fáceis" que não têm características dominantes. Infelizmente, as vítimas do bullying frequentemente atribuirão o fato de serem alvos às suas próprias fraquezas percebidas. Não é incomum que vítimas relatem que sofreram bullying por serem "fracas". A vitimização, portanto, pode ser um processo cíclico, no qual sintomas de depressão e de ansiedade não são só características preditivas, mas também aumentam como resultado dessa vitimização. Embora não seja menos difícil de aceitar, é possível talvez compreender como alguém com uma oportunidade de adquirir um domínio social por meio do bullying veria isso como uma proposta atraente. Em essência, existe aqui uma relação de custo-benefício entre a dominação e a moralidade, particularmente em escolas e outros contextos em que as hierarquias são com frequência baseadas na dominação. Aqueles dispostos a realizar ações antissociais ganham domínio, o que resulta em um aumento de status e, dado que algumas pesquisas descobriram que o valentão tem maior necessidade de aprovação e controle, talvez ele realmente tenha mais a ganhar e menos a perder ao ser um valentão.[51]

MENSAGEIROS

Felizmente, os valentões não conseguem tudo o que querem e o bullying não é a única rota disponível para adolescentes que buscam um status social. Os estudiosos Mark Van Ryzin e Anthony Pellegrini sugerem que adolescentes que apresentam um perfil "baixo bullying e alto status" são mais populares do que aqueles com um perfil "alto bullying e alto status".[52] O primeiro alcança o status através de habilidades comunicativas avançadas, um maior desejo de socializar e envolvendo-se ativamente em comportamentos pró-sociais. Em outras palavras, eles buscam status através de popularidade e não de superioridade. O valentão arquetípico que tenta exercer domínio sobre os outros tem um rival que é menos hostil, desaprova o bullying, expressa uma inteligência emocional e faz uso de atos sociáveis como meios de elevar seu status. Qualquer coisa que escolas, comunidades e formuladores de políticas educacionais possam fazer para propagar e ativamente encorajar essas pessoas a ganhar destaque, talvez ao construir hierarquia com base no prestígio em vez da dominação, deve ser aplaudida com razão por alguns motivos. Primeiro, qualquer atividade que resulte em uma redução do bullying é válida e, segundo, isso promoveria o status de mensageiro no ecossistema escolar com base na desejabilidade, e não em mera dominação.

Mensageiros que são naturalmente dominantes podem ser admirados, ou simplesmente observados, mas não são necessariamente alguém de quem se goste. O impulso de status que eles recebem *sobre* sua audiência provavelmente será prejudicado pela falta de conexão que eles têm *com* a audiência. O mensageiro dominante reina pelo medo em vez do amor, pelo poder no lugar do prestígio. Eles desistem dos *soft messengers effects* da cordialidade e vulnerabilidade (veja os Capítulos 5 e 6) para alcançar os benefícios de *hard messenger* que surgem do status elevado. Embora não cheguemos ao ponto de afirmar que a clara incompatibilidade entre um caráter dominante e um cordial seja completamente irreconciliável — falaremos mais sobre a interação entre vários *messenger effects* mais à frente —, isso apresenta um dilema não menos importante para os líderes da sociedade e servidores públicos eleitos, que se esforçam para impor sua vontade ao mesmo tempo que tentam manter-se simpáticos. Isso nos foi claramente ilustrado quando pedimos para que colegas nos nossos dois escritórios: "Nomeie alguém da vida pública que você vê como dominante e simpático." Não só o consenso foi inexistente, como houve uma marcante ausência de nomes para permitir sequer o começo de uma busca pelo consenso.

A necessidade por domínio

Em uma sociedade moderna nós realmente queremos líderes, chefes e políticos que exalam dominação? Afinal, é improvável que o sucesso deles em governar dependa da capacidade de derrotar um competidor em uma luta de boxe. A resposta parece ser que depende. Em tempos calmos e seguros, mensageiros cordiais e harmoniosos tendem a ser valorizados. Em tempos de conflitos e incertezas, quando as pessoas se sentem ansiosas, enfrentam dificuldades ou temem por sua segurança, a motivação pela procura de um líder dominante aumenta. As pessoas vão em busca de alguém que irá se opor a esses fatores negativos e trazer segurança. Ao mesmo tempo, eles presumem que um indivíduo naturalmente dominante será melhor para tomar decisões difíceis, porém necessárias, para lidar com uma crise, agir com assertividade e impor aderência às regras e valores do grupo.[53]

Existe outro fator em jogo também, que é conhecido como *Individual Success Hypothesis* ["Hipótese do Sucesso Individual", em tradução livre][54] A hipótese funciona mais ou menos assim: ao considerar os respectivos méritos de uma pequena lista de candidatos, os avaliadores — sejam eles eleitores, recrutadores, fãs de esportes, entre outros — tendem a focar mais em como o candidato vai se sair *por conta própria* do que como parte de um time. O fato é que, para ser eficaz, o líder eventualmente eleito que precisar da ajuda e cooperação de diversas outras pessoas, aliadas ou não, frequentemente será ignorado. Em vez disso, a audiência cairá na armadilha de pensar que o sucesso futuro de alguém dependerá somente das virtudes e capacidade deles próprios. Isso pode ser especialmente sedutor quando um candidato em potencial tiver sua dominância estabelecida em outro campo ou arena, ainda que não exista relação direta. É um fenômeno que explica por que, por exemplo, esportistas de classe mundial serão apontados para posições de gerência, ainda que as habilidades que permitiram que ele dominasse o estádio não sejam as mesmas necessárias para motivar e gerir. Uma análise de times profissionais de futebol da Bundesliga [liga de clubes de futebol da Alemanha] descobriu evidências para apoiar isso.[55] Times com ex-craques na posição de treinador tipicamente têm um rendimento pior do que os times em que os treinadores nunca jogaram em partidas de alto nível, uma descoberta que parece ter pouco impacto no grande número de jogadores de sucesso nessa função.*

Neville Chamberlain e Winston Churchill oferecem o clássico exemplo britânico de diferentes estilos de liderança que se adequam a circunstâncias bem diferentes. Chamberlain havia sido um *Chancellor of the Exchequer* [o equivalente, no Brasil, a um ministro da Economia] muito bem-sucedido nos anos 1930 e era, inicialmente, um primeiro-ministro popular. Quanto às políticas externas, ele pode ter se enganado em sua interpretação da ambição da Alemanha nazista, mas enquanto parecia que a guerra poderia ser evitada, ele recebeu grande apoio. O período de paz de Churchill foi, na melhor das hipóteses, irregular. Ele provou ser um mau Chancellor of the Exchequer nos anos 1920 e muitas de suas visões (sobre a Índia, por exemplo) foram consideradas excessivamente belicosas e extremamente nacionalistas.

Quando se tratou da probabilidade de uma guerra, entretanto, a balança da influência do mensageiro pendeu do conciliatório Chamberlain para o agressivo Churchill. Nas suas relações com Hitler, Chamberlain interpretou mal as regras do jogo da dominação, supondo de maneira er-

---

* Esse não é o caso de todos os esportes. Na NBA, os ex-jogadores costumam ser treinadores bem-sucedidos, mas existe uma razão para isso. Ex-craques do futebol geralmente começam suas carreiras como treinadores do time principal, enquanto as antigas estrelas da NBA precisam começar de baixo, muitas vezes como assistente de treinador nas divisões menores. Consequentemente, logo se descobre treinadores ruins que nunca avançam para as divisões principais. Goodall, A. H., Kahn, L. M. & Oswald, A. J. (2011), 'Why do leaders matter? A study of expert knowledge in a superstar setting', *Journal of Economic Behavior & Organization*, 77(3), 265–84.

rônea que negociação e cooperação funcionariam, em vez de adotar uma abordagem mais dura.[56] Churchill, em contraste, com seu espírito de "buldogue", ofereceu uma amostra de força e certeza que atraiu as pessoas que agora enfrentavam tempos difíceis e incertos. Em 1939, no primeiro dia de setembro, Hitler invadiu a Polônia, forçando Chamberlain a aceitar que os pedidos e concessões haviam sido em vão. No ano seguinte, Churchill — dominante, desafiador e com uma determinação lendária — recebeu o bastão para lutar pela liberdade e pela segurança do povo.

A lição aqui é difícil. Ao enfrentar um agressor dominante, estratégias centradas principalmente na cooperação e conciliação frequentemente trarão resultados negativos. Teóricos dos jogos compreendem isso e observam as vantagens da estratégia de correspondência entre cooperação/conflito: cooperar apenas quando os outros cooperarem, retaliar quando os outros assumirem uma posição mais agressiva. Isso não quer dizer que a estratégia de pagar na mesma moeda não tenha suas limitações. Situações onde nenhum dos lados está disposto a ceder pode resultar em uma espiral viciosa e interminável. Exibições de dominação, consequentemente, precisam ser calibradas de acordo com as necessidades de uma situação em particular. Elas não podem ser absolutas.

Quem nós ouvimos, confiamos e seguimos dependerá, portanto, de fatores situacionais. Imagine, por um momento, que você vive em uma sociedade tribal de pequena escala na floresta. Imagine, também, que sua tribo está sob ameaça de uma tribo vizinha. As tensões aumentam sobre o acesso a áreas de caça anteriormente compartilhadas, e você foi avisado que a tribo vizinha está se preparando para um ataque iminente à sua aldeia. Você vê, então, duas fotos e precisa decidir quem você escolheria para liderar a tribo nas dificuldades presentes. As fotos são, na verdade, da mesma pessoa, mas uma foi manipulada digitalmente para parecer mais dominante: mandíbula quadrada, aparência de mau, um ar de orgulho arrogante e uma maior relação entre largura e altura facial.

Agora, imagine que o desafio não é enfrentar a hostilidade de uma tribo vizinha, mas sim a ameaça de uma inundação iminente. Quem você escolheria nesse contexto? O líder dominante ou aquele que parece mais capaz de encorajar a colaboração e persuadir as pessoas para que trabalhem juntas na construção de uma barragem?

Se você for parecido com os dois grupos de participantes de um estudo realizado por uma dupla de pesquisadores dinamarqueses, você provavelmente olhará para as pistas do mensageiro que melhor se encaixarem no contexto atual e nas ameaças que seu grupo está enfrentando. Caso o problema seja um conflito com um competidor que você precisará confrontar, a escolha será o líder dominante. Caso seja uma emergência que precise da cooperação entre as pessoas de seu grupo, você optará pelo líder de aparência não dominante.[57] Isso, como os estudos que replicaram a situação mostraram, acontecerá seja você dinamarquês, ucraniano, polonês ou norte-americano.

Quando os mesmos pesquisadores estudaram cidadãos em uma situação de crise, a anexação da Crimeia à Rússia em 2014, descobriram que os votos dos cidadãos ucranianos por um líder hipotético foram influenciados pela aproximação geográfica deles com a região do conflito. Os cidadãos que estavam perto da região e adotaram a mentalidade de "luta" tiveram maior probabilidade de escolherem o candidato dominante. Aqueles que viviam mais longe e se sentiam mais seguros optaram pelo cooperativo. Outros estudos mostram como os eleitores botam um peso maior em uma liderança forte quando existe a possibilidade de um ataque terrorista pairando no ar.[58] Como regra, portanto, ainda que gostemos dos líderes cordiais e voltados para o relacionamento, nós escolhemos líderes antipáticos e dominantes quando se trata de salvar nossas peles em uma competição. Nós esperamos que eles tomem uma ação decisiva, mantenham a lei e a ordem e forneçam uma sensação de esperança em tempos de incertezas e conflitos.

O mesmo funciona nos negócios. Ao escolher entre dois candidatos adequados para a vaga de CEO, as decisões feitas pelo conselho de administração, responsável pelo recrutamento, serão fortemente influenciadas pelo atual desempenho da empresa. Se a empresa estiver indo bem, seu valor de mercado estiver estável e os empregados estiverem relativamente relaxados e sentindo-se psicologicamente seguros, então o líder com uma pontuação baixa em medidas relacionadas à dominação, como o interesse pessoal e o ego, será favorecido. Entretanto, caso o valor de mercado esteja caindo e o estresse dos funcionários aumentando, o candidato dominante com a maior pontuação nessas medidas terá uma maior chance de ser escolhido.[59] Parece que os mensageiros dominantes se dão particularmente bem sempre que existe conflito, competição e incerteza.

Quando a hora de construir pontes chega, entretanto, os fanfarrões egoístas se tornam maus líderes e colegas. Em suas anotações sobre Winston Churchill, o escritor norte-americano Ralph Ingersoll sugeriu que, após o fim da II Guerra Mundial, a Grã-Bretanha entraria em um período de recuperação que seria menos compatível com o estilo condutivo de Churchill. "Ninguém sentia que ele seria o primeiro-ministro após a guerra. Ele simplesmente era o homem correto para o trabalho correto no momento correto, momento esse que era uma guerra desesperada contra os inimigos da Grã-Bretanha."[60] Quando outros estão tentando cooperar, existem poucos benefícios na agressão e provocação, e a posse do líder dominante é de curta duração. Registros antropológicos mostram como o contexto pode mudar drasticamente o valor percebido do mensageiro dominante. Por exemplo, tribos nativas norte-americanas escolhiam diferentes chefes dependendo se estavam em paz ou guerra.[61] A autora e pesquisadora Leslie Zebrowitz observa como, em épocas de dificuldades sociais e econômicas, atrizes com características faciais mais maduras ganham mais destaque na cultura popular. "Mas em tempos prósperos", ela começa a falar, "nós voltamos nossa preferência para aquelas com um ar mais jovial".[62]

Revestindo a dominância

Aspectos da dominação podem ser inatos, mas sempre existem maneiras pelas quais os indivíduos podem manipular uma audiência, seja deliberada ou acidentalmente. Para começar, eles podem manipular sua aparência física. Lembre-se dos experimentos mostrando que homens que adotavam uma postura mais expansiva e dominante em plataformas de encontros online recebiam mais "curtidas" e respostas? Está se tornando cada vez mais fácil (e popular) alterar imagens fotográficas de forma que elas acentuem certas características dominantes — músculos do tronco e do braço, barrigas de tanquinho e uma relação ainda maior da altura e largura facial. A altura percebida também é passível de manipulação, e nem sempre por meios digitais. A altura relativa (e, consequentemente, a dominância) pode ser sinalizada ao aparecer em imagens com pessoas mais baixas, dando a ilusão de maior estatura.

Dado que a altura da voz também está associada com a dominação, é razoável supor que alguns mensageiros podem considerar um treinamento vocal ou de elocução. Assim como a aparência física, as vozes podem ser alteradas por meios digitais. Por exemplo, em filmes com reféns, o sequestrador frequentemente altera a própria voz para que ela pareça mais lenta e grave. Sequestradores de voz aguda e com a fala rápida raramente evocam o nível de perigo necessário para afirmar sua dominância.

Cores também podem transmitir dominação, com o vermelho sendo a cor mais associada ao poder e supremacia. Por exemplo, o fundo vermelho em um site pode induzir a uma mentalidade mais dominante e agressiva, fazendo com que as pessoas deem lances maiores e tentem ganhar um item de maneira mais agressiva por meio de um leilão online do que elas provavelmente fariam se o fundo da página fosse azul.[63] O vermelho também provou influenciar resultados esportivos. Em 2005, um trabalho publicado na *Nature* descobriu que competidores a quem eram atribuídos de maneira aleatória a cor vermelha em vez da azul em competições olímpicas de um contra um, como boxe, taekwondo e luta greco-romana, tinham mais chances de ganhar, independentemente da etapa da competição ou da faixa de peso.[64] Entretanto, esse efeito do vencedor vermelho só parece influenciar os resultados quando os dois competidores são iguais quanto às habilidades. Além disso, o mito popular de que políticos que usam uma "gravata poderosa" vermelha são vistos de maneira mais favorável é, de fato, um mito. Um estudo que mediu as percepções de dominação, liderança e credibilidade dos políticos, tanto os famosos quanto os desconhecidos, após alterar a cor das gravatas em trechos de discursos realizados por eles, descobriu que as gravatas vermelhas não fazem diferença.[65]

Finalmente, para teóricos evolucionistas, tatuar o corpo de alguém, ou até mesmo aplicar um piercing, serve para aumentar a percepção de dominância e um sistema imunológico mais robusto. Outros acreditam que tatuagens e piercings são um sinal de liberdade de expressão e são associados ao hard rock e culturas dominantes. Em um estudo, 2,5 mil usuários do Facebook viram imagens de nove homens sem camisas, com a mesma expressão facial e pose neutras. Aqueles em que a fotografia foi modificada para incluir uma tatuagem preta em um dos braços tinham maior probabilidade de serem classificados como dominantes, masculinos, atraentes, saudáveis e agressivos, tanto por usuários masculinos quanto femininos.[66] Os benefícios de tal percepção não são universais. Como nossos editores apontaram de forma muito sagaz, um porteiro com uma tatuagem pode parecer intimidador, mas isso não significa necessariamente que as pessoas votariam em alguém que se parece com um segurança para o cargo de deputado.

4

ATRATIVIDADE

Bebês Fofos, O Ônus da Beleza e as
Vantagens de Estar na Média

Em 2016, Nora Danish, uma apresentadora de TV e modelo asiática, pressionou os fiscais da Receita Federal malaia a lhe dar uma redução de impostos para compensar os gastos que ela tinha em estar sempre bonita.[1] Ela argumentou que ser famosa a obrigou a ser atraente em público e que, uma vez que esse custo não era dedutível no imposto, sua fama a colocou em uma posição financeira desvantajosa. "Eu e todos os meus compatriotas da Malásia temos a obrigação de pagar impostos", disse ela. "Mas eu acredito que as celebridades precisem ter algumas isenções. Hoje em dia, nós precisamos gastar mais do que nunca para manter nossas aparências, caso contrário não teríamos carreiras, e isso deve ser visto como uma despesa ocupacional."

Danish despertou pouca simpatia pública com o pedido, e também não teve apoio do fisco malaio, que acabou rejeitando a proposta. Haveria, entretanto, algum mérito no argumento de que as pessoas atraentes se dão mal? Ou será que as pessoas de boa aparência na verdade têm uma valiosa vantagem na vida, em termos de atrair os outros, resultando em um maior status e, consequentemente, em sua eficácia como mensageiros?

Certamente o que acontece é que aqueles vistos como fisicamente atraentes recebem o tipo de atenção que acompanha um mensageiro eficaz. Praticamente toda revista de bem-estar, ginástica e estilo de vida é adornada com pessoas atraentes e em forma. Sites também são embelezados com pessoas bonitas, que estão invariavelmente relacionadas — às vezes de maneira implícita e outras de maneira explícita — à tentativa de nos convencer do mérito de um produto ou marca. A relação entre o poder de um mensageiro atraente e a promoção de itens que associamos à aparência e saúde é bem-estabelecida. Atratividade é um fator-chave em escolher com quem fazemos amizades, com quem nos encontramos, os empregos que conseguimos (e que não conseguimos), os políticos em quem votamos e as pessoas com as quais nos casamos.

Ela também influencia em áreas que, na superfície, parecem não ter relação com a aparência física. Finanças, por exemplo. Ao tomar decisões financeiras, como pedir um empréstimo em algum lugar específico, as pessoas costumam supor que ali pesam apenas os fatores econômicos — a taxa de juros, como um produto se compara aos outros disponíveis no mercado e as condições de pagamento. No entanto, quando pesquisadores da Booth School of Business da Universidade de Chicago testaram se essa é a forma com a qual os consumidores realmente tomam essas decisões, suas descobertas contrariaram essa compreensível suposição. O que eles descobriram é que estratégias de publicidade, que de acordo com a visão econômica neoclássica da psicologia humana não deveriam influenciar os processos de pensamento porque não têm nenhuma relação com finanças, também desempenham um papel.

Para realizar seu estudo de campo, os pesquisadores uniram-se a uma empresa de crédito ao consumidor na África do Sul para contatar por correio mais de 53 mil pessoas que já haviam recebido materiais publicitários da empresa no passado. Desta vez, esses clientes em potencial receberam uma nova oferta financeira. Graças aos pesquisadores, entretanto, a forma com que a oferta foi expressada variou de correspondência para correspondência, não só em termos da taxa de juros anunciada, como em termos das imagens que acompanhavam a oferta. Algumas delas incluíam a imagem de uma bela mulher, outras não; algumas incluíam taxas de juros vantajosas, outras não. Havia diferentes permutações entre a imagem e a oferta financeira. Os pesquisadores, então, verificaram com as agências locais da companhia financeira os níveis de aceitação das diferentes ofertas enviadas. A pergunta que eles procuravam responder era, é claro, se existe a possibilidade de quantificar o quanto vale a foto de um rosto bonito em um anúncio publicitário relativamente à redução das taxas de juros. A resposta encontrada é que vale muito! Quando a fotografia de uma mulher atraente foi colocada perto da oferta, ela foi correlacionada com uma maior aceitação entre os potenciais clientes. Isso não aconteceu entre as mulheres — elas eram mais esclarecidas. Os pesquisadores estimaram que, entre os homens, uma fotografia aumentou a aceitação em 25% com relação à redução nas taxas de juros.[2]

É importante notar que a questão aqui é a atratividade *física*. Em termos gerais, a atratividade não está limitada à aparência física. Mensageiros atraentes também podem ser aqueles que chamam a atenção das pessoas por sua simpatia, cordialidade e têm um jeito próprio de captar a atenção e a benevolência alheia. Esses efeitos *soft* são parte do tema da "conexão", que iremos explorar na Parte Dois. Por enquanto, vamos nos preocupar principalmente com a atratividade física e seu impacto como um *hard messenger effect*. Como os estudos do Booth School of Business de Chicago mostraram, a atratividade física pode ter um efeito poderoso. Não devido a um valor instrumental do mensageiro atraente, como um conhecimento, habilidade ou poder superiores, mas por ter *valor sexual*. Isso significa que ele é visto como um parceiro reprodutivo desejável e, por causa disso, provocam respostas positivas nos outros. Consequentemente, as pessoas belas recebem um tratamento preferencial e são recompensadas com um alto status e uma maior influência do que os membros menos atraentes da sociedade.[3] Isso não significa que as pessoas menos atraentes fisicamente percam completamente. Aqueles que se associam a um mensageiro bonito acabam elevando seu próprio status também, ganhando maiores oportunidades para recompensas sociais: convites para festas mais legais, conversas com pessoas tão atraentes quanto ou mais atraentes e, até mesmo, relacionar-se com os maiores mensageiros de alto status do mundo: as celebridades ricas e influentes.

Qual é a aparência da atratividade?

Nós somos capazes de realizar julgamentos de atratividade em menos de 200 milissegundos. Quando, por exemplo, Alice e Laura entram em um bar e veem Tom e Jason pela primeira vez, vai haver uma compreensão implícita quase imediata de qual homem e mulher de cada par é o mais atraente. Alice e Laura vão preferir, digamos, Jason, enquanto Tom e Jason vão se sentir atraídos por Alice. Todos nós reagimos rapidamente e tendemos a considerar as mesmas pessoas como atraentes. Alguns de nós podem preferir morenas em vez de loiras, ou ruivas em vez de morenas, ou pessoas esbeltas — os gostos individuais variam —, mas entre homens e mulheres, adultos e adolescentes, e culturas diversas, metanálises — responsáveis por comparar os resultados de múltiplos estudos — mostraram que existe um amplo consenso de quem é e não é atraente.[4]

Esse é um consenso que não é encontrado apenas entre adultos e adolescentes. De acordo com Judith Langlois, reitora na Universidade do Texas e uma célebre especialista em seu campo, crianças a partir de dois ou três meses de idade já sabem de forma intrínseca a diferença entre rostos atraentes e não atraentes. Em um estudo, as crianças foram colocadas na frente de pares de fotografias do rosto de mulheres projetadas em uma tela. Todos os rostos carregavam expressões neutras e possuíam cabelos de cor escura. Só havia uma diferença crucial entre eles: um rosto de cada par já havia sido anteriormente avaliado, por adultos, como atraente, enquanto o outro foi considerado não atraente. Quando a reação dos bebês foi avaliada, ao observar quanto tempo eles fixavam o olhar em cada uma das fotos de cada um dos pares, foi descoberto que até com dois meses de idade eles passam mais tempo olhando para os rostos "atraentes" do que para os rostos "não atraentes".[5] Em outro estudo, Langlois gravou o que ela chama de *tom positivamente afetivo*, uma medida do quão positivamente uma criança responde a um sorriso e a tendência dela de caminhar até ele. Ela descobriu que até mesmo crianças de um ano de idade demonstram maiores níveis de *afeto positivo* para estranhos atraentes (e bonecas) do que para os não atraentes, além de menores níveis de afastamento e de perigo.[6]

Esse viés não é uma via de mão única. Adultos que viram fotos de bebês fofos e menos fofos tipicamente prestam mais atenção, arrulham mais e demonstram maiores níveis de afeição para os recém-nascidos mais atraentes. Anda mais marcante, o efeito parece ocorrer com os próprios pais. Estudos observacionais da atividade de alimentação e brincadeiras com os primogênitos descobriram que mães de crianças menos atraentes são menos carinhosas com eles e passam mais tempo interagindo com os outros *adultos* no ambiente. Elas também têm maiores chances de oferecer apenas "cuidados de rotina" ao seu filho e menos "comportamento carinhoso", quando comparadas às mães de bebês mais bonitos.[7] Bebês bonitos são, portanto, mensageiros muito eficazes. É uma verdade básica que não se perdeu nos anunciantes de outrora, que regularmente usavam imagens de crianças para vender todos os tipos de produtos, até mesmo bebidas gaseificadas. Em 2018, uma postagem no Twitter causou uma tempestade na rede social ao circular um anúncio que aparecia em uma edição dos anos de 1950 da revista *Life*, com a imagem de um bebê fofo bebendo de uma garrafa de Heineken.[8] A imagem foi rapidamente exposta como falsa por comentadores perspicazes, que apontaram que no anúncio original o bebê não estava bebendo cerveja, mas sim o refrigerante 7 Up! Parece que, seja o produto anunciado adequado ou não, bebês atraentes têm uma qualidade de chamar a atenção difícil de igualar.

MENSAGEIROS

Bebês bonitos são mensageiros muito eficazes.

ATRATIVIDADE

Graças aos muitos dados disponíveis — desde informações obtidas em aplicativos de relacionamentos até projetos de pesquisa envolvendo sofisticadas técnicas de transformação facial — nós temos uma boa ideia do que provavelmente será visto como atraente ou não atraente. Dois pontos-chave, nada surpreendentes, são a juventude e a simetria facial. Um terceiro ponto, entretanto, pode parecer menos óbvio. Além de parecerem jovens e terem uma uniformidade proporcional, rostos atraentes são "medianos".[9] Isso pode parecer um pouco paradoxal. Afinal, como as pessoas podem preferir um rosto comum se, por definição, rostos atraentes são classificados como acima da média? A verdade, entretanto, é que nós favorecemos os rostos medianos porque eles *são* medianos — não há neles características que os destaquem como diferentes. Características marcantes podem ser indicações de potenciais problemas genéticos, enquanto rostos medianos indicam saúde. Esse fato também explica o porquê de rostos simétricos serem mais atraentes. Simetria é o modo de a natureza indicar a existência de bons genes. Biólogos evolucionistas argumentam que uma vez que a qualidade genética não pode ser observada diretamente (pedir pelo relatório de mapeamento genético no primeiro encontro garantirá não haver um segundo), nós observamos outras pistas indiretas: sinais de juventude, simetria e estar na média funcionam como sinais confiáveis de que um companheiro em potencial conta com maiores chances de sobreviver e transmitir seus bons genes para as próximas gerações. Em outras palavras, indivíduos atraídos pelas características joviais, simétricas e medianas têm mais chance de criar seus filhos que, por sua vez, terão mais chances de reproduzir.

Existe também outra razão para nossa tendência de ver os rostos medianos como atraentes. Essa média faz com que eles sejam predominantes e é essa predominância que torna esses rostos familiares. Rostos familiares são atraentes para nós porque neles são maiores as chances de ter componentes em comum com os rostos das pessoas que conhecemos, criamos laços sociais e que nos deixam seguros e confortáveis.[10] Essa preferência pelo familiar é tão forte que, falando de modo geral, nós tendemos a procurar pessoas que se pareçam conosco a menos que exista uma associação negativa aprendida.

De fato, estudos mostram que as pessoas geralmente são mais atraídas para fotografias e imagens de outras pessoas que foram modificadas para se parecerem um pouco com elas. Outra pesquisa descobriu que, em geral, pessoas tendem a morar ou se casar com parceiros que são tão atraentes quanto elas e com um status socioeconômico similar, um padrão descrito como *acasalamento preferencial*. Ainda que possa ser verdade que os opostos se atraem, é muito mais comum que pessoas parecidas se relacionem.[11]

Mas existem algumas pessoas que raramente dão certo juntas: as idênticas. Embora achemos pessoas similares atraentes, nós também precisamos de algum grau de divergência. Pesquisadores noruegueses que mostraram aos participantes fotos do rosto de seus parceiros que foram, até certo ponto, misturados com o seu ou com um rosto independente classificado como atraente descobriram que o ponto certo da atratividade foi alcançado quando o rosto do parceiro foi modificado para incluir 22% do rosto do participante. Quando esse elemento subiu para 33%, os participantes já não achavam o rosto atraente. Incidentalmente, observadores independentes classificaram as imagens com 22% como nada atraentes.[12] Parece haver uma boa razão biológica para o princípio básico aqui: características similares podem ser atraentes até certo ponto, mas um excesso de semelhança ativa uma reação completamente diferente, uma forte aversão à consanguinidade.

É claro que homens e mulheres heterossexuais não são necessariamente atraídos pelas *mesmas* características em cada um. Não só homens e mulheres não se parecem, como também não olham um para o outro da mesma maneira. De acordo com a teoria do dimorfismo sexual, homens são atraídos por mulheres femininas e mulheres são atraídas por homens másculos.[*,13] Isso é confirmado pelos dados de milhões de interações ro-

---

* Na verdade, se as mulheres preferem homens másculos ou não é um debate complicado. Homens excessivamente másculos geralmente não são considerados atraentes, e aqueles com mais características faciais femininas são frequentemente vistos como mais atraentes. O que as mulheres heterossexuais parecem ver como atraente é um homem alto, atlético, com bons genes, que seja confiável, apaixonado e ofereça estabilidade a longo prazo. Homens fortes, com

mânticas online, anúncios nas seções de classificados e resultados de speed dating [eventos presenciais organizados para incentivar namoros entre pessoas solteiras]. Os dados sugerem que mulheres tipicamente *preferem* homens atléticos 6cm a 8cm mais altos que elas (então, caso a mulher use salto alto, a altura será mais ou menos equivalente). Homens geralmente se importam menos com a altura de uma mulher e muito mais com a idade. Eles *tendem* a buscar mulheres jovens, esbeltas e de aparência feminina.[14] Homens na lista dos mais ricos da Forbes, que supostamente são favorecidos por mais escolhas sobre quem namorar, têm mulheres que, em média, são sete anos mais novas. Suas segundas esposas são, em média, 22 anos mais jovens.[15] Mulheres mais jovens se dão especialmente bem em sites e aplicativos de relacionamento, fazendo com que muitas pessoas mais velhas e menos atraentes se sintam tentadas a melhorar a foto em seu perfil e mentir sobre sua idade e características físicas.[16] Ainda que os dois gêneros favoreçam a aparência jovial, isso ocorre particularmente no modo com que os homens veem as mulheres. A explicação evolutiva para isso é que o homem médio é dotado de um maior apetite sexual e, portanto, indicadores físicos de fertilidade têm um peso maior ao considerar potenciais parceiras, diferentemente da mulher média.

Interessante notar que o salto alto não foi originalmente desenvolvido para as mulheres, mas sim como um calçado de equitação para os homens. Os lutadores persas do século XVI, que valorizavam muito a equitação, usavam salto alto para garantir que os pés permanecessem nos estribos enquanto carregavam o arco antes de se levantar para o disparo. O uso do salto alto entre as mulheres é uma inovação relativamente recente. De acordo com antropólogos, o salto alto não só aumenta a altura de quem

---

um olhar gentil, alguém capaz de defender e afirmar seu controle diante de uma situação, mas que seja carinhoso e amoroso a menos que seja necessário agir de outra forma. Um exemplo óbvio é o bombeiro. Por mais estereotípico que possa ser, esse exemplo parece representar a realidade. Em 2016, o Tinder permitiu que as pessoas incluíssem seu trabalho no perfil, oferecendo uma chance de registrar quais profissões eram as mais atraentes para o sexo oposto. Pilotos, bombeiros, personal trainers e enfermeiros foram logo ao topo: http:// uk.businessinsider.com/tinders-most-swiped-right-jobs-in-america-2016-2?r= US&IR=T

o utiliza, como também força uma "pose de cortejo", com as costas arqueadas e as nádegas salientes, uma característica de acasalamento comumente encontrada em outros mamíferos. O salto alto, portanto, serve como um exemplo de fator não biológico de atratividade. O que ele definitivamente *não* oferece é praticidade ou conforto.[17]

As vantagens da atratividade

A atratividade é mais do que uma recompensa por si só. Pessoas vistas como mais atraentes que a média recebem uma maior atenção no espaço romântico. Consequentemente, mais opções estão disponíveis para elas quando se trata de escolher o próximo parceiro, independentemente do gênero. Seja em respostas a anúncios, interesse em um perfil de um site de relacionamento online ou os números coletados em um speed dating, haverá sempre demanda pelos indivíduos atraentes da sociedade.[18] O que talvez seja mais surpreendente é que as pessoas atraentes parecem obter vantagens em muitas outras áreas da vida, também. Conforme as crianças passam da primeira até a segunda infância e da escola primária à secundária, aqueles vistos como atraentes serão mais bem tratados pelos professores e tidos como mais populares pelos colegas. O viés entre o bebê atraente e seus pais funciona nas duas direções e assim também o viés entre aluno e professor. Estudantes atraentes recebem melhores notas dos professores, assim como professores atraentes recebem melhores feedbacks dos alunos. Crianças vistas como tendo um nível de atratividade superior têm mais chances de serem classificadas como donas de personalidades desejáveis, além de uma maior probabilidade de alcançarem um maior nível de sucesso pessoal na vida.[19]

Conforme os adolescentes avançam para a idade adulta e a atenção é direcionada ao trabalho e à progressão de carreira, a atratividade ainda tem um papel importante.[20] Quando todo o resto é igual, aqueles cujas características os definem como mais atraentes têm maiores chances de receber a crucial vaga do primeiro emprego, e as vantagens não param por aí. Empregados atraentes têm mais chances de receber promoções, progredir mais rápido e ir mais longe na carreira escolhida. Eles também provavelmente serão melhor remunerados. Tudo isso apesar de terem a mesma experiência, mesmo potencial e ética de trabalho que seus colegas com aparência na média. Esse fenômeno se tornou conhecido como "recompensa da beleza" e, de acordo com Daniel Hamermesh, um notável economista dos EUA, é possível definir o valor dessa recompensa: ela pode variar de um adicional de 10% até 15% em ganhos anuais, mais ou menos a mesma diferença dos ganhos entre as pessoas de gêneros e etnias diferentes no mercado de trabalho americano.[21] Hamermesh sugere que a desvantagem de remuneração vivenciada pelos homens afro-americanos é similar às desvantagens vivenciadas pelos homens brancos e não atraentes. Ao longo de uma carreira, um homem com aparência abaixo da média pode esperar ganhar até US$250 mil a menos do que os colegas mais atraentes. É claro que o dinheiro não é a única influência para a felicidade de um indivíduo, mas ele é, ainda assim, um fator importante. Pouco surpreende a descoberta de que as pessoas não atraentes são também menos felizes.[22] Graças à disparidade na remuneração e experiência de vida, algumas pessoas pediram por políticas capazes de mitigar a influência da atratividade. Deborah Rhode, uma professora de direito em Stanford, sugeriu que da mesma forma que a Lei dos Direitos Civis de 1964 nos Estados Unidos proíbe a discriminação com base em raça, cor, religião, sexo e nacionalidade, a *Discrimination in Employment Act* de 1967 proíbe o mesmo para a idade e a *Disabilities Act* de 1990 ["Lei de Discriminação no Trabalho" e "Lei da Deficiência", respectivamente] estipula que candidatos e empregados sejam protegidos contra discriminação contra suas deficiências, medidas legais devem ser tomadas para impedir que trabalhadores sejam discriminados com base em sua falta de atratividade.[23]

O problema é que o viés de atratividade é muito profundo. Até que ponto vivemos em uma "sociedade do teste do sofá" pode ser motivo de debate, uma vez que é difícil provar de maneira precisa a acusação bastante comum de que os processos seletivos são, na verdade, concursos de beleza disfarçados, mas não existem dúvidas de que a atratividade é indevidamente favorecida. Isso foi demonstrado de maneira convincente por um grupo de pesquisadores italianos que mandaram mais de 11 mil currículos para uma gama de empregadores de diversos setores de atividade, como resposta às ofertas de emprego oferecidas. Alguns currículos eram acompanhados da fotografia dos candidatos, enquanto outros não.[24] As respostas dos potenciais empregadores seguiram um padrão previsível. Caso no currículo houvesse a prova fotográfica da atratividade do candidato, ele teria 20% mais chances de receber uma ligação do que se enviasse o mesmo currículo sem a foto. Currículos com fotos de pessoas menos atraentes tiveram um resultado pior e, enquanto a taxa de resposta dos candidatos foi a mesma independentemente do gênero, o mesmo não aconteceu quando se tratou do sucesso dos candidatos não atraentes. Homens não atraentes receberam ligações de 26% dos empregos para os quais se candidataram, enquanto as mulheres não atraentes só receberam 7%. Esses resultados não são, de forma alguma, únicos. Descobertas semelhantes surgiram de estudos na Argentina e Israel.[25] Uma metanálise que combinou os resultados de 27 estudos descobriu que a atratividade impacta os resultados de trabalho tanto no ambiente profissional quanto no ambiente acadêmico, não importando o setor e o nível do emprego.[26]

Obviamente, existem formas pelas quais uma empresa pode diminuir a potencial vantagem dos candidatos atraentes. Ela pode se recusar a aceitar currículos com fotos; pode garantir que os estágios iniciais da seleção não envolvam encontros presenciais, talvez conduzindo um teste online, uma avaliação escrita ou realizando entrevistas por telefone, ou ainda por Skype com a função de vídeo desligada (o que pode beneficiar as duas partes, porque a atração relativa de um recrutador também pode influenciar o processo). Essas pequenas medidas podem ao menos garantir que um maior número de candidatos (e potencialmente os melhores candidatos) passe para a entrevista. Porém, em algum momento — assim como o comprador de uma casa que, em vez de confiar apenas na descrição do corretor de imóveis, vai querer ver a casa que pretende comprar — os potenciais empregadores irão querer encontrar os candidatos pessoalmente. É nessa hora que os mensageiros que têm a vantagem da atratividade poderão fazer a magia acontecer. Cada candidato estará tentando transmitir a mesma mensagem: "Eu acredito que sou o melhor candidato para o cargo", mas mesmo depois de considerar suas experiências, habilidades e técnicas de entrevista, sua atratividade relativa influenciará a avaliação do recrutador.

O mercado de trabalho é apenas uma área da vida pública e profissional em que a atratividade de um mensageiro pode influenciar. A arena política também é suscetível a esse efeito. Um estudo no *Journal of Public Economics* relata que um candidato mais atraente, tudo o mais constante, pode ganhar até 20% a mais dos votos do que o rival menos atraente.[27] Dentro do sistema judiciário, também, pesquisas têm mostrado como os júris frequentemente formam impressões da culpa ou inocência de um réu no começo do julgamento, com base em pouco mais do que a atratividade dele. Uma metanálise conduzida por pesquisadores da Universidade Yale descobriu que falsos jurados apresentados a casos hipotéticos contam com uma menor probabilidade de considerar réus atraentes como culpados e, quando lhes foi solicitado que comentassem sobre a sentença apropriada, recomendaram sentenças mais brandas para os criminosos atraentes, mesmo em casos de crimes sérios como roubo e estupro.[28] Parece que as pistas padrão que os júris usaram para inferir a culpa e informar suas decisões, que eleitores usam para eleger seus líderes e que gerentes usam para contratar e promover trabalhadores podem ser influenciadas pela atratividade do mensageiro diante deles.

Impulsionando a atratividade

A atratividade pode ser inata, mas isso não significa que não existam formas artificiais de melhorar o trabalho da natureza. Bons cuidados certamente ajudam. O psicólogo francês Nicolas Guéguen e seus colegas mostraram como garçonetes que fazem uso de maquiagem no começo de um turno receberam, em média, gorjetas 26% maiores de homens do que quando elas não usavam maquiagem.[29] Vestidos também podem influenciar percepções de atratividade. No capítulo anterior descrevemos como, tudo o mais constante, um competidor com a cor dominante vermelha em uma competição esportiva de combate ganhará mais frequentemente do que aquele que veste a cor azul. Roupas vermelhas também podem impulsionar a percepção de atratividade, particularmente entre as mulheres. Estudos mostraram que mochileiras conseguem mais caronas se estiverem vestindo um top vermelho e que os jantares terão maiores gorjetas para atendentes do sexo feminino com blusas vermelhas e batom vermelho.[30] Em cada um dos casos, as mensagens básicas: "preciso de uma carona" e "recompensas serão apreciadas" são as mesmas. A única coisa que mudou foi a aparência do mensageiro.*

Se usar vermelho aumenta a atratividade feminina, as mulheres o fazem deliberadamente? Alguns estudos sugerem que esse pode ser o caso, mas também parece que essa é, frequentemente, uma ação involuntária. Pesquisadores da Universidade da Colúmbia Britânica que perguntaram às mulheres diretamente "Faz quantos dias desde o início de sua última menstruação?", descobriram que aquelas na fase fértil do ciclo menstrual (quando a chance de gravidez e a motivação biológica para o sexo estão no ponto mais alto) tinham uma probabilidade maior de usar roupas vermelhas, sugerindo uma relação inconsciente entre essa escolha particular de cor e o seu potencial reprodutivo.[31] O poder do vermelho também foi demonstrado por pesquisadores que, convidando mulheres para um experimento em uma universidade local, enviaram um e-mail de confirmação que incluía a foto de um assistente de pesquisa do gênero masculino conduzindo o estudo e que era considerado atraente ou não atraente. Ao chegar ao laboratório da universidade as mulheres foram informadas que,

---

* O uso do vermelho não influenciou as mulheres, nem as motoristas nem as freguesas. Apenas os homens foram mais generosos com as mulheres que usavam vermelho.

devido a alguns imprevistos, o assistente de pesquisa não estava disponível e outro pesquisador assumiria o cargo. Na verdade, o experimento já havia sido concluído e os resultados registrados. Mulheres esperando encontrar o pesquisador atraente tinham três vezes mais chances de usar uma peça de roupa vermelha.[32] Elas sabiam que a roupa vermelha impulsionava sua atratividade e escolheram o traje de acordo.

O conhecimento de que um indivíduo atraente também é provavelmente um indivíduo influente pode fazer com que algumas empresas caiam na tentação de deliberadamente contratar uma equipe de boa aparência. Certamente pessoas atraentes podem ser eficazes e produtivas, especialmente quando trabalham em departamentos como vendas, RP e desenvolvimento de negócios, nas quais enviar mensagens é uma parte-chave do trabalho. Já foi demonstrado, por exemplo, que um vendedor que chama a atenção tem mais chances de vender drogas controladas para médicos do que aquele que não se destaca, mesmo que os únicos critérios que devessem ter importância nesse caso fossem eficácia e preço, e o profissional altamente qualificado deve ter consciência desse fato. Apesar disso, dados de um estudo mostraram que, quando as prescrições escritas dos médicos foram reunidas e examinadas, existe uma clara correlação entre a atratividade do vendedor e a quantidade do medicamento prescrito.[33] Dito isso, o efeito de atração do vendedor pode ser apenas passageiro. Com o tempo, o número de interações aumenta e o relacionamento entre vendedor e médico se desenvolve e, consequentemente, o brilho da atração desaparece. Assim como a armadilha sexual na espionagem, o mensageiro atraente pode ser particularmente bom em recrutar novos clientes. Isso não significa, entretanto, que ele será capaz de retê-los.

Existem outras maneiras pelas quais uma organização pode aumentar a atratividade de seus colaboradores em vez de utilizar práticas de recrutamento discriminatórias. Com frequência, tudo o que é preciso é um sorriso, pela simples razão de que sorrir faz com que a pessoa pareça ser mais atraente. É uma filosofia que a Safeway, uma rede de supermercados dos EUA, adotou com sua política de Serviço Superior. O programa defendia que a equipe mantivesse contato visual com os clientes, cumprimentando-os pelo nome, acompanhasse aqueles que estivessem com dificuldade de encontrar um produto até o corredor adequado e, acima de tudo, sorrisse cordialmente. Para garantir a conformidade com essa política, exércitos de "compradores misteriosos" foram recrutados para avaliar a equipe. O alto desempenho foi muito bem recompensado, enquanto aqueles com baixo desempenho eram enviados para o que os trabalhadores da Safeway chamavam de "Escola do Sorriso". Em geral, o programa foi bem-recebido. Para a maioria dos clientes, uma empresa que coloca um serviço superior como o centro de sua estratégia de vendas é uma empresa que deve ser aplaudida e recompensada com lealdade. Dito isso, a iniciativa da Safeway também teve algumas consequências indesejadas. O *Washington Post* relatou como alguns compradores viam coisas demais na cordialidade da equipe sorridente, resultando em muitas funcionárias reclamando de clientes do gênero masculino interpretando mal os sorrisos. Indiferente, a Safeway continuou com o programa, por fim levando cinco funcionárias a apresentarem queixa de discriminação contra a empresa. "Nós não toleramos assédio contra nossos empregados", disse uma porta-voz da empresa. "Infelizmente, os clientes são pessoas como todo mundo e podem sair da linha de vez em quando".[34]

Comportamentos que aumentam a atratividade percebida podem levar a uma avaliação positiva e um tratamento preferencial, mas como os empregados da Safeway descobriram, a atratividade também pode ser uma maldição. Em alguns casos, ela pode resultar em uma atenção indesejada, objetificação ou, pior ainda, em assédio e hostilidade, principalmente para as mulheres, e nem sempre só de homens.

As desvantagens da atratividade

Certa vez, durante uma entrevista para uma rádio, a cantora de country Dolly Parton contou uma história sobre uma garotinha, de provavelmente oito anos, que estava na plateia de uma de suas apresentações no final da década de 1960. Parton descreveu a garota com tendo um bonito cabelo vermelho, uma bela pele e lindos olhos verdes. Olhando para Parton, a garotinha pediu um autógrafo, então Parton perguntou seu nome.

"Jolene", respondeu a garota.

"Que lindo nome", disse Parton. "Vou escrever uma música sobre ele."[35]

Parton escreveu a música, que acabou não sendo sobre a garotinha, mas sobre outra ruiva que trabalhava no banco perto de onde Parton morava. "Ela tinha uma queda pelo meu marido", explicou Parton. "E ele amava ir ao banco porque ela dava muita atenção para ele. Era um tipo de piada interna entre nós dois. (...) Eu dizia 'Caramba, você está passando muito tempo no banco, eu acho que nós nem temos tanto dinheiro assim.'"

"Ela tinha tudo que eu não tinha", Parton continuou. "Pernas, (...) ela tinha quase 1,80m e tinha tudo aquilo que uma branquela baixinha como eu não tem. Então, não importa o quão bonita você é (...) você é sempre ameaçada por outras mulheres, e ponto final."

Em menos de 200 palavras, a música "Jolene" de Dolly Parton de forma pungente transmite um conhecido efeito que cientistas sociais têm dedicado volumes para explicar: a hostilidade que a atratividade feminina pode atrair, particularmente em outras mulheres.[36] Um estudo canadense de mais de dois mil adolescentes descobriu que, enquanto para os homens a atratividade serve como um fator protetivo que diminui a possibilidade de ser vitimizado por outros homens, com as mulheres acontece o oposto: a mulher atraente tem *mais* chances de ser atacada por outras mulheres.[37] De forma similar, o psicólogo Frank McAndrew escreveu extensivamente sobre como a beleza de uma mulher pode trazer à tona a fera nas outras.[38] Elas rapidamente percebem como os homens são atraídos até ela e, portanto, se reúnem para tomar medidas visando minar-lhe a reputação, reduzir seu status e fazer com que ela seja menos desejada por meio de fofocas e histórias infundadas. Caso tenham sucesso, a habilidade da mulher atraente de estabelecer sua rede de relacionamentos sociais e círculos de amizade será prejudicada e ela poderá acabar em uma posição de impotência social. Se ataques verbais não resultarem em sua exclusão social, intimidações e agressões físicas podem ocorrer.*

O caso de Samantha Brick, uma jornalista freelancer que em 2012 ganhou destaque por ter escrito um artigo no jornal nacional do Reino Unido, o *Daily Mail*, no qual ela lamentava as desvantagens de ser atraente, demonstra claramente essa tendência da intimidação em grupo.[39] Ela escreveu que ainda que existam vantagens em ser atraente — champanhe grátis em voos, estranhos muito bonitos se oferecendo para pagar sua conta no bar, ou se dispondo a pagar o trem ou táxi — existem desvantagens também: não só a atenção indesejada de membros do gênero oposto incomodando-a em pleno exercício da profissão, seja interrompendo ou propondo encontros, mas principalmente de outras mulheres. Ela relatou ocasiões em que outras mulheres lhe fechavam a porta na cara, ou quando suas chefes atrapalhavam sua vida profissional forçando-a a sair ou promovendo suas colegas de beleza mediana. Ela também se queixou de como, apesar de ter várias amigas, nunca foi convidada para ser madrinha de casamento. Se suas suspeitas e reclamações são justificadas não é pertinente aqui. O que é pertinente, entretanto, é o nível de hostilidade que o artigo despertou. Milhares de leitores escreveram para atacá-la, muitos de forma cáustica. Notadamente, as reações negativas foram desproporcionalmente enviadas por mulheres. Talvez Brick tivesse acabado por provar sua argumentação.

A noção de atratividade, portanto, vem com uma carga de problemas para as mulheres. Elas têm mais chances de serem julgadas pela aparência do que os homens. Aquelas consideradas atraentes podem ser tratadas com hostilidade por outras mulheres, enquanto aquelas consideradas como não

---

* Este vídeo [conteúdo em inglês] mostra de maneira gráfica como alguns grupos estão dispostos a retribuir o "pecado" de nascer com beleza: http://www.dailymail.co.uk/video/news/video-1101302/School-bullies-force-girl-drinkpuddle-water-pretty.html Aviso: este link contém imagens que podem ser perturbadoras para alguns leitores.

atraentes correm o risco de perder valor social aos olhos dos outros e, portanto, ter um status reduzido. Quando se trata de questões de peso, por exemplo, embora seja verdade que homens acima do peso são penalizados no mercado de trabalho (em resultados relacionados ao trabalho como recomendações, classificações de qualificação, decisões disciplinares, decisões salariais e de colocação), as mulheres acima do peso têm ainda mais dificuldades profissionalmente.*[40] Para os homens, a atratividade é um pró. Para as mulheres, é tanto um pró quanto um contra. A verdade inconveniente é que, quando se trata das regras da atração, o gênero ainda importa.[41]

Além das características gerais de atratividade de rosto mediano, juventude e simetria, o que homens e mulheres acham atraente difere claramente. A importância relativa colocada na atratividade também difere de acordo com o gênero. Os homens na lista dos mais ricos da Forbes tendem a namorar jovens modelos, enquanto as mulheres fisicamente atraentes e de alto status costumam buscar em seus parceiros competência e alta posição socioeconômica.[42] Marilyn Monroe, por exemplo, poderia ter escolhido de uma longa lista de pessoas atraentes, mas se apaixonou pelo dramaturgo Arthur Miller e havia rumores que até mesmo Albert Einstein fazia parte de sua lista de potenciais pretendentes. A mídia, as forças patriarcais e outros fatores sociais também contribuem. Os atuais padrões de beleza estipulam que mulheres em particular devem aderir às normas de magreza para evitar perder o valor social aos olhos dos outros. Em outras épocas, regras diferentes eram aplicadas. Os vitorianos gostavam das mulheres mais gordas, enquanto nos anos 1920 o estereótipo *gamine* [jovem esbelta, charmosa e provocante] fazia sucesso.

A maior ênfase que a sociedade coloca na beleza feminina tem muito a ver com fatores evolutivos. Homens apresentam menores níveis de inves-

---

* Paradoxalmente, alguns estudos descobriram que homens levemente acima do peso na verdade são avaliados positivamente em certos domínios. Veja Judge, T. A. & Cable, D. M. (2011), 'When it comes to pay, do the thin win? The effect of weight on pay for men and women', *Journal of Applied Psychology*, 96(1), 95–112.

timento parental do que as mulheres.[43] A mulher carrega o feto, dá a luz e também possivelmente amamenta o bebê. Ela, portanto, busca por características no companheiro que sugerem que ele estará disposto e será capaz de fornecer apoio. Enquanto isso, o homem talvez nunca saiba que tem um filho, ou pode ainda optar por desaparecer ao saber da novidade, evitando as responsabilidades paternas. Como regra, ele tende a ser dotado de um maior apetite sexual e coloca um peso maior nos indicadores físicos de fertilidade ao considerar parceiras em potencial.[44] Para o homem que busca uma parceira romântica, a atratividade importa muito. Para a mulher, a atratividade pode importar um pouco menos, de modo que outros fatores carreguem um peso maior.

Do *hard messenger* para o *soft messenger*

Nos anos 1920 e 1930, a Western Union enfrentou uma crise. A rápida instalação de linhas telefônicas nos EUA teve um efeito devastador nas receitas do serviço de telegrama. Além disso, o surgimento do rádio e da televisão — e com ele o anúncio por rádio e televisão — ameaçou o serviço de marketing direto da empresa, outrora lucrativo e popular, que consistia em enviar mensageiros para entregar folhetos e amostras de porta em porta, promovendo uma variedade de produtos, desde sabão até cereais. Uma ação precisava ser tomada.

Entre as mais bem-sucedidas iniciativas que a Western Union adotou para tentar assegurar sua posição estava uma que alavancou diversos *hard messengers effects* que nós exploramos até aqui. Ela era conhecida como "Entrega Dramatizada" e levou a publicidade a um outro patamar.[45] Os mensageiros que ofereciam o serviço de Entrega Dramatizada eram descritos como muito bonitos. Eles foram treinados para sorrir de forma radiante ao entregar amostras e folhetos às donas de casa, que eram os alvos do fabricante. Vestiam uniformes de prestígio: ternos elegantes adornados com botões de bronze, camisas engomadas e bonés de aparência oficial.

ATRATIVIDADE

Eles transmitiam prestígio e competência. O serviço também era adequadamente caro. Ao usar a Entrega Dramatizada da Western Union você não estava apenas enviando um sinal sobre o produto da empresa, estava enviando um sinal da empresa em si. Você estava falando: "Nós temos status."

Quão bem-sucedido foi o serviço de Entrega Dramatizada da Western Union? Houve sucesso o suficiente para que a US Trade Association of Advertising, que representava mais de duas mil empresas, pressionasse o senado americano a investigar a posição dominante e injusta que a Western Union havia ganho por meio desse novo serviço. Por que ele foi tão bem-sucedido? Todas as empresas de publicidade estavam enviando as mesmas mensagens para o cliente em potencial — "Prove esta amostra", "Veja nosso folheto", "Compre nosso produto". Apenas a Western Union levou o mensageiro em consideração. Ao empregar *hard messenger effects*, como a posição socioeconômica, competência e atratividade, eles se sobressaíram.

Mas a história não acaba por aí.

Cada vez mais, os destinatários do serviço de Entrega Dramatizada da Western Union se voltavam para os mesmos mensageiros para enviar suas próprias mensagens. Não para vender amostras ou entregar folhetos, mas para compartilhar notícias com os amigos e vizinhos; para enviar convites de batismo, bar mitzvah e jantares; para enviar bolos, flores e sorrisos. Esse refinamento adicional, por sua vez, deu à Western Union mais uma vantagem que a tornou ainda mais bem-sucedida. Eles estavam focando naquilo que chamamos de *hard messenger effects*. Agora, eles estavam usando um *soft messenger effect*, que nós exploraremos na Parte Dois desse livro.

Conexão.

PARTE DOIS

Soft Messengers

PART TWO

Soft Messengers

Uma Conexão Assassina

SEGUNDO A MAIORIA DOS RELATOS, FORAM necessárias muitas tentativas para matar Grigori Rasputin. A primeira, envolvendo um bolo envenenado, teve pouco efeito, talvez por não conter cianeto o suficiente. As tentativas seguintes, com três taças generosas de vinho também envenenado, falharam da mesma forma. Então, os conspiradores foram atrás de um assassino, e pouco tempo depois um pistoleiro acertou Rasputin no peito e na cabeça. Para completar, eles embrulharam o corpo, colocaram um peso nele e o jogaram em um rio próximo.[1]

Considerando os esforços de seus assassinos para despachá-lo, não deve ser nenhuma surpresa que Rasputin não fosse um homem popular. Apesar de cair nas graças do Czar Nicolau II e de sua esposa, Alexandra, que o adoravam por sua aparente habilidade divina de controlar a hemofilia do filho deles, o "Monge Louco da Rússia" foi uma das pessoas menos queridas da história. Rasputin era conhecido por seus desvios sexuais, ser dado a bravatas, e ser um manipulador que exercia uma influência maligna sobre a família real e a política russa. Para muitos, sua morte brutal foi merecida.

Também não é surpresa, portanto, que as gerações subsequentes tiveram uma visão nada caridosa do "Monge Louco", mas isso não quer dizer que todos o viam dessa forma. Quando um grupo de pessoas, nascidas cerca de 40 anos após sua morte, analisaram sua vida, a maioria o julgou severamente. Alguns outros, entretanto, acreditavam que ele era um pouco menos desagradável. Ainda que tivessem visto as mesmas informações sobre Rasputin e seus desvios de conduta que seus pares mais críticos, eles sentiram uma conexão com ele, ainda que ninguém soubesse articular exatamente em que sentido essa conexão existia.

Acontece que ela era, na verdade, uma conexão bem direta. Todos eles faziam aniversário no mesmo dia.

Cada um de nós tem uma "necessidade de pertencimento" e um desejo fundamental de formar conexões com os outros.[2] Um interesse compartilhado, um ponto de vista em comum ou um sentimento caloroso difícil de descrever em relação a alguém geralmente é o suficiente para unir as pessoas. Quando sentimos essa conexão, quando sentimos que estamos conectados a outra pessoa, tendemos a ouvir mais e atribuir uma maior importância ao que ela tem a dizer do que se essa relação não existisse. Em outras palavras, o poder da mensagem de alguém não tem tanta influência quanto o poder de alguém como mensageiro.

Essa não é uma característica de uma cultura específica ou um tipo de personalidade, é um fenômeno universal. Todos os humanos são motivados a formar conexões sociais com outros, a cuidar uns dos outros, compartilhar recursos, cooperar. Quando experimentamos uma conexão social positiva, somos recompensados com uma dose de felicidade. Nós experimentamos um maior sentimento de controle, uma maior autoestima e bem-estar. Dados do World Values Survey sugerem que fortes relacionamentos sociais, ou *capital social*, são o melhor preditor da felicidade humana, boa saúde, renda e possessões materiais.[3] Aqueles que não conseguem essa necessidade humana básica pagam um alto preço por isso. Eles vivenciam a solidão, uma emoção aversiva associada a uma variedade de problemas de saúde físicos e mentais que incluem ansiedade, depressão, baixa autoestima, obesidade, raiva e, às vezes, revolta.[4] Estudos longitudinais de crianças pré-escolares demonstram que essa exclusão social é preditiva de um aumento de agressividade e uma redução da cooperação entre as crianças a partir de seis anos de idade. Outros estudos revelaram que adolescentes que se sentem alienados reagirão mais negativamente aos feedbacks negativos do que seus colegas mais "conectados". No ambiente de trabalho, quem escuta que um colega não quer trabalhar com ele frequentemente reage de forma agressiva e antagônica.[5] Em sua forma mais drástica, tal alienação pode levar até a atos extremos de violência: quase todos os tiroteios escolares nos EUA foram cometidos por indivíduos socialmente excluídos.[6]

Portanto, o impulso de formar conexões sociais é poderoso. Quase todos nós queremos evitar as consequências sociais e emocionais do isolamento. Da mesma forma que uma pessoa faminta busca por comida, indivíduos isolados buscam formas de satisfazer seu apetite emocional ao formar laços sociais com os outros. A motivação de buscar conexões é tão essencial que mesmo traços e interesses aparentemente triviais que compartilhamos com os outros, como um interesse em comum, ou a mesma data de aniversário, pode ser o suficiente para criar laços significativos. Essa é a razão pela qual aqueles que avaliavam a vida de Rasputin, que por sinal eram estudantes da Universidade do Estado do Arizona, reagiram de acordo com o que tinham em comum com ele.

O estudo, conduzido por Robert Cialdini e John Finch, envolvia pedir que voluntários analisassem um documento de três páginas que descrevia a pitoresca história de Rasputin, do nascimento em uma família camponesa siberiana, passando por sua conversão religiosa e o período na corte do Czar Nicolau II, até seu assassinato, para então avaliá-lo em uma espécie de escala. Em cada um dos casos o relato fornecido foi equilibrado e fiel aos fatos. Fiel com exceção de um pequeno detalhe sobre o aniversário de Rasputin, levando alguns dos estudantes, de maneira aleatória, a pensarem que compartilhavam esse pequeno detalhe com ele. Para deixar claro, aqueles que descobriram essa conexão não elevaram Rasputin repentinamente ao status de herói. Eles continuaram a classificá-lo de maneira majoritariamente negativa, mas as visões deles foram muito menos críticas do que aquelas expressadas por seus colegas que não compartilhavam nenhum laço com o personagem. Como Cialdini mencionou: "Parece existir uma tendência de elevar nossa avaliação sobre qualquer coisa, ou qualquer um, em que nos vemos conectados de alguma forma."[7]

O experimento de Cialdini e Finch demonstra como somos tribais e como podemos ser suscetíveis à mera sugestão de que um mensageiro está do nosso lado e pode ser um potencial parceiro cooperativo. Se um detalhe trivial como uma data de nascimento em comum pode fazer com que as pessoas classifiquem um personagem como Rasputin um pouco menos negativamente, então imagine como as visões dos outros podem ser transformadas por laços e conexões de maior importância.

É algo que vemos acontecendo o tempo todo na vida cotidiana. Recrutadores, tudo o mais constante, espontaneamente inclinam-se para os candidatos com características similares às deles. Clientes dizem sim com mais frequência para vendedores que destacam uma experiência compartilhada entre eles. De modo geral, nós gravitamos na direção daqueles com idade, educação, trajetória, etnia, religião, nível de inteligência ou status socioeconômico similares aos nossos.[8] Análises de redes sociais online mostram que as pessoas estão mais inclinadas a curtir e compartilhar teorias da conspiração e "fake news" se elas forem postadas por um amigo, particularmente aqueles que têm uma visão de mundo semelhante à deles.[9] Isso coincide com a pesquisa que um de nós conduziu com Eloise Copland, Eleanor Loh, Tali Sharot e Cass Sustein, que mostrou que as pessoas consultavam e ouviam muito mais um mensageiro que compartilhava de suas visões políticas ao responder sobre um assunto aleatório e sem relação com política, mesmo que o mensageiro com visão política divergente tivesse muito mais conhecimento sobre a tarefa em questão.[10] Nossas descobertas ajudam a explicar porque as pessoas acreditam até hoje nas "fake news" e teorias da conspiração, apesar da abundância de evidências facilmente disponíveis que provam o contrário. Não é só a mensagem que é vista de maneira contrária, mas também o mensageiro. Parece que algumas pessoas podem ser convencidas a acreditar em praticamente qualquer coisa quando uma mensagem é propagada por uma pessoa parecida ou por uma fonte de notícias de seu agrado.

Quando a conexão é enfatizada, os resultados podem ser extraordinários: "This Girl Can" — uma campanha do Sport England criada para envolver mais mulheres em atividades esportivas recreativas — é um bom exemplo. Normalmente, espera-se que uma campanha como essa tenha estrelas e atletas inspiradoras do gênero feminino, entretanto, nesse caso foram produzidos vídeos e pôsteres que mostravam mulheres de todos os tipos, medidas e níveis de habilidade. Uma vez que a campanha não foi realizada em um laboratório, seria arriscado afirmar que mostrar esportistas com as quais o povo britânico pôde se identificar gerou um efeito causal na aceitação, mas mesmo assim os números são sugestivos: de acordo com o Sport England, 2,8 milhões de mulheres no Reino Unido relataram que fazem alguma, ou algumas atividades, como resultado da campanha.[11]

A decisão de escolher um mensageiro conectado em vez de um com status trouxe resultados igualmente impressionantes para um programa de saúde sexual zimbabuense. Assim como se espera uma estrela do esporte à frente de uma agenda esportiva, naturalmente se supõe que médicos e profissionais de saúde com seus jalecos brancos sejam os melhores mensageiros para transmitir as mensagens criadas para garantir o sexo seguro com o uso de camisinha. Os estrategistas do programa, porém, pensaram em um caminho diferente. Treinaram mulheres de regiões de baixa renda que trabalhavam trançando cabelos para transmitir mensagens sobre os benefícios do uso de camisinha, como introduzi-las em um relacionamento e onde adquiri-las. A mensagem era precisamente a mesma que um médico ou enfermeira treinados transmitiriam. A única diferença estava no mensageiro, uma pessoa familiar oferecendo um conselho em um ambiente amigável, solidário e seguro.[12]

Essa foi uma ideia inteligente. Receber mensagens de um profissional de saúde, independentemente da competência e experiência, pode ser constrangedor. Ouvir um mensageiro amigável que se tornou confiável e conhecido com o passar do tempo, claramente evita uma potencial barreira ao deixar que as mulheres se sintam livres para conversar sobre suas questões pessoais. Um médico teria, é claro, status entre essas mulheres, mas a mensagem era mais poderosa vindo de alguém com quem elas tinham um laço tranquilizador e preexistente.

O programa "Get Braids Not Aids" também destaca outra notável característica da conexão: ela não decorre apenas de características compartilhadas como data de nascimento, demografia ou atitude. A conexão geralmente se desenvolve com o tempo, conforme as pessoas se familiarizam umas com as outras, e às vezes resulta na formação de laços poderosos e duradouros. Tais conexões podem fornecer um conforto psicológico e físico que outros mensageiros, incluindo a elite, não são capazes de fornecer.

Na Parte Um, nós descrevemos como o status percebido de um mensageiro — adquirido através de sinais de posição socioeconômica, competência, dominação e atratividade — pode alterar a reação de um ouvinte à mensagem dele, independentemente dos méritos da mesma. Na Parte Dois, nós mostramos que existe outro caminho para a influência: um que envolve enfatizar a conexão em vez de a superioridade. Diferentemente dos *hard messengers* da sociedade, que buscam ganhar influência ao ficar à frente dos outros, os *soft messengers* obtêm influência ao se dar bem com seus companheiros humanos. Eles fazem isso por meio de quatro traços: cordialidade, vulnerabilidade, confiabilidade e carisma.

5
CORDIALIDADE

Líderes Simpáticos, Servos Humildes e
Quando a Cooperação Supera o Conflito

Em 19 de novembro de 1985, uma terça-feira, a sentença de um júri do tribunal estadual de Houston, Texas, deixou estupefatos os mundos jurídico e dos negócios, e colocou uma grande companhia petrolífera à beira da falência. A favor do autor, a empresa Pennzoil, 12 cidadãos declararam que a Texaco Oil pagasse indenizações no valor de mais de US$10,5 bilhões. Na época, essa foi a maior penalidade civil na história do direito.[1]

O caso surgiu da ambição de Hugh Liedtke, presidente da Pennzoil, de transformar sua empresa em uma gigante da indústria. Faltavam-lhe, ao que parecia, as reservas de petróleo necessárias para competir com as grandes companhias. Foi quando, em 1984, surgiu uma solução em potencial. Circulavam rumores sobre uma série de encontros entre os banqueiros de Wall Street e um dos competidores da Pennzoil, a Getty Oil, e também sobre brigas internas na Getty, cujos executivos estavam cada vez mais frustrados com a baixa cotação das ações da empresa. A Getty Oil tinha grandes reservas e a Pennzoil queria crescer. Assim, ele entrou em contato com o presidente da Getty Oil, Gordon Getty, para discutir uma potencial fusão

Os numerosos encontros que se seguiram ao longo dos meses foram produtivos e culminaram com um acordo entre Getty e Liedtke segundo o qual a Pennzoil compraria a Getty Oil. Entretanto, conforme notícias da planejada fusão circulavam pela indústria, a companhia rival Texaco interessou-se pelo negócio e fez uma oferta de compra. A Getty Oil, talvez lisonjeada pelo repentino interesse de uma das empresas dominantes da indústria, aceitou. Liedtke ficou furioso. Alegando uma intrusão ilegal da Texaco no acordo anterior, ele entrou com uma ação contra ela. No começo de 1985, os dois lados se encontraram no tribunal.

O ponto central do julgamento, que durou cinco meses e meio, era se o acordo inicial entre Hugh Liedtke e Gordon Getty era legalmente vinculativo. Dezenas de testemunhas foram chamadas para dar sua versão dos eventos. Foram solicitados pareceres de estudiosos do direito sobre a legalidade de um aperto de mão, se a assinatura em um acordo informal era juridicamente vinculativa e sobre o quanto a Texaco sabia sobre os preparativos da Getty com a Pennzoil. Os advogados analisaram mais de 15 mil páginas de depoimentos antes do julgamento, que por sua vez gerou outras 24 mil páginas de transcrições. Tal era a extensão das evidências e a gama de interpretações que poderiam ser consideradas que muitos profissionais do direito tinham dúvidas de como um caso tão complexo seria resolvido. Foi uma surpresa para todos, então, quando o júri declarou um veredito tão forte e decisivo contra a Texaco.

O que teria convencido um grupo de 12 cidadãos comuns, entre os quais provavelmente nenhum tinha experiência ou treinamento formal na área de direito ou na indústria petrolífera, a decidir tão fortemente contra a Texaco e puni-la de maneira tão severa? Quais das dezenas de milhares de páginas de informações e depoimentos apresentadas foram conclusivas? Qual foi o depoimento de um especialista que convenceu o grupo que a Texaco estava claramente errada? Essas foram as questões que, de forma compreensível, pairavam sobre a mente de todos na época. Era um caso tão extraordinariamente complicado, uma disputa que ocorrera por um período tão longo, que as pessoas naturalmente se perguntavam quais evidências em particular influenciaram a opinião do júri.

Talvez, porém, as pessoas estivessem vendo isso da forma errada. Em vez de tentarem descobrir quais fatos e argumentos influenciaram o júri, talvez devessem considerar o impacto geral de uma massa de detalhes altamente complexos. Considere os milhares de páginas de depoimentos, as centenas de termos técnicos utilizados e as dezenas de batalhas insignificantes travadas entre advogados rivais ao longo desses cinco meses e meio. Para os 12 jurados, tudo deve ter parecido muito complexo. Tão complexo, na verdade, que muitas dessas coisas simplesmente se tornaram irrelevantes. Eles deveriam ter ponderado a respeito de argumentos arcaicos e questões abstratas de direito. Em vez disso, começaram a centrar sua atenção nas pessoas que apresentavam essas informações. As mensagens ficaram embaçadas e os mensageiros passaram a contar.[2]

Nesse caso, eles não ouviram o mensageiro de alto status. Caso tivessem ouvido, provavelmente teriam dado um veredito a favor da Texaco. Ela era a empresa mais rica. Era também a mais conhecida. Enquanto a Pennzoil era uma companhia regional, o nome e a logo da Texaco eram exibidos no país todo. Em termos de posição socioeconômica, a Texaco ganhava da Pennzoil sem nenhum esforço. A Texaco também era mais experiente. Estava na indústria há mais tempo que a Pennzoil. Ela também contratou muitos especialistas que, durante o julgamento, foram capazes de chamar ainda mais especialistas. A Texaco também era dominante. Afinal, havia conseguido persuadir a Getty Oil a abandonar o acordo com a Pennzoil. "Ninguém pode nos vencer", os executivos da Texaco devem ter pensado enquanto atiravam para todos os lados. "Somos nós que devemos ser beneficiados com essa proposta atraente."

Entretanto, às vezes, o *hard messenger* perde, apesar de seu poderoso status, e o *soft messenger* prevalece. Isso é o que parece ter acontecido aqui. Pouco depois do julgamento, um repórter local perguntou a James Shannon, um dos jurados do caso, por que o júri agiu da maneira que agiu. Ele comentou que achou, com seus companheiros jurados, que o principal advogado da Texaco tinha uma postura insuportável. Shannon também se recordou de algumas ocasiões nas quais as testemunhas da Texaco não se preocuparam em olhar para o júri. Por fim, Shannon mencionou que ele achou o vice-presidente da Texaco muito pedante. Já as pessoas da equipe legal da Pennzoil, em contraste, eram na visão dele muito mais simpáticas. Esse caso altamente técnico e complexo, ao que parece, não teve a ver com quem estava certo, mas com quem era mais cordial e humano.

Seja cordial e simpático

A cordialidade é um importante traço do mensageiro porque sinaliza cuidado e gentileza. Mensageiros cordiais não buscam demonstrar alto status, e sim benevolência. Eles evitam exibições que podem ser interpretadas como hostis e têm o cuidado de escolher palavras que não machucam os sentimentos alheios. Tal é o desejo deles de evitar conflitos ou evocar uma sensação de culpa, que podem ceder e deixar os outros conseguirem o que querem.* Eles demonstram respeito, afabilidade e um interesse pelos outros e, ao fazê-lo, conferem importância aos ouvintes e não a si mesmos.[3]

Estar na companhia de uma pessoa cordial é uma experiência recompensadora. Não surpreende, então, que eles sejam mensageiros eficazes. "Seja cordial e simpático" é, essencialmente, a mensagem central do clássico de 1936 escrito por Dale Carnegie, *Como Fazer Amigos e Influenciar Pessoas*. "Não critique, condene ou reclame", aconselha Carnegie. "Dê elogios honestos e sinceros (...) Tenha genuíno interesse nas outras pessoas."[4] John Gottman, um psicólogo clínico conhecido por sua estranha habilidade de prever com precisão a probabilidade de divórcios entre os casais, descobriu que os quatro maiores indicadores de que um casamento não dará certo são sinais de criticismo, defensividade, falta de comunicação e desdém.[5] Cada um desses comportamentos age como uma espécie de inimigo socioemocional do superpoder da cordialidade.

Ser capaz de detectar a cordialidade é tão essencial para o funcionamento social que até mesmo crianças de seis meses de idade demonstram uma disposição de preferir o mensageiro pró-social, em vez do antissocial ou do neutro.[6] Quando já são capazes de mover os membros, eles vão se aproximar e se envolver mais com cachorrinhos que eles viram "ajudar" outros cachorrinhos a abrir uma caixa, subir em alguma coisa ou devolver

---

* A culpa é uma emoção fundamentalmente social. Ela impede que as pessoas magoem as outras e as motiva a restaurar relacionamentos.

uma bola do que aqueles que atrapalharam ou não ajudaram em nada. A habilidade de distinguir os bons dos maus confere grandes benefícios, reduz os conflitos e aumenta a cooperação, então nós evoluímos para interagir preferencialmente com aqueles que demonstram uma intenção afiliativa. Os fatores que levaram os jurados texanos a favorecer a Pennzoil em vez da Texaco estão vinculados a eles desde o nascimento.

Adultos incluem a cordialidade na linguagem do dia a dia para ajudar a amenizar as interações sociais. Só é preciso comparar a forma com que as pessoas falam com o computador e a forma com que elas falam com outros humanos para apreciar esse traço enraizado em nós. Ninguém termina uma conversa com Siri, Alexa ou Cortana com "Cuide-se!". Nós usaremos, quase invariavelmente, palavras e frases educadas em conversas cotidianas com outros humanos, para manter a civilidade e sinalizar simpatia. É por isso que novas conversas geralmente começam com "Tudo bem?". Caso contrário, os outros irão supor que temos algo urgente para falar ou que somos rudes e, se a primeira opção não for o caso, eles acreditarão na segunda.[7]

Não são só os comentários iniciais que sinalizam cordialidade. A forma com que amenizamos pedidos também cumpre a mesma função. Quer estejamos buscando orientações de um estranho, interrompendo uma conversa de colegas para descobrir alguma coisa ou apenas pedindo para que um membro da família faça algo, nós amenizamos os pedidos transformando-os em questões que evitem parecermos desnecessariamente mandões ou exigentes. Mesmo em situações nas quais se supõe que o pedido deva ser obedecido, como alguém na mesa de jantar pedindo para passar o sal, toma-se cuidado para conferir status àquele a quem se pede, reconhecendo que não há subserviência. Não falamos "passe o sal", mas sim "pode passar o sal?". Esses *postulados conversacionais* garantem à pessoa para qual fazemos o pedido a fachada da autonomia, apesar de ser muito improvável que ela recuse o pedido. Embora a prevalência de tais sutilezas varie ao redor do globo — o Japão é muito sensível a elas, enquanto Israel é um pouco menos — elas existem em linguagens que vão desde a língua tseltal (uma linguagem maia falada no México) até o tâmil (falado no sul da Índia e no Sri Lanka). Em toda cultura que as utilizam, essas sutilezas verbais permitem que o mensageiro realize uma manobra social muitas vezes complicada: sinalizar que ele se importa com alguém ao mesmo tempo em que deseja impor algo. Isso é feito garantindo que o mensageiro não pareça estar apenas interessado no valor instrumental imediato do outro.[8]

Tais pistas são dadas e observadas ao longo de interações diárias, mas nossa reação à cordialidade que percebemos nos outros é muito mais imediata. Em um estudo recente, neurocientistas e sociólogos da Universidade de Columbia usaram um equipamento de ressonância magnética para escanear os cérebros de estudantes no começo de um curso intensivo de férias enquanto ficavam observando fotos dos demais colegas. Perto do final do curso, cuja duração era de nove semanas, quando a turma já havia formado seus pequenos grupos afins, os cérebros dos estudantes foram escaneados novamente. O que os pesquisadores descobriram foi que aquela atividade neural medida no começo do curso era uma excelente forma de prever quais indivíduos os estudantes acabariam gostando e com quais indivíduos eles não se entenderiam.[9] Não é como se o cérebro predeterminasse de quem eles se sentiriam próximos e de quem eles não gostariam antes de que sequer tivessem uma chance de conhecer um ao outro. Essa é uma descoberta intrigante. Mas a verdadeira e surpreendente descoberta é que os que conduziram o experimento conseguiam saber se Bill gostaria de Jim ao olhar a atividade cerebral de *Jim* enquanto ele via uma foto de Bill. Isso mesmo: é possível prever se você gostará de um estranho dentro de nove semanas ao medir como o cérebro dessa pessoa se comporta quando vocês dois se conhecem pela primeira vez. Nós fazemos amizades com base não só em nossas primeiras impressões do quão simpáticas as pessoas são, mas também com base no quanto elas gostam de nós. Se um dos alunos do curso gosta de alguém e detecta uma cordialidade imediata e recíproca, os dois se tornam bons amigos durante o programa de nove semanas.

CORDIALIDADE

Exibições de cordialidade — e, do mesmo modo, a ausência de cordialidade — podem ter um efeito transformador. Os humanos não têm um monopólio nesse aspecto. Estudos mostram que filhotes de rato que recebem poucos cuidados e lambidas de suas mães reagem de maneira muito mais negativa a situações estressantes na fase adulta do que os filhotes que recebem maior carinho das mães.[10] Dado que uma falta de afeição parental possui um efeito similar em humanos, não surpreende que as pessoas sejam atraídas para aquelas que demonstram a cordialidade e a afirmação que precisamos para uma vida com plena saúde mental.[11]

Esse requisito humano básico foi bem reconhecido pelo influente psicólogo Carl Rogers, que em razão disso adotou uma abordagem terapêutica que colocava a cordialidade como elemento central. Em contraste com outras escolas de pensamento mais objetivas, Rogers sugeriu que terapeutas que mostram aos pacientes uma compreensão e simpatia de coração aberto são mais eficazes do que aqueles que buscam ajudar por meio de, digamos, alcançar o subconsciente de alguém para analisar sentimentos de estresse ou ansiedade. Em especial, ele descobriu que mesmo pacientes que sofriam de esquizofrenia, uma condição que geralmente se acredita ter causas biológicas e genéticas, tiveram melhores resultados no tratamento após a terapia cordial e "centrada no cliente".[12]

Rogers acreditava que essa consideração e compreensão positiva e incondicional dos outros são elementos fundamentais no desenvolvimento de uma visão saudável da própria identidade, e que fornecê-las é o trabalho de um terapeuta centrado no paciente. A maioria das crianças, ele argumentou, recebem esse tipo de afeto dos pais e da família conforme elas crescem, portanto, provavelmente criam resiliência e se sentem confortáveis na vida adulta. Aquelas que foram privadas desse requisito humano básico podem precisar buscá-lo em uma fonte alternativa no futuro. O terapeuta centrado no cliente, de caráter cordial e ouvido simpático, preenche essa lacuna.

Na verdade, muitos profissionais consideram que construir e manter uma relação com pacientes parece ser o passo mais crucial no tratamento, independentemente da abordagem terapêutica adotada. Não só isso, mas as evidências sugerem que o benefício se estende também aos profissionais, não só em termos de melhores resultados nos pacientes, mas em como estes percebem a pessoa que os está ajudando. Em casos médicos extremos, tais laços já se mostraram úteis em reduzir riscos de litígio. Em um estudo, pediu-se às pessoas que ouvissem gravações de dez segundos de médicos falando com seus pacientes e avaliassem o quão cordial ou hostil cada médico foi, além de julgar se perceberam algum traço de ansiedade ou apreensão na voz deles. Quando as classificações foram comparadas com o histórico profissional dos médicos cuja voz foi ouvida, houve uma forte correlação entre a maior dominância da voz e a ocorrência de casos de negligência. Comparados a um grupo igualmente competente de médicos que usavam um tom de voz mais cordial, os médicos que soavam dominantes tinham mais que o dobro de probabilidade de serem processados pelos seus pacientes.[13]

É possível, claro, argumentar que não surpreende descobrir que mensageiros simpáticos são mais bem recebidos do que os seus colegas mais rudes em uma profissão como a medicina, que se baseia em cuidar dos outros. Entretanto, evidências sugerem que uma abordagem simpática funciona mesmo em situações nas quais, tradicionalmente, um estilo mais objetivo costuma ser favorecido. É o caso dos interrogatórios em investigações criminais. Abordagens acusatórias adotadas pelos policiais e interrogadores já foram consideradas essenciais — o ponto de vista padrão é que repetidas acusações, acompanhadas de afirmações sobre a existência de evidências contra o acusado são técnicas eficazes quando se trata de conseguir uma confissão rápida, mas esse método dificilmente obtém resultados otimizados. Um cuidadoso exame de 181 interrogatórios, incluindo os de suspeitos inspirados pela Al-Qaeda, ativistas paramilitares e terroristas de direita, descobriu que entrevistados que foram tratados com respeito, dignidade e integridade por seus entrevistadores tinham menor probabilidade de empregarem o que são conhecidas como táticas contrainterrogatórias (TCIs), como o retraimento e, a maior TCI de todas, o silêncio.[14] Até mesmo nos contextos mais difíceis e emocionalmente carregados, interrogadores que demonstram cordialidade por meio do tom de voz, gestos amigáveis, humor agradável e linguagem corporal cooperativa ganham uma vantagem desejável.

A cordialidade também pode fornecer um ótimo impulso nos retornos financeiros. Diferentemente de Greg Lippmann, o orgulhoso principal operador de hipotecas de alto risco no Deutsche Bank, que conhecemos na Introdução, a maioria dos vendedores tendem a não se autopromover e autoelogiar para os clientes dizendo quanto dinheiro ganham para demonstrar superioridade. A estratégia deles é mais sutil e, consequentemente, mais inteligente. Eles expressam cordialidade no lugar da grandiosidade, e então formam uma conexão pessoal com os clientes que por si só é mais do que uma recompensa. Às vezes não é necessário nada mais além de um elogio. Garçons recebem maiores gorjetas após aprovar as escolhas de jantar dos clientes, assim como cabeleireiros que elogiam seus clientes ao falar "Qualquer corte de cabelo ficará ótimo em você". A cordialidade também pode transformar o ambiente de trabalho. Um estudo descobriu que enquanto cerca de 50% dos empregados estão dispostos a ajudar um colega precisando de ajuda, 79% ajudariam se a pessoa ao fazer o pedido os tivesse cumprimentado anteriormente.[15]

Líderes, que frequentemente são vistos como *hard messengers*, também podem se beneficiar em adotar a persona mais cordial de um *soft messenger*. De fato, uma análise de mais de duas décadas de dados da American National Election Studies feita pelos cientistas políticos Lasse Laustsen e Alexander Bor revelou que a cordialidade é uma característica mais importante do que competência quando os eleitores julgaram os líderes políticos.[16] Esse é um conhecimento que ajuda a explicar, em parte, a grande dificuldade enfrentada por Hillary Clinton nos debates dos candidatos presidenciais dos EUA de 2016. Amplamente tida como a mais competente e experiente candidata dos últimos anos, Clinton reconheceu que ela raramente era vista como cordial. Em abril de 2018, Amy Chozick, jornalista do *New York Times*, publicou um livro no qual afirmava que, durante as preparações do debate, Clinton chegava ao ponto de fazer pesados ataques verbais a Donald Trump para seus assessores, de modo a "manter a compostura no palco" e evitar alimentar o ponto de vista já negativo que uma boa parte do eleitorado tinha sobre ela.[17] Nesse caso, é claro, isso não foi o suficiente. Dado que a cordialidade é frequentemente percebida como uma virtude feminina, a falta dela nos dois candidatos provavelmente deve ter sido pior para Hillary Clinton do que para Donald Trump, embora seja necessário enfatizar que estamos apenas especulando. O fato de que cordialidade e simpatia, embora sejam apreciadas em todo espectro político, parecem ser especialmente apreciadas pelos progressistas também dificilmente ajudaria Clinton.[18]

Grandes nomes da indústria e comércio, de maneira similar, também podem ganhar ao serem percebidos como cordiais. Um deles é Craig Jelinek, CEO da Costco desde 2012 (e na empresa desde 1984). Ele é considerado simpático tanto por aqueles que trabalham na empresa quanto pelos seus clientes e investidores. Em 2017, foi considerado o CEO mais agradável de uma companhia norte-americana listada na bolsa de valores. Certa vez, enquanto falava com um grupo de alunos de administração da Universidade de Seattle, Jelinek citou alguns fatores que ele acreditava serem fundamentais para o sucesso na liderança: paciência, ajudar as pessoas a crescerem e serem bem-sucedidas, estar conectado aos empregados e "ser uma pessoa comum como qualquer outra".[19] O fato de que ele selecionou qualidades mais associadas com humanidade e modéstia do que com sucesso a qualquer custo ajuda a explicar porque muitas pessoas acreditam que essas habilidades têm sido fundamentais nas conquistas do próprio Jelinek, e da Costco, em um mercado propenso a constantes disrupções proporcionadas pela entrada de novos participantes e inovações de todo tipo.

A cordialidade de Jelinek mostra um notável contraste com o chefe ocupado que responde e-mails ou fala ao telefone durante reuniões, ou que rejeita interações com os empregados para tratar de "assuntos mais importantes". Ações como essas diminuem, em vez de aumentar, a probabilidade de que tais chefes atuem sobre uma força de trabalho produtiva. Um estudo recente descobriu que empregados de gerentes que se distraem facilmente ao telefone não só se sentem menos reconhecidos como também menos confiantes nas próprias habilidades, resultando em uma queda no desempenho.[20] Inversamente, CEOs que genuinamente atendem os funcionários acabam com uma força de trabalho que se sente mais valorizada, com uma equipe de gerência mais eficaz e uma melhora no desempenho financeiro.[21] Se um CEO acredita não ter as habilidades carismáticas de um líder bem-sucedido prototípico, recomenda-se adotar modos cordiais em vez de uma abordagem forçada e não autêntica, em nada adequada para ele.

Aumentando a temperatura

Então, como exatamente líderes cordiais se conectam com seus seguidores, CEOs com seus empregados, vendedores com seus clientes, interrogadores com os interrogados e terapeutas com seus pacientes? A resposta é que vários fatores parecem estar envolvidos, o primeiro e principal deles sendo a positividade. Em um estudo australiano, participantes viram vídeos de supervisores (que na verdade eram atores) conduzindo avaliações de desempenho com sua equipe. Alguns deles eram encorajadores: "Estou feliz em ouvir que você está alcançando as metas de desempenho." Outros nem tanto: "Estou desapontado em ver que você não alcançou as metas de desempenho." Quando os "supervisores" transmitiram a mensagem com um comportamento positivo e cordial, os observadores os classificaram como líderes mais eficazes, independentemente do feedback em si ser positivo ou negativo.[22] O apelo de um mensageiro positivo é tal que eles podem ajudar a amenizar notícias ruins, assim como um mensageiro negativo pode tornar boas notícias em algo ruim. Obviamente existem limites para isso — transmitir más notícias com um sorriso no rosto não é uma boa ideia — mas, considerando que exista uma congruência emocional preservando um laço de confiança (veja o Capítulo 7), o mensageiro agradável tem menos chances de levar um tiro.

Em situações profissionais, eles também são julgados mais favoravelmente pelos supervisores e colegas. Entrevistados que demonstram positividade possuem uma chance maior de serem pré-selecionados para um emprego, especialmente se sorrirem durante a entrevista. Empregados que mantêm um ar de positividade consistente têm mais chances de experimentar um maior nível de cooperação dos colegas, impulsionando seu sucesso, trajetória de carreira e, por fim, sua renda.[23]

Outra forma de sinalizar cordialidade é através da recompensa social. Em *A Megera Domada*, Shakespeare sugeriu que um "humor obstinado e louco" pode ser vencido com gentileza. Em outras palavras (e com uma linguagem contemporânea), as recompensas sociais podem ser mais poderosas do que ameaçar com sanções quando se trata de contra-atacar um mau comportamento. Psicólogos modernos chamariam isso de "recompensar com gentileza". Pesquisas de campo descobriram que isso pode ter um efeito poderoso. Em um desses estudos, conduzido pelo professor da Universidade Duke, Dan Ariely, e subsequentemente descrito em seu livro *Payoff: The Hidden Logic That Shapes Our Motivations*, empregados de uma fábrica de semicondutores de Israel foram aleatoriamente escolhidos para receber uma mensagem de texto com uma de três ofertas de bônus pelo trabalho deles montando chips de computador.[24] Um grupo recebeu a promessa de $100 shekels novos israelenses (cerca de £$22). Ao segundo grupo a promessa foi uma pizza e, para o terceiro, a promessa foi um elogio do chefe. Houve ainda um quarto grupo controlado, que não recebeu nenhuma promessa de recompensa. Não surpreende que todos os incentivos motivaram os empregados em algum nível. No fim do dia, o grupo que receberia a pizza e os elogios montaram 6,7% e 6,6% respectivamente mais semicondutores do que o grupo controlado. O dinheiro também funcionou, ainda que com uma porcentagem de 4,9% ele não tenha sido tão eficaz quanto pepperoni ou elogios. Conforme o tempo passava, aqueles que receberam a oferta de incentivo financeiro se tornaram *menos* produtivos que o grupo controlado (um resultado que deve chocar um economista neoclássico). Em contraste, os grupos que receberam a pizza e os elogios mantiveram a produtividade. Parece que o incentivo financeiro, ainda que inicialmente aumente a produtividade, pode no fim acabar reduzindo a motivação interna.* Elogios e presentes, por outro lado, não produzem esse feito contrário. Não foram os socialmente recompensados que apresentaram uma queda pós-elogio na fábrica de semicondutores, foram os financeiramente recompensados que apresentaram uma queda após a promessa de dinheiro.

As conclusões de Ariely fazem parte de outras pesquisas, como aquela conduzida pelos psicólogos organizacionais Adam Grant e Francesca Gino, que mostrou como uma simples expressão de agradecimento pode aumentar tanto a simpatia quanto o desempenho.[25] Quando um gerente sênior genuinamente agradeceu aos angariadores de fundos em um call center, o número de ligações feitas por eles na semana seguinte aumentou 50%. Supondo que a qualidade e taxa de sucesso das ligações permaneça constante, tal resultado representa uma clara melhora, não só para as entidades beneficiadas, mas para qualquer ambiente de trabalho que ofereça recompensas sociais e não apenas monetárias à sua equipe. De forma similar, descobrimos em um estudo recente que um de nós conduziu com motoristas de ônibus dos EUA, que motoristas que recebiam uma despedida cordial de seus supervisores no começo do turno como "Cuide-se" e "Muito obrigado pelo trabalho duro" sofriam menos acidentes nas estradas. Parece que o ocasional e bem merecido tapinha nas costas não só aumenta a produtividade como, em alguns casos, pode salvar vidas.

Se positividade e recompensa social são dois elementos da equação da cordialidade, então o terceiro elemento é a compaixão. Simplificando, o mensageiro capaz de demonstrar compaixão pelos sofrimentos (ou, mais comumente, reclamações) do ouvinte aumentará a própria simpatia. Essa regra básica é tão forte que se aplica mesmo quando o mensageiro em questão não é responsável por causar o clima ou sentimento negativo. Um

---

* Graças à racionalização dos funcionários: "Eu só estou trabalhando duro pelo dinheiro. Não me importo com o trabalho em si."

clássico exemplo disso pode ser visto nas palavras preliminares que o presidente Bill Clinton adicionou a um discurso realizado no dia 25 de agosto de 1995, em frente ao Old Faithful Inn em Yellowstone, no Wyoming, para comemorar o aniversário de 79 anos daquele Parque Nacional. No geral, a mensagem foi simples, mas importante: ele queria reafirmar o compromisso do governo em preservar a herança natural e o meio ambiente dos Estados Unidos. Porém, foi o que ele disse primeiro que causou um grande impacto. Quebrando a regra de ouro dos discursos, ele escolheu começar pedindo desculpas: "Olá, pessoal. Sinto muito pela chuva." As sutilezas formais que se seguiram foram rapidamente esquecidas. Esse início, entretanto, permaneceu na cabeça das pessoas.[26]

Alguns pesquisadores, bastante intrigados com essa abertura de discurso presidencial nada convencional, elaboraram uma série de experimentos para ver o que aconteceria quando um mensageiro se desculpasse por circunstâncias pelas quais não é responsável. Em um desses experimentos, um ator interpretou o papel de um viajante sem celular que pedia um emprestado para os transeuntes de uma estação de trem em um dia chuvoso. Nove a cada dez vezes a resposta foi uma recusa direta. Entretanto, quando o homem se desculpava antes de fazer o pedido com "Eu sinto muito por essa chuva! Pode me emprestar o celular?", quase metade das pessoas atenderam ao pedido.[27] A ciência social mostra o que Clinton parecia saber intuitivamente. O mensageiro que se desculpa por algo desagradável e fora de seu controle é percebido como compassivo, fazendo com que ele seja visto como cordial, algo que, por sua vez, torna as pessoas mais receptivas ao que ele tem a dizer.

Dado que uma desculpa desnecessária pode ser tão eficaz, não deve surpreender que desculpas necessárias podem dar a volta por cima nas mais difíceis situações. Elas são, afinal, ferramentas sociais imensamente poderosas, críticas para consertar ou restabelecer relacionamentos. O primeiro-ministro australiano Kevin Rudd demonstrou isso de maneira formidável quando, ao longo de um discurso de quatro minutos, em fevereiro de 2008, se desculpou publicamente pela forma com que os australianos indígenas foram tratados anos antes de ele ter alcançado o cargo público. Rudd reconheceu, disse ele, que precisava "se desculpar pelas leis e políticas dos sucessivos parlamentos e governos que infligiram profunda dor, sofrimento e perda em nossos companheiros australianos". O antecessor de Rudd havia se recusado a pedir desculpas, argumentando que admitir publicamente a culpa abriria as portas para processos e que, de qualquer maneira, ele não se sentia responsável pelo comportamento dos governos anteriores. Talvez ele devesse ter se desculpado. Em abril, dois meses após a retratação de Rudd, o público lhe deu a maior nota de satisfação de qualquer primeiro-ministro australiano, a qual ainda não foi superada.[28] Muitos o consideram o primeiro-ministro australiano mais popular e querido de todos os tempos.

Existe outro elemento na equação da cordialidade que deve ser mencionado aqui: humildade, mas ele é uma faca de dois gumes. A "humildade apreciativa", onde alguém demonstra valorizar e comemorar pelos outros e, portanto, exibe um maior desejo de afiliação, geralmente é positiva. Quando Barack Obama recebeu o Nobel da Paz em 2009, ele não se vangloriou de suas conquistas. Em vez disso, afirmou publicamente que elas eram relativamente triviais quando comparadas aos agraciados anteriormente com o prêmio. "Comparado a alguns dos gigantes da história que receberam essa láurea — Schweitzer, King, Marshall e Mandela — minhas conquistas são pequenas." Tal ausência de egoísmo e apreciação das qualidades dos outros são associadas a uma maior tendência pró-social, franqueza e uma disposição em aceitar e aprender com as críticas. Como resultado, Obama foi visto como cordial e simpático, e sua eficácia como um mensageiro foi consequentemente melhorada.[29] A "humildade autodepreciativa", por outro lado, resulta em uma perda de status aos olhos dos outros. Enquanto a humildade apreciativa é positiva e geralmente surge de uma posição de força, a humildade autodepreciativa é motivada por uma baixa autoestima. Os praticantes dessa última não têm um forte senso de pertencimento, eles sentem que os outros não o respeitam. Eles são titubeantes e submissos, e como resultado disso as mensagens que escolhem enviar são enfraquecidas.[30]

As desvantagens da cordialidade

Assim como em outras características do mensageiro, existem nuances no exercício da cordialidade. Ela pode ser imensamente poderosa e persuasiva, mas se usada da maneira errada pode fazer com que o mensageiro seja ignorado e fique em desvantagem.[31] O mensageiro que pareça ser excessivamente competitivo, demonstre culpa muito facilmente e demonstre muita preocupação com a reação alheia pode ser visto como fraco, e fica suscetível a ser explorado por um oponente em busca de vantagens. Uma cordialidade falsa e forçada também tende a ser vista negativamente pelos outros. As audiências veem através dessa máscara e fazem seus julgamentos adequadamente.

Também existe o perigo de que, caso as expressões de generosidade e empatia pareçam desproporcionais, elas desconcertarão os outros em vez de ganhá-los. Se Ted falar que pretende doar uma boa parte de seu dinheiro sem explicar a razão, você pode pensar que ele está sendo bem generoso, mas também pode reagir de maneira negativa, pensando que talvez ele esteja sendo mais altruísta do que deveria. Um estudo que um de nós conduziu na University College London com Tali Sharot sugere que as duas reações são igualmente possíveis. As pessoas em nossos experimentos que escolheram voluntariamente doar mais do que o necessário ao decidir como dividir um pote de dinheiro com outra pessoa frequentemente provocavam reações negativas nos espectadores. O *hiper-altruísta* pode ser visto como mais cordial do que aqueles que agem de maneira egoísta, mas suas ações podem deixar os outros desconfortáveis.[32] Em circunstâncias extremas, isso pode levar até a hostilidade. Vegetarianos que justificam sua escolha para quem come carne logo descobrem que suas afirmações de serem sensíveis ao bem-estar animal e às necessidades do planeta são ignoradas de maneira rude. A mensagem deles é distorcida pela percepção de que, ao assumir uma suposta moral elevada, eles automaticamente estão colocando todos os outros em um plano inferior. A maioria de nós quer ser visto como uma pessoa boa, então nossa autoestima é ferida quando isso é questionado.[33]

CORDIALIDADE

A cordialidade representa uma grande ameaça à percepção de status. Nós falamos sobre isso no Capítulo 1, no qual descrevemos, quando uma pessoa de alto status e uma de baixo status se conhecem em uma sala de espera, como a pessoa de alto status tende a se envolver menos e permanecer retraída, enquanto a de menor status tende a ser mais amigável e cordial. A cordialidade pode ser, portanto, um indicador de baixo status, e isso é um verdadeiro desafio para um *soft messenger*, especialmente nos estágios iniciais da interação social. No experimento da sala de espera, o indivíduo de alto status escolheu olhar para o celular em vez de interagir com a outra pessoa na sala. As pistas de envolvimento da pessoa de baixo status, um sorriso e o ocasional olhar na direção do outro, não foram suficientes para cativar a outra. Por fim, ela decidiu responder apropriadamente, ao pegar o próprio celular e olhar para ele. A pessoa de baixo status não esperaria que a de alto status se envolvesse após a rude demonstração de desinteresse. Tivesse ela persistido em suas tentativas de agradar, seu status aos olhos da outra teria caído ainda mais.[34]

Essa dicotomia possui uma dimensão física. A dominação, como nós vimos, tende a ser associada com um rosto que possui uma mandíbula quadrada, sobrancelhas proeminentes, um nariz grande e uma maior relação de largura e altura facial do que a média. Indivíduos com aparência competente possuem características faciais associadas à maturidade. A cordialidade possui um rosto que é quase o completo oposto disso. Ele é mais infantil: redondo, com olhos mais largos, um nariz pequeno, uma testa alta e um queixo pequeno.[35] Isso funciona tanto para homens quanto para mulheres, embora as mulheres tenham maiores chances de possuir essas características. No lado positivo, pesquisas de impressões à primeira vista mostraram que indivíduos com "cara de bebê" são vistos como menos hostis e mais honestos que a média. Já pelo lado negativo, supõe-se que eles são menos competentes e mais necessitados de proteção. Um negociador com cara de bebê pode ser visto pelos demais como menos competente do que outro com uma aparência menos jovial. Políticos com essa aparência também podem sofrer na hora de inspirar confiança naqueles cujo endosso procuram. Um estudo da revista de prestígio *Science* relatou que um rápido olhar de relance para o rosto dos candidatos era o suficiente para prever o vencedor de sete em cada dez votações para o Senado dos EUA.[36] Os competidores com aparência jovem se saíram pior. Quando imagens dos presidentes americanos Ronald Reagan, Bill Clinton e John F. Kennedy foram transformadas para aumentar as características de "cara de bebê", as classificações percebidas de dominação, força e astúcia diminuíram significativamente.[37]

Ter uma cara de bebê não é sempre, ou necessariamente, desvantajoso. Uma vez que ela é vista como cordial e menos capaz, ela frequentemente recebe o benefício da dúvida em situações de incerteza, e o indivíduo com tal aparência pode receber maiores níveis de gentileza que os outros. Conforme passa da primeira para a segunda infância, a criança com cara de bebê recebe um tratamento preferencial dos pais e irmãos, sendo menos propensos a realizar as tarefas domésticas e a receber punições.[38] Uma aparência mais jovial na vida adulta pode ter até mesmo surpreendentes vantagens no tribunal. Queixosos com aparência jovem recebem, em média, maiores indenizações em tribunais de pequenas causas, enquanto réus de aparência madura precisam pagar mais pelas perdas e danos que causam a terceiros.[39] Parece que as pessoas acham difícil de acreditar que réus cordiais e com aparência jovem possam ter más intenções. Consequentemente, eles têm menor probabilidade de serem considerados culpados e, quando são, recebem sentenças mais brandas. E, como observa o psicólogo David Perret, enquanto um crime envolvendo negligência não intencional — como esquecer de avisar aos clientes do recall de um produto, resultando em um efeito colateral — pode terminar com uma sentença mais dura que o normal para o infrator com cara de bebê, ele tem uma maior probabilidade de ser absolvido ou receber uma pena mais leve para crimes de "intenção nefasta", como a falsificação ativa de dados ou um ataque premeditado. Parece que os juízes acreditam mais facilmente que o criminoso de aparência jovem é um malfeitor acidental ou negligente do que um malfeitor deliberado.[40]

CORDIALIDADE

Fotos dos presidentes norte-americanos Bill Clinton (superior), Ronald Reagan (meio) e John F. Kennedy (inferior) transformadas para exagerar maturidade facial (direita) ou jovialidade (esquerda)

O manto da cordialidade

Em resumo, embora em alguns casos o comportamento generoso ou cooperativo possa colocar o status em risco, a cordialidade tipicamente melhora a reputação de um mensageiro e confere vantagens na forma de uma melhor conexão e influência. Normalmente, as pessoas querem ser vistas como membros cordiais, carinhosos e generosos da sociedade. Quando seus sacrifícios, contribuições e esforços para ajudar os outros são recompensados socialmente, por meio de benefícios reputacionais e maior influência interpessoal, eles serão mais propensos a repetir tais comportamentos no futuro.[41] Os voluntários da Wikipédia que criam e editam conteúdo de graça, por exemplo, têm se mostrado ainda mais generosos com seu tempo caso suas contribuições sejam reconhecidas publicamente. Em um estudo, dois sociologistas atribuíram aleatoriamente medalhas para numerosos colaboradores mais dedicados da Wikipédia, de modo a testar como muitos desses prêmios singelos e não monetários estimulam a disposição para contribuir com o site. Ao longo dos seguintes 90 dias, aqueles que receberam aleatoriamente as medalhas aumentaram sua produtividade em 60% em comparação com aqueles que não a receberam.[42]

Tal doação conspícua — ou *altruísmo competitivo*, como também é conhecido — não é incomum. Os ultra-ricos, de Bill e Melinda Gates até Warren Buffett, de George Soros até Mark Zuckerberg e sua esposa, montaram fundações para distribuir vastas somas de suas próprias fortunas. Grandes corporações fazem generosas doações para instituições de caridade. Obviamente o interesse pessoal também desempenha um papel — o elemento de dedução de impostos das doações não pode ser ignorado. Como também não podem se desprezados os benefícios reputacionais que tais declarações públicas e afirmações explícitas de compaixão fornecem para o doador ou voluntário.

Considere os dois seguintes atos de serviço público.

CORDIALIDADE

Desde seu lançamento, o Toyota Prius recebeu várias críticas desfavoráveis. Os comentários o descreviam como menos poderoso, menos ágil e menos prestigioso que, em média, os carros de mesmo porte movidos a gasolina. Neles, também se lamentava o preço relativamente alto e se afirmava que, ainda que ele fosse mais eficiente em termos de gasto de combustível e menos poluente que o carro médio, o efeito positivo que um indivíduo pode obter em termos de mudança climática e ambiental ao escolher um Prius é limitado. Mesmo assim, 300 mil pessoas pagaram, em 2007, um ágio significativo para comprar o primeiro carro híbrido popular e com consumo eficiente de combustível do mundo, e suas vendas agora já ultrapassam dez milhões. Por quê?

Na terça-feira, 8 de novembro de 2016, 136 milhões de pessoas votaram na eleição presidencial dos Estados Unidos, a maior participação em números absolutos na política norte-americana contemporânea.* As pessoas sabiam que seus votos individuais não teriam nenhum impacto significativo no resultado. Elas também poderiam ter optado em fazer algo mais divertido ou recompensador. Mesmo assim, cumulativamente, estavam preparadas para gastar milhões de horas e viajar milhões de quilômetros até um local de votação. Por quê?

Economistas experimentais gostam de jogos que simulam situações da vida real para adquirir uma melhor compreensão de atividades como filantropia, compras e votações. Os participantes desses jogos recebem uma quantia de dinheiro e são avisados de que podem investi-la da forma que acharem melhor. Eles podem permanecer com o dinheiro ou podem contribuir para uma causa que beneficia todo o grupo — embora, assim como os exemplos do Prius e da votação demonstram, uma ação coletiva pode ser necessária para que isso tenha algum impacto.

---

* Mas, com 56% do eleitorado, não alcançou a maior porcentagem de eleitores da história. Esse nível ocorreu na eleição de 1960 entre Kennedy e Nixon, quando 63,5% do eleitorado votou. O democrata Kennedy ganhou tanto pelo voto popular quando pelo Colégio Eleitoral.

Se apenas o interesse próprio tivesse voz, as pessoas não comprariam um Toyota Prius e permaneceriam em casa no dia da votação. Elas também reciclariam bem menos — afinal, limpar o pote de geleia e iogurte dá muito mais trabalho do que jogá-lo no lixo — e também não permitiriam que a preocupação com o bem-estar animal ou do meio ambiente os tornasse vegetarianos ou veganos, mas os humanos não funcionam assim. Em primeiro lugar, é claro, nós queremos *nos ver* como pessoas cordiais, carinhosas e virtuosas. O comportamento virtuoso não se trata só de ganhar aprovação dos outros, mas, quando benefícios reputacionais são adicionados nesse conjunto, existem muitas razões para se voltar para os outros. Amigos, familiares e colegas que testemunham esses atos pró-sociais provavelmente irão nos respeitar mais, elogiar nosso altruísmo e mostrar uma maior inclinação a cooperar conosco e manter conexões no futuro. De fato, quando os resultados dos investimentos naquele jogo são compartilhados com as outras pessoas, para que todos possam ver quanto os outros estão doando, preocupações sobre a reputação também resultarão em uma maior doação para o bem coletivo.[43] O cínico argumentaria que as pessoas estão meramente comprando aprovação, mas os efeitos práticos do que elas estão fazendo ainda servem ao grupo mais amplo.

Essa não é só uma interessante descoberta teórica. Erez Yoeli, um representante da Federal Trade Comission em Washington, D.C., juntamente com seus colegas da Universidade da Califórnia em San Diego, Universidade Yale e Harvard, aplicou o poder dos efeitos reputacionais para melhorar os resultados de um cenário do mundo real. Trabalhando em uma grande empresa de energia elétrica, Yoeli testou se alavancar os efeitos reputacionais de um mensageiro aumentaria o número de famílias que se inscreveriam em um programa voluntário de "resposta da demanda" de energia, uma iniciativa criada para reduzir os riscos de apagões e danos ambientais ao restringir o acesso à energia durante períodos de pico de demanda. O benefício público era óbvio, mas existia um custo privado a ser pago: um acesso restrito significava que, em dias quentes, a disponibilidade do ar-condicionado poderia ser severamente reduzida.

CORDIALIDADE

Para os fins desse estudo, duas propostas diferentes foram feitas para moradores de alguns condomínios. Um grupo recebeu cartas contendo um único código que eles poderiam escrever em um quadro na área comunal para indicar que eles estavam preparados para se inscrever no esquema. O outro grupo recebeu cartas que simplesmente pediam para escrever o nome e o número do apartamento em um quadro comunal caso decidissem fazer parte. Um esquema, portanto, era anônimo; o outro era público. A diferença de aceitação entre eles foi assustadora. Três vezes mais moradores que precisavam colocar os nomes e número de apartamento nos quadros concordaram em participar do que aqueles que precisavam simplesmente escrever um código. O número elevado de participantes também foi sete vezes maior do que o número alcançado anteriormente com um incentivo de US$25. Segundo as estimativas dos pesquisadores, o benefício individual de uma boa reputação tem um preço, pelo menos quando se trata de comportamentos de consumo de energia, de cerca de US$174.[44]

O sucesso de vendas do Toyota Prius conta uma história semelhante. Aqueles que se importam com o meio ambiente podem ser motivados a reduzir suas emissões enquanto dirigem, mas uma vez que o Prius é mais caro, existe um ágio a se pagar para "ser verde". Uma pesquisa relatada pelo *The New York Times* descobriu que a maioria das pessoas que compraram o Prius, o fizeram porque isso "diz algo sobre mim".[45] Um Prius individual pode não ter muito impacto no aquecimento global, mas parece ter um grande efeito em como essa pessoa é percebida. Economistas têm argumentado durante muito tempo que, se a demanda por produtos sustentáveis crescer, os fabricantes precisarão abaixar os preços para que os consumidores não precisem se sacrificar ao comprar produtos amigos do meio ambiente. De acordo com Vlad Griskevicius, um conhecido estudioso na Carlson School of Management, o oposto também pode ser verdade. O importante é até que ponto os comportamentos de autossacrifício são feitos publicamente.

Um dos estudos de Vlad envolvia pedir às pessoas que escolhessem entre uma mochila sustentável e uma mais estilosa e com mais recursos. A mochila sustentável era feita 100% com fibras orgânicas, tinha um design criado para minimizar o desperdício no processo de construção e continha instruções sobre como reciclá-la. A mochila não sustentável era resistente à água e tinha oito compartimentos diferentes. Para provocar uma série de reações diferentes, os pesquisadores pediram aos participantes que se imaginassem comprando online e, portanto, de maneira privada; ou de maneira pública em uma loja física. Eles também pediram aos participantes que lessem uma pequena história antes de tomarem suas decisões. Em uma das versões a história continha uma mensagem sobre reputação e na outra não. Os resultados mostraram que aqueles levados a pensar sobre sua reputação escolheram o produto de luxo e não sustentável ao fazer a compra online, mas, ao comprar em público, a mochila sustentável foi escolhida. A motivação de proteger o planeta e comprar produtos sustentáveis, ao que parece, é em parte determinada pela quantidade de aprovação social que receberemos com isso.[46]

Nós não ouvimos apenas os mensageiros que possuem algum tipo de status, ouvimos também aqueles que expressam cordialidade, seja através de positividade, compaixão ou humildade. Essas são as características que aparentemente influenciaram um júri em um processo de US$10,5 bilhões a favor do queixoso, contra um oponente muito mais frio.

Ser visto como cordial também ajuda a explicar porque Craig Jelinek foi considerado como o CEO mais agradável dos Estados Unidos. Mensageiros cordiais ganham influência porque as pessoas acham sua companhia recompensadora. Nesse contexto, fica claro porque *soft messengers* podem ter um grande impacto em uma audiência. Também fica claro porque indivíduos buscam aumentar sua cordialidade percebida ao se envolverem em comportamentos prestativos e orientados aos outros. Essas são características cruciais que as audiências levam em consideração na hora de decidir se devem se conectar, cooperar com os outros e agir de acordo com o que eles têm a dizer.

Entretanto, a cordialidade não é a única forma de aumentar a conexão. Arriscar-se e deixar que os outros entrem em seu mundo também pode nos conectar com uma audiência. Para isso, porém, precisamos sinalizar nossa vulnerabilidade.

6

VULNERABILIDADE

Autorrevelações, Vítimas Identificáveis
e Como a Franqueza Pode Abrir
Mentes Fechadas

Archana Patchirajan, de Tuticorin no Sul da Índia, é uma empreendedora do ramo da tecnologia que já fundou diversas startups. Uma delas, Hubbl, da qual foi cofundadora em parceria com Kushal Choksi e que trabalhava com publicidade online no modelo B2B [negócios em que empresas transacionam com empresas] por meio de um aplicativo, foi muito bem-sucedida. No final de 2013, ela vendeu a empresa por pouco mais de US$14 milhões, mas a história poderia ter sido muito diferente. Alguns anos antes da venda, Patchirajan foi obrigada a fazer algo que encheria de pavor qualquer empreendedor em processo de crescimento acelerado. Reunindo sua equipe de 25 engenheiros altamente treinados, ela explicou que a fonte de recursos para investimento havia secado e ela teria que deixá-los partir.

A reação deles foi surpreendente. Em vez de partirem, todos sugeriram um grande corte salarial. Alguns até mesmo se ofereceram para fazer hora extra de graça.[1]

Você faria isso pelo seu chefe?

Dinheiro, progressão de carreira e o desenvolvimento de habilidades com certeza são características cruciais para a maioria dos empregados, mas existe outra que pode ser igualmente importante: a sensação de conexão que eles sentem com o emprego e com a empresa. A conexão ajuda a estabelecer lealdade. Ela pode ser um motivo para as pessoas irem ao trabalho todos os dias, além da óbvia recompensa financeira, e as encoraja a trabalhar dando o melhor de si. Um estudo com cinco mil profissionais de saúde dinamarqueses, por exemplo, descobriu que aqueles que se sentiam emocionalmente conectados a seu ambiente de trabalho experimentavam um maior bem-estar, além de sentirem-se mais compromissados com os empregadores e colegas.[2] Foi uma sensação de conexão que fez os colegas de Archana Patchirajan prometerem continuar a apoiá-la mesmo em tempos difíceis.

Então, como um empregador estabelece uma forte conexão emocional com seus empregados? Brené Brown, uma professora de serviço social na Universidade de Houston e autora de vários livros bem recebidos sobre autenticidade e conexão social, argumenta de maneira convincente que no núcleo de qualquer conexão social está alguma forma de vulnerabilidade. A conexão social envolve uma vontade da nossa parte em remover a máscara protetora que colocamos frequentemente e que sejamos genuinamente honestos e abertos. Em outras palavras, precisamos abaixar a guarda e abraçar nossa vulnerabilidade. "Nós amamos ver a verdade nua e crua nas outras pessoas, mas temos medo de vê-la em nós", escreve ela.[3]

Essa é uma mensagem que caiu bem. O TED Talk de Brown, "The Power of Vulnerability" ["O Poder da Vulnerabilidade", em tradução livre; conteúdo em inglês], é extremamente popular. A tese dela também ajuda a explicar porque a empresa de Patchirajan sobreviveu à tempestade financeira. Os empregados dela poderiam, facilmente, encontrar um trabalho alternativo: em 2013, havia muita demanda por engenheiros da computação no sul da Índia. Entretanto, as considerações financeiras que poderiam tê-los convencidos a sair foram superadas pelas considerações emocionais que fizeram com que permanecessem. Os engenheiros de computação de Patchirajan tinham-na como pessoa genuína e disposta a expressar seus sentimentos. Eles sabiam que ela era suficientemente honesta para compartilhar as notícias boas e ruins, que ela ficaria feliz em discutir seus sonhos e preocupações, suas forças e suas fraquezas. Patchirajan não era o típico líder durão — um homem alto, bem-vestido e de meia-idade. Ela era aberta, sincera e preparada para revelar uma ocasional incerteza ou sensação de vulnerabilidade. E as pessoas gostavam disso, porque como Brené Brown inteligentemente sugeriu, ser vulnerável é ser humano.

A exposição de vulnerabilidades, seja por meio da admissão de cumplicidade em um erro de julgamento, uma confissão de interesse romântico ou simplesmente a sinalização de uma necessidade de ajuda, requer muita coragem. O caminho mais fácil é o de nos protegermos, mantendo nossa porta mental, e nossos lábios, firmemente fechados. Revelar nossos verdadeiros sentimentos, necessidades e desejos e, portanto, adotar uma posição de vulnerabilidade, é muito mais difícil.

Um dos motivos para isso é o maior risco de rejeição que corremos ao nos abrirmos para os outros. Receber uma reação negativa, após demonstrar vulnerabilidade, pode ser desolador. Mais desolador do que se nunca nos tivéssemos exposto. Ainda assim, parece que nossas previsões pessimistas são feitas sem nenhum embasamento. Pesquisas conduzidas por Vanessa Bohns e Frank Flynn mostraram que em muitas situações as pessoas normalmente subestimam como será a ajuda quando solicitada porque tendem a esquecer que há um custo social anexado ao ato de dizer não. Obviamente o custo varia de acordo com a natureza do pedido e o tipo de relacionamento entre as pessoas envolvidas: é mais fácil recusar emprestar £$1mil para um amigo do que £$10, assim como é mais fácil dizer não para um estranho do que para um chefe. De qualquer forma, o custo existe e pode resultar em uma percepção negativa da pessoa que disse não, a qual corre o risco de ser vista como indiferente, desconectada, irracional ou até mesmo cruel. Ela mesma pode sentir isso e nutrir um sentimento de culpa. Dizer sim, por outro lado, é uma experiência mais positiva e recompensadora. Ao fazer alguém feliz, a pessoa que concordou em ajudar também se sente positiva: ela pode se regojizar na alegria compartilhada ao mesmo tempo em que se sente bem consigo pela realização de um ato gentil. Concordar em cooperar também ajuda a fortalecer o nível de conexão entre duas pessoas. Consequentemente, as pessoas estão muito mais dispostas a falarem sim do que podemos prever. Bohns e Flynn sugerem que nós, tipicamente, subestimamos em 50% a possibilidade de uma resposta ser positiva, resultando em oportunidades perdidas; amigos, clientes e parceiros em potencial não contatados, e um desperdício de oportunidades de aumentar a conexão com os outros.[4]

Outra razão relacionada à nossa sensação de desconforto ao expressar vulnerabilidade é que temos uma tendência de nos fixarmos naquilo que pode dar errado. Nós nos preocupamos que ao assumir um erro, podemos perder o emprego; que ao tentar conectar ou buscar a ajuda de alguém, seremos rejeitados ou humilhados, e que com isso sofreremos uma perda de status e autoestima. A terrível consequência desse pessimismo é que é exatamente nos períodos de maior angústia, quando mais precisamos de ajuda, que nos recusamos a procurar por ela. Por exemplo, ainda que quase 90% das crianças vítimas de bullying nos EUA classifiquem positivamente sistemas de apoio criados para ajudá-las, apenas cerca de 8% acabam usando tais sistemas.[5] Como resultado, as vítimas que compreensivelmente têm dificuldade em reunir a coragem necessária para buscar por ajuda sofrem desnecessariamente. De maneira irônica, isso pode significar que os legisladores responsáveis por esses valiosos programas interpretam mal a subutilização desses serviços como se não fossem necessários, por fim cortando o financiamento deles. É preciso muita coragem para que alguém supere o constrangimento de admitir sua vulnerabilidade e a grande perda que ela pode causar em seu status. Paradoxalmente, como aconteceu com Archana Patchirajan, a expressão de vulnerabilidade pode ser interpretada como um sinal de honestidade e confiança.[6]

Talvez essa seja uma das razões pela qual um número cada vez maior de escolas de negócios defenda que os líderes se sintam confortáveis em expressar suas fraquezas e vulnerabilidades. Quando mensageiros se tornam vulneráveis ao revelar suas inseguranças ou potenciais fraquezas para os outros, eles tipicamente experimentam interações sociais mais prazerosas e, como resultado, formam conexões mais profundas. Ao compartilhar seus pensamentos, experiências, sentimentos e características, os outros irão detectar semelhanças ("Você é igual a mim") ou ter uma melhor compreensão de como você pensa. De qualquer forma, eles o entenderão melhor e seu relacionamento com eles será beneficiado.

A ex-primeira-ministra britânica, Theresa May, é um bom exemplo de líder de prestígio que correu um risco e com sucesso transformou uma fraqueza em força, ainda que por um tempo limitado. Amplamente vista como uma pessoa fria, robótica e sem uma conexão pessoal com os eleitores, May foi ridicularizada quando a fizeram dançar com um grupo de estudantes no primeiro dia de uma missão comercial na África durante o verão de 2018. Desatenta à naturalidade própria dos dançarinos, sua performance foi vista como "dura" e "digna de vergonha alheia." Usuários do Twitter zombaram dela por "fazer a dança do robô May" e riram ao comentar que "alguém esqueceu de lubrificá-la". Foi uma grande surpresa, então, quando meses depois ela dançou no palco da Conservative Party Conference ["Conferência do Partido Conservador"] ao som da música "Dancing Queen", do grupo musical Abba. Foi uma jogada corajosa que poderia ter resultado em ainda mais zombaria e humilhação, e certamente levou até outra onda de memes sobre a *Maybot* [junção do nome May e robô, em inglês] em toda a internet. De modo geral, a reação à sua dança dura e autodepreciativa foi notadamente positiva. Até Björn Ulvaeus, o vocalista do Abba que coescreveu a música, a apoiou. "Eu acho que ela foi muito corajosa ao fazer isso. É uma senhora sem muito ritmo. (...) Eu me senti tocado, na verdade."[7] Ao expor sua vulnerabilidade, May foi capaz de participar da piada, em vez de ser a piada. Ela estabeleceu um nível de conexão que, pelo menos por um curto período, fez refluir as palavras inclementes anteriormente dirigidas a ela. Seu discurso naquela ocasião, subindo ao pódio momentos depois da sua dança, foi elogiado como um dos melhores que fizera. Até sua crítica mais ferrenha pareceu impressionada. Katy Balls, editora adjunta de política no *The Spectator* afirmou que "a primeira-ministra fez um de seus melhores discursos desde que tomou posse", enquanto um editor do *Guardian* concluiu que "foi o discurso mais ambicioso e provavelmente mais bem-sucedido do mandato de May".[8] A

Maybot acabou ajudando-a, pelo menos temporariamente, como mensageira. Não ao alterar o que ela disse, mas mostrando sua vulnerabilidade.

As vantagens de expressar vulnerabilidade não estão restritas aos negócios de alto status e mensageiros políticos como Archana Patchirajan e Theresa May. No tribunal, advogados de defesa frequentemente apresentarão seu cliente como alguém vulnerável — alguém que foi abandonado pelo sistema, sofreu muito na vida e perdeu a capacidade de lidar com as duras condições que enfrentou — a fim de trazer juiz e júri para seu lado e obter alguma margem de manobra. Bons advogados sabem que geralmente vale a pena "se fazer de vítima".[9] Similarmente, participantes em show de talentos têm uma vantagem caso apresentem alguma "vulnerabilidade" ou uma história triste, porque ambos servem para diferenciá-los dos outros concorrentes. Alguns dos vencedores anteriores do show de entretenimento britânico *Britain's Got Talent* servem de exemplo. Foi muito comentado durante a temporada de 2017 que o vencedor, o pianista Tokyo Myers, viu seu professor ser esfaqueado quando tinha dez anos de idade — um evento perturbador para qualquer um, principalmente para uma criança. Em 2018, o comediante Lee Ridley, também conhecido como *Lost Voice Guy*, que era deficiente e não conseguia falar desde jovem, triunfou com as piadas feitas por meio de um sintetizador de voz. O ponto não é que eles não mereciam ganhar, mas que uma disposição em expor suas vulnerabilidades, longe de atrapalhar suas chances, pode muito bem tê-las aumentado. A necessidade de uma história vulnerável em competições de TV tem feito algumas pessoas criticarem esse tipo de show. O famoso psicólogo Glenn Wilson afirmou até mesmo que "as deficiências e dificuldades [dos participantes] são tão importantes quanto seus talentos".[10]

Naturalmente, expressar vulnerabilidade nem sempre requer ou envolve algum tipo de autorrevelação dramática. Apenas demonstrar estar preparado para falar com franqueza sobre si mesmo pode ser muito poderoso. Negociações que começam com uma fase na qual as duas partes se conhecem melhor criam uma oportunidade para que cada uma revele quem é, o que pode criar uma sensação de conexão e, portanto, uma chance maior de acordo entre as partes. Negociações que começam com a troca de informações pessoais têm menos chances de acabar em um impasse e mais chances de acabar com um resultado positivo para os dois lados. O processo de autorrevelação também pode beneficiar negociações mais íntimas, impulsionando o sentimento de amor entre casais. Até policiais ao entrevistar testemunhas, como já foi demonstrado, se beneficiam de uma abordagem mais pessoal em termos quantitativos e qualitativos da informação adquirida. Parece que testemunhas conectadas, no fim das contas, são boas testemunhas.[11]

É claro que revelações em excesso podem ser algo negativo. O que os mensageiros compartilham com os outros deve ser apropriado ao contexto e à proximidade do relacionamento. Fazer isso de outra forma é arriscar gerar sentimentos de desconforto e constrangimento. Revelações inapropriadas provavelmente não serão correspondidas, além de serem vistas negativamente e, em vez de aumentar a conexão, você podem gerar como resposta um "Ai meu Deus! Informação demais!" Entretanto, como já sugerimos, ir ao outro extremo e mascarar a vulnerabilidade completamente pode fazer você perder todas as vantagens em potencial. Para Archana Patchirajan, uma disposição em parecer vulnerável fez com que ela ganhasse a lealdade e apoio da equipe em um momento difícil. Para Theresa May, a vulnerabilidade lhe ofereceu algumas semanas de uma menor pressão vinda do público. Para outros, ela pode oferecer um conhecimento adicional capaz de ajudar a tomar decisões melhores. A vulnerabilidade pode motivar a compreensão ou o perdão de um colega, e com isso permitir que o relacionamento continue, ou até mesmo propicie o começo de um relacionamento duradouro.

Uma mão amiga

O impulso de ajudar quando somos solicitados é muito poderoso. É uma resposta automática e emocional que, assim como muitos dos outros *messenger effects* que descrevemos nesse livro, é formada desde tenra idade.*[12] Não só em humanos, mas em animais também. Ratos, por exemplo, ajudarão a libertar um companheiro preso em uma gaiola e farão isso antes de se deliciarem com biscoitos de chocolate — um alimento muito apreciado por eles — posicionados estrategicamente pelos pesquisadores. Considerando que o rato escolhe ajudar em vez de seguir diretamente para algo saboroso, e que ao libertar os seus colegas aprisionados significa que ele precisará dividir os biscoitos, então a motivação em ajudar é claramente altruísta.[13]

A ajuda está disponível mesmo quando não é requisitada de maneira explícita. Em um experimento conduzido por Molly Crockett e os seus colegas na University College London, pares de participantes foram presos em uma máquina que aplicava choques elétricos e precisaram tomar uma série de decisões, trocando dinheiro por dor. Os participantes podiam escolher entre ganhar mais recompensas em troca de um maior número de choques, ou receber um menor número de choques e ganhar uma menor recompensa monetária. Mas havia um problema. Embora eles sempre ficassem com o dinheiro, o choque às vezes era administrado em seu parceiro anônimo. Eles, portanto, ganhariam se, em troca, estivessem preparados para ver o parceiro sofrer. Durante a realização do experimento, poucos estavam. A maioria resolveu abrir mão do dinheiro adicional, caso recebê-lo pudesse infligir dor em outra pessoa.[14] Sentimentos de compaixão e culpa são motivadores poderosos. Isso ajuda a explicar porque as pessoas frequentemente vão longe para impedir que algum dano seja causado em completos estranhos, bem como porque um mensageiro visto como vulnerável e tendo pouco status ainda tem um meio eficaz para ser ouvido.

---

* Para ver vídeos (fofos) de crianças com esse tipo de comportamento, vá até o YouTube e pesquise por "Toddler altruism".

VULNERABILIDADE

De fato, o mero ato de chamar atenção para as necessidades de uma pessoa vulnerável pode ser incrivelmente persuasivo. Em um estudo, chamado de "It's Not All About Me" ["Não se trata só de mim", em tradução livre], descobriu-se que chamar a atenção de equipes médicas para preocupações centradas neles mesmos era significativamente menos eficaz para convencê-los a cumprir as medidas de prevenção de infecções hospitalares do que comunicar o impacto que as ações deles poderiam ter naqueles que estão vulneráveis. Placas acima dos distribuidores de gel e sabão nos hospitais que afirmavam "A higiene das mãos previne doenças" teve pouco impacto na possibilidade de um médico higienizar as mãos antes de examinar os pacientes. Entretanto, uma placa que direcionava a preocupação para o paciente — "A higiene das mãos previne que os pacientes contraiam doenças" — aumentou o uso de sabão e gel nas enfermarias em 45%.[15]

É claro que é possível argumentar que os profissionais dessa área, mais do que a maioria, devem estar predispostos a ajudar os outros, dado o trabalho que escolheram, mas, mesmo quando uma motivação natural não existe, a ajuda felizmente ainda pode ser oferecida. Isso foi demonstrado de maneira fascinante pelo economista de Harvard Felix Oberholzer-Gee em um experimento que envolvia pedir ajuda em um ambiente no qual os níveis de estresse são altos e outras pessoas costumam ser uma fonte de incômodo e frustração — uma estação de trem lotada. Com suas longas filas, passageiros cansados e equipe mal-humorada, uma estação de trem não é o primeiro lugar em que alguém pensará como um abrigo de paz e boa vontade, mas sim o exato oposto. Se o dizer "Cada um por si" se aplica em algum lugar, certamente esse lugar é a bilheteria de uma estação de trem, e é difícil imaginar como um lugar desses poderia ser um espaço responsável por aflorar o que há de melhor nas pessoas. Mesmo assim, Oberholzer-Gee buscou identificar os fatores mais importantes para persuadir alguém em uma longa fila da bilheteria a ajudar outro passageiro a ceder seu lugar na fila. À primeira vista, a resposta — que deve ter encantado o economista interior do autor do estudo — não surpreende: o dinheiro.

Nem tudo, entretanto, é o que parece. Em seus estudos, Oberholzer-Gee colocou alguns atores para fazer o papel do viajante atrasado, que oferecia dinheiro para que passageiros na frente da fila o deixassem passar. Muitos ficaram felizes em obedecer, e quanto mais o viajante oferecia, mais os estranhos eram convencidos a ceder seu lugar na fila.

Até então o resultado é óbvio: maiores ofertas monetárias aumentam a disposição de que alguém ceda o lugar. Porém, o que Oberholzer-Gee descobriu foi que pouquíssimos passageiros abordados realmente pegaram o dinheiro. Parece que o importante não era o dinheiro em si, mas sim o que ele representava: desespero. Quanto mais dinheiro era oferecido, mais o desespero era percebido. A maioria das pessoas abordadas não pensavam: "Nossa, você está disposto a pagar US$10 para furar a fila, você deve ser muito rico". O que elas realmente pensaram foi: "Nossa, se você está disposto a pagar US$10 para furar a fila, então você realmente precisa furar a fila." Nesse contexto, o dinheiro sinalizava necessidade e as pessoas respondiam a essa necessidade oferecendo uma mão (de graça) amiga.[16]

A obrigação de ajudar

Existe uma aparente contradição aqui. O experimento que acabou de ser descrito sugere que nós somos inclinados a ajudar os necessitados, mas a experiência cotidiana nos diz que esse nem sempre é o caso, enquanto o famoso estudo do choque elétrico de Stanley Milgram (veja a página 64) sugere que muitas pessoas estão, na verdade, dispostas a causar dor no outro. O que leva as pessoas a demonstrar compaixão em algumas ocasiões, mas indiferença, ou até pior, em outras?

À luz do experimento de Milgram, é tentador responder a essa questão simplesmente em termos de status: nós seremos simpáticos ao mensageiro vulnerável que parece estar (pelo menos temporariamente) em uma posição de baixo status, a menos que um mensageiro de alto status (uma autoridade) nos diga para fazer o contrário. Essa, entretanto, não é toda a história. Vários fatores influenciam a extensão da nossa resposta à vulnerabilidade.

As circunstâncias físicas estão entre as causas. Em particular, a proximidade da pessoa recebendo a mensagem e a pessoa que a enviou. Milgram descobriu que *cada um dos participantes* de um dos experimentos estava disposto a administrar um choque elétrico de 450 volts e potencialmente letal *caso não conhecesse ou tivesse visto a vítima anteriormente.* Quando ele alterou o formato do experimento e fez com que os participantes colocassem a mão da vítima sobre a placa de eletrodo, apenas 30% deles administraram o choque elétrico. Quanto maior a distância entre a pessoa vulnerável e o ajudante em potencial, mais fácil é ignorá-la, ou, no caso do experimento de Milgram, eletrocutá-la.[17] O leitor mais arguto pode estar se perguntando por que, se isso for verdade, os participantes do estudo de Molly Crockett não estariam dispostos a eletrocutar um parceiro anônimo apesar do incentivo financeiro para fazê-lo. Parece haver duas considerações em jogo aqui. A primeira delas é que as pessoas geralmente interpretam o ato de machucar o outro motivado por puro interesse pessoal — nesse caso, ganho financeiro — como imoral.[18] A outra é que, no experimento de Milgram, as pessoas podiam abrir mão da responsabilidade pessoal de suas ações e simplesmente seguir ordens, enquanto os participantes do estudo de Crockett se sentiam como agentes na tomada de decisão: a responsabilidade pela dor alheia recairia sobre eles.

A campanha Red Kettle do Exército da Salvação, uma das maiores e mais reconhecidas campanhas de arrecadação de fundos dos Estados Unidos, ilustra de modo expressivo como uma simples afirmação que ativa sentimentos de responsabilidade pessoal pode influenciar nossas reações aos mensageiros vulneráveis. Nas semanas anteriores ao Natal, voluntários vestindo aventais vermelhos e gorros de Papai Noel tocam sinos enquanto pedem doações aos pedestres. Os fundos arrecadados ajudam a fornecer alimentos, brinquedos e roupas para um grande número de pessoas vulneráveis. Não surpreende, portanto, que de vez em quando alguns transeuntes decidem doar. O que é interessante é a diferença da quantia coletada entre os voluntários que simplesmente tocam o sino e aqueles que procuram outra maneira de interagir com os compradores. Tocar um sino quando os compradores saem de uma loja gerou uma média de uma doação a cada três minutos. Entretanto, a adição de um simples pedido verbal — "Feliz Natal, por favor contribua" — aumentou o número de doadores em 55% e a quantia total em 69%.[19] Uma simples isca verbal criada para responsabilizar os transeuntes provou ser incrivelmente poderosa.*

A experiência de Sean O'Brien, de Liverpool, no noroeste da Inglaterra, demonstra claramente como a compaixão pode ser um poderoso motivador quando alguém é confrontado diretamente com uma vítima individual e identificável. Sean ganhou destaque em uma noite de 2015, após realizar uma dança (na melhor das hipóteses) medíocre em um bar. A uma curta distância dali estava um grupo de rapazes que notaram Sean; um deles, vendo nele um homem acima do peso se divertindo, pegou o celular, tirou algumas fotos e as postou no site de mídia social 4chan com os seguintes dizeres: "Encontrei este espécime tentando dançar na outra semana. Ele parou quando nos viu rindo." A última fotografia mostrava Sean olhando para baixo, com ar de desamparado e sabendo que havia sido ridicularizado por um grupo de estranhos.

A postagem viralizou, fazendo com que outros zombassem de Sean. Entretanto, Cassandra Fairbanks, que mora em Los Angeles e é uma ativista política e jornalista do site The Gateway Pundit, ficou horrorizada com o bullying. Ela então decidiu ir até o Twitter — a rede social que ela afirma já ter ajudado a encontrar seu cachorro perdido — e postou uma foto de Sean, perguntando: "Alguém conhece esse homem ou a pessoa que postou isso? Tem um grande grupo de mulheres em LA que gostaria de fazer algo

---

* A desvantagem de pedir por dinheiro de maneira explícita foi que muitas pessoas tomaram medidas para evitar os voluntários.

especial. (...) Nós gostaríamos de trazê-lo até LA para uma festa de dança VIP com as mulheres mais legais e incríveis da cidade, por favor ajudem." Ela também adicionou a hashtag #FindDancingMan ao final do tuíte. A resposta da rede social foi extraordinária. Dois dias depois, Sean — apelidado de "Dancing Man" ["Homem Dançante"] — entrou em contato.

A partir daí, as coisas tomaram proporções ainda maiores. Incontáveis almas de bom coração, ouvindo a história de Sean, reagiram com simpatia por ele e raiva dos gozadores. Após alguns arranjos que incluíam viagens de avião, Sean foi primeiro até Nova York, onde dançou ao vivo na TV com a cantora e compositora Meghan Trainor no Rockefeller Plaza; e em seguida ele voou para Los Angeles, onde Fairbanks pôde cumprir sua promessa e realizar uma festa generosa. Além do "grande grupo de mulheres" de Fairbanks, as socialites de LA e até algumas celebridades apareceram para cumprimentá-lo, e Moby apareceu para atuar como DJ. Após a festa, Sean deve ter imaginado que seus poucos momentos de fama haviam acabado, mas não foi bem assim. No dia seguinte, foi convidado para realizar o primeiro arremesso no jogo do LA Dodgers contra San Diego. Enquanto tudo isso acontecia, dezenas de celebridades repreenderam online o bullying e a humilhação. A campanha, desencadeada pelo tuíte #FindDancingMan, de Fairbanks, foi tão bem-sucedida que arrecadou US$70 mil para um fundo de caridade antibullying.[20]

Por que a situação difícil de Sean O'Brien, o Homem Dançante de Liverpool, resultou em um transbordar de benevolência e doações para um fundo de caridade antibullying, quando o bullying online com frequência não é contestado? A razão é que as pessoas tipicamente se sentem na obrigação de ajudar vítimas claras e identificáveis como o "Homem Dançante" do que grupos maiores e abstratos. Uma multidão é anônima. Um indivíduo é um companheiro humano. Consequentemente, enquanto achamos difícil sentir empatia por um grupo de vítimas, não temos dificuldade em nos identificar com indivíduos. O ditador soviético Joseph Stalin disse certa vez que: "A morte de um único soldado russo é uma tragédia. A morte de milhões é uma estatística."[21]

A forma com que nós reagimos à cobertura noticiosa ilustra esse ponto crucial. Histórias gerais do sofrimento humano tendem a não fazer muito impacto. Uma história que foca um indivíduo, por outro lado, está muito mais propensa a chamar atenção. A cobertura da Arábia Saudita feita pela mídia ocidental, por exemplo, tende a ser muito crítica, especialmente sobre o envolvimento militar do governo do país no Iêmen, no qual muitos milhares morreram graças aos ataques aéreos sauditas, mas foi o assassinato do jornalista saudita Jamal Kashoggi que causou uma revolta e um impacto muito maior na percepção ocidental. O caso de Kashoggi é um clássico exemplo do "efeito da vítima identificável" em funcionamento: uma única tragédia envolvendo um único mensageiro nos comove, ainda que sejamos relativamente indiferentes para uma tragédia que envolva múltiplos mensageiros caso não haja uma figura central claramente identificável.[22]

Esse instinto é tão forte que se estende para indivíduos fictícios e, no caso do personagem central do filme de 1995, *Babe, o Porquinho Atrapalhado*, se estende até mesmo para seres fictícios não humanos. Na história, o personagem central é um porco falante que ajuda na fazenda separando as galinhas e pastoreando as ovelhas. Ele até mesmo entra em uma competição de pastoreio, onde suas habilidades são colocadas à prova contra cães pastores treinados. Quando descobre o terrível fato de que humanos comem porcos, decide fugir. Felizmente tudo acaba bem, mas na época isso não impediu o público cinematográfico de se chocar e reagir muito negativamente ao potencial destino de Babe. De acordo com um artigo publicado na *Vegetarian Times*, o Departamento de Agricultura dos EUA relatou que, na época do lançamento do filme, a venda de carne de porco e enlatados relacionados com esse tipo de carne caiu para o menor valor em cinco anos. Um grande número dos frequentadores de cinema, especialmente garotas jovens, se tornou "Vegetarianos Babe". Até mesmo o ator James Cromwell, que atuou como o fazendeiro do filme, se tornou vegano.[23]

VULNERABILIDADE

Não é difícil entender por que as pessoas reagem mais emocionalmente a um porco vivo do que a um pacote de bacon no refrigerador do supermercado. Porcos são criaturas sofisticadas. Assim como cachorros, leitões são capazes de aprender o próprio nome após duas ou três semanas e atenderão quando chamados, além de serem animais naturalmente sociais. Vivem em grupos, cumprimentam os amigos quando os veem, esfregam o nariz e cuidam um do outro. Assim como os humanos, eles sabem quais membros de seu grupo social são agressivos e dominantes e quais são gentis (literalmente *hard* e *soft messenger effects*). Mas, no que diz respeito aos Vegetarianos Babe, o porquinho tinha a vantagem de ter uma mente parecida com a de um humano, a habilidade de falar inglês e a capacidade de compartilhar experiências, sentimentos, desejos e intenções.

O fato de o público de cinema ter reagido tão fortemente à história de um porco antropomorfizado claramente tem muito a ensinar para ativistas vegetarianos. Realmente, campanhas recentes têm usado de maneira inteligente a noção de "vítima identificável". A da Veganuary é um exemplo. Financiada com £$30 mil em pôsteres colocados dentro de vagões no metrô de Londres, a mensagem central da campanha era insistir para que as pessoas tentassem uma alimentação vegana durante o mês de janeiro. Em vez de seguir as muitas campanhas vegetarianas anteriores e montar

Anúncios da campanha do Veganuary colocadas dentro dos vagões do metrô de Londres.

um argumento com base em fatos e estatísticas, eles optaram por um argumento emocional com base em sentimentos e conexão. Animais fofos foram escolhidos como mensageiros e receberam nomes humanos. O mensageiro vulnerável e individual teve um impacto. Diz-se que a campanha levou quase 200 mil pessoas a realizarem práticas veganas durante (pelo menos) um mês.[24]

É possível argumentar que, em um mundo cada vez mais dividido, existe muito a ganhar quando uma sociedade encoraja as pessoas a serem um pouco mais empáticas umas com as outras. Entretanto, como argumenta Paul Blomm, um psicólogo de Yale, o desafio em depender de respostas empáticas é que a empatia não sabe ler números. As pessoas têm dificuldades em se identificar com uma vítima "estatística".[25] Ou, como o economista americano Thomas Schelling, que mais tarde ganharia o Prêmio Nobel, colocou em 1968:

> Existe uma distinção entre uma vida individual e uma vida estatística. Deixe que uma garota de seis anos de cabelos castanhos precise de milhares de dólares para uma operação que prolongará sua vida até o Natal, e o correio estará transbordando de moedas para salvá-la. Mas relate que sem um imposto sobre vendas as instalações hospitalares de Massachusetts irão deteriorar e causar um aumento pouco perceptível nas mortes preveníveis, e nem todo mundo irá derramar uma lágrima ou buscar o talão de cheques.[26]

Existem muitas situações nas quais identificar quem é o mais vulnerável pode ser difícil, ou até mesmo impossível, porque eles estão difusos no meio de uma grande população. Por isso, nossa empatia nos leva a ajudar o mensageiro vulnerável nos holofotes e não necessariamente o mais necessitado. Na verdade, a empatia que sentimos com um sofredor identificável pode até levar a decisões completamente imorais na nobre busca de aliviar a dor. Por exemplo, quando as pessoas escolhem ajudar uma única criança sofredora identificável em vez de oito crianças anônimas sofrendo. Outro exemplo pode ser um profissional de saúde que, graças a uma conexão mais íntima com um paciente identificável que esteja sentindo dor, pode acreditar que seja aceitável colocar o indivíduo um pouco acima na lista de tratamento em detrimento de outros pacientes anônimos que estavam esperando por mais tempo.[27]

O fato de que é mais fácil ignorar o sofrimento de muitas vidas estatísticas do que uma vítima identificável levou algumas pessoas a se preocuparem com o descaso dos líderes nacionais com o custo humano de suas ações durante uma guerra. Dada a natureza abstrata da grande quantidade de cidadãos não identificáveis, pode ser menos incômodo para, digamos, o presidente dos Estados Unidos lançar armas nucleares contra um país inimigo do que se preocupar com o sofrimento de uma vítima do ataque. Essa é uma questão que levou o ex-professor de direito de Harvard Robert Fisher a sugerir uma mudança um tanto quanto controversa no protocolo para se iniciar um ataque nuclear. Ele propôs que sempre que um presidente estiver em uma situação que exija tal atitude, um jovem deverá estar ao lado dele. Para torná-lo mais identificável, vamos supor que o nome dele seja Robert, tem 20 anos de idade e é alto, com um cabelo escuro e encaracolado. A função de Robert é carregar uma maleta contendo não o código para o lançamento nuclear, mas uma grande faca de açougueiro. O código de lançamento está em uma pequena cápsula inserida no peito de Robert, próximo do coração. Para que o presidente realize o disparo das armas nucleares, primeiro ele precisará remover a faca da maleta de Robert e, com as próprias mãos, esfaqueá-lo no peito para retirar a cápsula coberta de sangue com o código nuclear. Em outras palavras, antes que um líder lance um ataque que provavelmente matará centenas de milhares de vítimas não identificáveis, primeiro ele precisaria matar uma única vítima identificável de forma concreta e visceral. Quando Fisher deu essa ideia para contatos no Pentágono, ele relatou níveis variáveis de espanto. Um oficial de alto escalão respondeu: "Meu Deus, isso é terrível. Ter que matar alguém pode distorcer o julgamento do presidente e talvez ele nunca aperte o botão."[28]

Os limites da vulnerabilidade

Obviamente, seria errado inferir que, por estarmos mais dispostos a sermos simpáticos com o mensageiro vulnerável quando ele é identificável, iremos sempre atendê-lo, ouvi-lo e reagir às suas mensagens. A maioria de nós passa por um sem-teto na rua sem notá-lo. A maioria de nós assiste um pedido de caridade que foca uma única criança e mesmo assim não doamos. Nem sempre paramos para ajudar aqueles que estão em apuros.

Uma forma de compreender isso é ver nossa resposta emocional ao vulnerável não como uma entidade fixa, mas como se fizesse parte de um fluxo contínuo. Em um dos lados, o positivo, estão os sentimentos de compaixão e conexão que fazem as pessoas ajudarem. O outro lado, o negativo, é onde residem emoções como raiva, desgosto e desprezo que fazem com que as pessoas reajam com indiferença ou, pior ainda, com hostilidade. Um único mensageiro pode ativar um dos extremos, ou os dois, ou algo no meio. O dançarino Sean O'Brien, por exemplo, foi acertado por duas ondas vindas de fontes distintas, uma delas contendo desgosto e desprezo e outra de compaixão e conexão.

O que determina onde estamos na escala é o contexto e nossos instintos particulares. Às vezes pode ser prazeroso presenciar a queda de alguém, especialmente se temos uma sensação de rivalidade direta com essa pessoa.[29] Por exemplo, no dia 27 de junho de 2018, o popular tabloide do Reino Unido *The Sun* celebrou ao relatar a eliminação da Alemanha na fase de grupos na edição de 2018 da Copa do Mundo da FIFA, sediada na Rússia. "Esse é o momento mágico que todos os ingleses aguardavam desde 1966", disse o correspondente esportivo do jornal enquanto falava de um sentimento popular sobre o famoso rival do time nacional.[30] De forma semelhante, as pessoas que zombaram e humilharam Sean O'Brien online certamente experimentaram uma sensação de superioridade e desprezo, que acabou por desviar a reação deles da simpatia para o sadismo.

Em outros casos, as pessoas parecem ser capazes de automaticamente regular sua simpatia e, com isso, ter nublada qualquer resposta emocional positiva que possam sentir quanto ao sofrimento alheio. A falha em ser empático torna mais fácil a violação de regras morais e normas de ajuda. As implicações podem ser que as pessoas realizam ativamente atos desumanos, como visto nos atormentadores de Sean O'Brien, ou podem simplesmente ignorar o pedido de ajuda do mensageiro vulnerável.

É infeliz o fato de que pode ser fácil ignorar o sofrimento de um mensageiro vulnerável simplesmente ao racionalizar as razões para não ajudá-lo. Digamos que uma mulher rica, Belinda, passa por um sem-teto a caminho do trabalho. O homem malvestido está claramente com fome e angustiado, além de segurar uma placa pedindo alguns trocados aos transeuntes. Belinda pode deixar que suas reações naturais de empatia guiem sua tomada de decisão e, portanto, escolher parar e oferecer algumas moedas, ou ela pode suprimir esses sentimentos com objeções racionais: ela não pode dar dinheiro para todos os mendigos; o homem pode gastar esse dinheiro com bebida ou drogas; sua doação não resolverá o problema e pode encorajar o homem a continuar pedindo, faz mais sentido contribuir com um fundo de caridade. Se essas objeções são ou não justificadas não é pertinente aqui. A questão é que, ao receber uma licença para não sentir empatia e se conectar, essas objeções fazem com que ela se sinta bem com sua decisão.[31]

Uma estratégia cognitiva que indivíduos empregam para inibir uma resposta de empatia a grupos vulneráveis é desumanizá-los. Uma pesquisa recente da Universidade de Princeton mostrou que quando pessoas olham para indivíduos estigmatizados, como os sem-teto e os viciados em drogas, a atividade cerebral relacionada a entender a mente dos outros é reduzida: eles são registrados como se fossem, de alguma forma, menos humanos. Como resultado, o valor moral deles é reduzido aos olhos dos outros que, em vez de demonstrarem pena ou compaixão, demonstram indiferença. A sensação de conexão esmaece.[32]

A desumanização desempenha um papel importante no comportamento humano e, em certas circunstâncias, é crucial para nosso bem-estar e até mesmo sobrevivência. Não seria uma boa ideia, por exemplo, que soldados sentissem empatia pelos inimigos, ou que as vítimas sentissem uma compaixão imediata por seus agressores. De maneira similar, um zagueiro troncudo de 120kg pode não exercer bem sua função se achar que ao disputar uma bola com um atacante adversário mais magro e franzino pode machucá-lo. Se percebemos a ameaça de outra pessoa, desumanizá-la permite que tomemos ações agressivas ou defensivas mais eficazes.[33]

Ocasionalmente, um elemento de desumanização nos oferece importantes benefícios psicológicos. Por mais insensível que isso possa parecer, existem custos materiais e emocionais em ser empático. Sabe-se que pessoas que passam muito tempo com indivíduos deprimidos começam a se sentir deprimidas.[34] Especialmente se eles forem intimamente e socialmente conectados. A empatia pode ser uma faca de dois gumes. Ela é crucial para as interações cotidianas dos grupos sociais, mas por ter um custo emocional ela pode, em certas circunstâncias, ser contraprodutiva. Médicos e outros profissionais de saúde que se angustiam ao interagir com pacientes em perigo estão mais propensos a sofrer de exaustão emocional e são menos capazes de lidar com as exigências do trabalho.[35] Em contraste, aqueles que conseguem tomar medidas para evitar desenvolver sentimentos pelos seus pacientes (por exemplo, não pensar nas emoções tipicamente humanas do paciente como esperança, pena e pessimismo) relatam menos sintomas de esgotamento.

Isso pode ser benéfico não só para os profissionais de saúde, mas também para os pacientes. Alguns estudos descobriram que os médicos são mais cuidadosos e aplicados no trabalho quando no prontuário dos paciente há uma foto deles.[36] Entretanto, os pesquisadores holandeses Joris Lammers e Deiderik Stapel sugerem que médicos capazes de ignorar os traços humanos dos pacientes têm uma chance maior de recomendar tratamentos que, apesar de mais dolorosos, são mais eficazes do que as alternativas menos incômodas.[37] Essa questão resume o conflito entre o mensageiro orientado pelo *status* e o mensageiro orientado pela *conexão*. Na condição de paciente, o que você prefere? Um médico que ignora seu lado humano, mas encontra uma forma de tratamento mais eficaz, ainda que dolorosa? Ou um médico conectado, empático, e que sugere um plano mais cuidadoso, ainda que possivelmente menos eficaz? Nós imaginamos que as pessoas procuram as vantagens de ambos e nenhuma das desvantagens!

A desumanização também reflete a crença de que um mensageiro vulnerável é responsável, ou merecedor, das dificultados que enfrenta. Portanto, se um mensageiro é inteiramente responsável pela situação, tendo se comportado de uma forma que ocasiona sua ruína e subsequente sofrimento, então a simpatia das pessoas seria inapropriada. A punição e a dor existem para impedir que as pessoas se envolvam em ações danosas e autodestrutivas. Não surpreende, portanto, que quando a motivação de responder com emoção e gentileza cai por terra surge a ideia de que a dor do mensageiro vulnerável é merecida.

Um estudo neurocientífico conduzido por Kai Fehse levou a uma descoberta fascinante sobre os processos mentais envolvidos quando uma audiência considera a questão do merecimento das vítimas.[38] Pediram para que os participantes lessem uma das duas versões de um relato de um acidente de trânsito. Ambas narravam a morte de um homem em um acidente de carro na rodovia, mas, enquanto uma delas relatava que ele "havia entrado em uma curva descuidadamente", na outra lia-se que ele era "pai de quatro crianças". Não é de admirar que aqueles que pensaram que o homem foi descuidado consideraram que, por ter sido responsável por seu destino, ele não merecia compaixão. O que é interessante, entretanto, é que os dados neurológicos coletados pelos pesquisadores sugerem que ao registrar que a vítima era culpada, as áreas no cérebro responsáveis pela reação inicial de compaixão (a ínsula esquerda, o córtex pré-frontal medial e o córtex cingulado anterior) foram inibidas por outra área do cérebro (o córtex pré-frontal dorsolateral). Correndo o risco de ser excessivamente simplista (os estudos neuropsicológicos são invariavelmente complexos), parece que nossos cérebros são bons em culpar e, quando o fazem, eles deixam de lado o impulso de simpatizar ou se conectar com o culpado.

Uma implicação dessa pesquisa é que os humanos podem estar naturalmente inclinados a buscar por evidências de que as pessoas vulneráveis são culpadas pelo próprio sofrimento. Vítimas de estupro são um exemplo claro e assustador desses processos em ação. É fato bem documentado que vítimas de ataques sexuais frequentemente são desprezadas e, às vezes, parcialmente culpadas. "O que ela esperava, saindo sozinha à noite?" "Olhe essas roupas provocantes que ela estava vestindo." "Obviamente ela estava bebendo e, quem sabe, não decidiram fazer algo mais?" "Ela estava provocando." Culpar as vítimas dessa forma e, portanto, ignorar a mensagem de angústia e a necessidade de consolo e alívio pode facilitar com que os outros justifiquem uma redução de empatia e ignorem as angústias de compartilhar a dor da vítima.[39] O cérebro, ao que parece, está essencialmente procurando uma forma de evitar o gasto emocional envolvido em sentir apatia pela mensagem de perigo de uma pessoa vulnerável, e ele faz isso buscando de forma ativa razões para tal.

A desumanização de mensageiros também pode ocorrer quando o custo material da empatia, em oposição aos custos psicológicos, se sobressai. Uma pesquisa de 2014 no periódico *Journal of Neuroscience* descobriu que, quando participantes eram designados para a função de gerente de pessoal e precisavam recrutar e remunerar certos profissionais, eles eram mais propensos a ver aqueles pelos quais haviam pago de maneira mais desumanizada que os outros. De fato, quando a questão do pagamento estava envolvida, havia uma redução na atividade neural das áreas do cérebro relacionadas à consideração da perspectiva do outro e da compreensão do pensamento alheio.[40] Essas descobertas têm implicações consideráveis no mundo do trabalho. Se, como o estudo sugere, há nos empregadores uma tendência a focar os atributos econômicos de seus empregados, eles passarão a tratá-los como mercadoria, não como seres humanos. E se, por alguma razão, os empregados deixam de cumprir suas obrigações profissionais, descobrirão a ausência da empatia que, em outras circunstâncias, poderia apoiá-los.

Mantendo-se conectado

A condição de vulnerabilidade de um mensageiro pode deixá-lo em situação difícil, especialmente para aqueles que, por qualquer razão, são desumanizados nas mentes dos que estão em posição de ajudar. Mas existem maneiras nas quais um mensageiro vulnerável que não atrai automaticamente a simpatia dos outros pode ganhar uma audiência.

Uma das formas, como sugerimos na introdução da Parte Dois, é focar o que temos em comum com os outros. Em outras palavras, construir uma sensação de conexão. Já foi demonstrado que espectadores são mais propensos a ajudar vítimas de emergência vulneráveis se eles sentirem que compartilham alguma coisa com ela, como a nacionalidade.[41] Assim como uma consciência das diferenças pode resultar em hostilidade entre grupos, aspectos relativamente triviais de similaridade podem ter um grande efeito positivo. Em um estudo, pediu-se a um grupo de fãs britânicos de futebol, todos torcedores do Manchester United, que circulasse de um prédio para o outro logo após responder um questionário sobre as coisas que eles gostavam em seu time. Enquanto faziam isso, eles viram alguém que estava correndo tropeçar e cair. Essa pessoa era, na verdade, um integrante da equipe de pesquisa da Universidade de Lancaster e apenas fingia ter-se machucado na queda. Em um dos cenários ele vestia uma blusa branca básica, enquanto em outro usava uma blusa do Manchester United e, em um terceiro caso, envergava uma blusa do Liverpool, rival do Manchester United. Em 85% dos casos, os torcedores prestaram ajuda ao homem usando a blusa do Manchester United, mas apenas 30% o ajudaram quando ele trajava uma blusa neutra ou do time rival. Em cada um dos casos, a mensagem era a mesma: "Eu caí, por favor me ajudem." A única diferença era a conexão dos torcedores com a pessoa vulnerável em perigo.

Se esse estudo demonstra o que a maioria das pessoas já sabe intuitivamente, que destacar a rivalidade e a diferença é uma forma de fomentar a hostilidade entre grupos, então, um segundo estudo põe em relevo o que pode ser feito para reduzir essa hostilidade. Nele, perguntaram aos fãs do Manchester United o que eles gostavam sobre ser um torcedor de futebol, em vez do que eles gostavam sobre um time específico. Quando confrontados com o homem que se ferira na queda, os fãs — que haviam considerado o que eles gostavam no *futebol* e, portanto, haviam focado aspectos compartilhados e não opostos de suas identidades — estavam muito mais propensos a parar e ajudar o rival necessitado.[42]

Outra forma de aumentar uma sensação de conexão é, obviamente, reduzir o poder da desumanização. Isso pode ser alcançado ao convidar as pessoas a interagirem umas com as outras ou, mais simplesmente, a imaginarem como seria pertencer a outro grupo. Estudos têm mostrado que interações frequentes e prazerosas entre grupos levam a um maior nível de confiança, empatia e capacidade de perdoar, mesmo quando os envolvidos são de comunidades díspares, como a Irlanda do Norte e regiões rivais na Itália, por exemplo.[43] Mesmo pedir para que alunos da quarta série imaginem como seria interagir com uma criança imigrante da mesma idade, ou pedir para que adolescentes lessem livros sobre tópicos interculturais provou reduzir a desumanização. O resultado é uma maior disposição em se conectar com crianças imigrantes desconhecidas, as quais o grupo teria ignorado ou rejeitado anteriormente.[44]

Encorajar as pessoas a focar os atributos humanos de um mensageiro vulnerável também pode levar a uma redução da desumanização. Quando os pesquisadores Lasana Harris e Susan Fiske mostraram aos participantes de um estudo fotos de pessoas sem-teto e viciados em drogas, a reação típica foi de aversão. Além disso, uma análise do cérebro dos participantes mostrou uma menor atividade nas áreas que geralmente estão ativas quando estamos contemplando a mente alheia. Em outras palavras, os participantes os estavam desumanizando. Entretanto, quando perguntaram aos participantes: "Essa pessoa gosta de cenoura?", tal como se via nas fotografias, os dados neurais sugeriram que essas áreas se iluminavam: aquelas pessoas estavam agora humanizando os mesmos mensageiros que antes encararam com aversão.[45] Envolver-se em uma tarefa que força as pessoas a atribuir uma ideia a um mensageiro vulnerável resulta no mensageiro sendo visto de forma mais humana. Isso sugere que é recomendável que aqueles que se relacionam com pessoas vulneráveis, como instituições de caridade, não falem apenas sobre as medidas práticas necessárias para ajudar, mas também salientem características compartilhadas da humanidade.

A expressão de vulnerabilidade pode, portanto, aumentar a sensação de conexão com um mensageiro por ter o poder de evocar compaixão, culpa ou companheirismo. São essas emoções que, individualmente ou combinadas, compelem as pessoas a responder pedidos de caridade e ajudar aqueles que, assim como o "homem dançante", Sean O'Brien, estão sofrendo. A conexão tem o condão de dissuadir as pessoas, como o ator vegano de Babe, James Cromwell, de agir por interesse próprio quando sabem que causarão danos a outro ser vivo. Ela pode fazer com que empregados aceitem a redução de salário para que o chefe mantenha o negócio; pode ajudar competidores a ganharem apoio em shows de talentos; pode amenizar diferenças políticas, deixando os rivais mais receptivos ao discurso de um primeiro-ministro. A conexão pode até mesmo permitir que as pessoas cedam seu lugar na fila a outras.

A vulnerabilidade, contudo, não é uma via de mão única. Nesse processo, quem solicita e quem ajuda coexistem. Enquanto neste capítulo focamos os solicitantes, cujo pedido de ajuda podemos ou não ouvir, no próximo nossa atenção se centra nos que ajudam, aqueles a quem estamos mais inclinados a expor nossas vulnerabilidades.

Os que são dignos de confiança.

7

CONFIABILIDADE

Princípios Fundamentais, Conflitos de Interesse e Aqueles que são tão Leais quanto suas Opções

No verão de 1961, Stephen Ward, homem da cidade e osteopata dos ricos e famosos, estava em uma festa no Cliveden House, a ancestral casa de Lorde Astor em Berkshire. Com ele estava Christine Keeler, uma aspirante a modelo e dançarina [no estilo vedete], que havia se mudado para a casa dele em Londres e cujo intuito era, segundo constava, manter um relacionamento platônico com ele. Na festa também estava John Profumo, secretário de Estado da Guerra, que imediatamente notou Keeler — talvez vê-la nadar nua tenha chamado a sua atenção — e o que se seguiu foi um breve envolvimento sexual. Profumo não sabia, entretanto, que Keeler estava saindo com outros homens apresentados a ela por Stephen Ward, incluindo Ivanov Yevgey, um assistente naval incorporado à embaixada russa, com supostas conexões com a KGB. No auge da Guerra Fria, o secretário de Estado da Guerra britânico estava tendo um caso com uma dançarina de 19 anos que também estava dormindo com um espião russo!

Dois anos depois, muito tempo após Profumo cessar seus encontros com Keeler, rumores sobre a relação dos dois começaram a se espalhar, apimentados com a conexão russa. Algo claramente precisava ser feito, e então, aconselhado por seu partido político, Profumo concordou em fazer uma afirmação pessoal na Câmara dos Comuns [o parlamento britânico] a título de esclarecimento. Lá, na manhã do dia 22 de março de 1963, ele pediu a palavra e declarou que: "Não houve nenhuma relação imprópria em meu relacionamento com a senhorita Keeler."[1]

O assunto deveria ter acabado aí. Como o falecido jornalista político Wayland Young observou, afirmações pessoais dos membros, tradicionalmente, nunca são questionadas. Nessas ocasiões, exibe-se um grau especial de confiança e Profumo certamente acreditava nisso. Após sua mensagem de integridade pessoal ele se retirou da Câmara dos Comuns e partiu para Sandown Park para uma tarde de corridas de cavalo na companhia da Rainha Mãe.

Infelizmente para Profumo, a polícia agora começava a investigar os negócios de Stephen Ward e suas conexões com a Rússia. Ao longo dos inquéritos, foi descoberto que Christiane Keeler, de fato, teve um relacionamento íntimo com o secretário da Guerra. Oficiais também entrevistaram a colega de apartamento de Keeler, outra aspirante a modelo chamada Mandy Rice-Davies, que era bem conhecida por Ward. Ela confirmou o relato de Keeler. Assim que a notícia se espalhou, Profumo não teve outra alternativa senão admitir tudo para sua esposa e renunciar.

O resultado do escândalo não foi apenas a desgraça política e social do ministro conservador. Ele levou até à queda de todo um governo. O Partido Trabalhista, de oposição, afirmou que o primeiro-ministro conservador, Harold Macmillan, manteve em segredo detalhes de um inquérito sobre os negócios de Ward por motivos políticos. "O primeiro-ministro estava contando com que a questão nunca fosse divulgada."[2] Os jornais também foram críticos. Parece, segundo um deles, "que o primeiro-ministro está em um dilema intolerável do qual ele só poderá escapar provando ser ridiculamente ingênuo, incompetente ou mentiroso — ou os três".[3] Alguns meses depois, na véspera da conferência do Partido Conservador, Macmillan renunciou, alegando problemas de saúde. Um ano depois, os conservadores haviam sido removidos do poder.

O que acabou destruindo Profumo não foi seu relacionamento com Christine Keeler, mas o fato de que ele mentiu para a Câmara dos Comuns. De forma similar, a posição de Macmillan foi minada não pelo comportamento de um de seus ministros, mas porque o juízo que fazia de sua confiabilidade perante os demais estava errado. A confiança é fundamental para qualquer relacionamento humano. Ela influencia como um mensageiro se relaciona com os outros, como são percebidos e, portanto, o quão forte é seu relacionamento pessoal. A confiança está por baixo de toda transação humana. Na ausência dela, é difícil ter relacionamentos românticos bem-sucedidos, criar colaborações produtivas no ambiente de trabalho ou fomentar prósperas trocas econômicas. A extensão em que as pessoas confiam nas outras impacta diretamente na habilidade delas de gerar benefícios que, individualmente, as pessoas teriam dificuldade em gerar sozinhas.[4]

Como o Caso Profumo demonstra, a confiança precisa existir tanto entre grupos quanto entre indivíduos. As pessoas precisam confiar em seus líderes. Nações precisam confiar umas nas outras. A confiança de que outro país não irá renegar um acordo econômico ou deixar de cumprir um compromisso com um desafio global, como a mudança climática, é fundamental para o sucesso continuado de qualquer parceria. Apenas com confiança e o resultado subsequente da confiança — a cooperação — indivíduos, grupos, comunidades, sociedades e países podem alcançar feitos impossíveis de serem realizados individualmente.

Então o quê, exatamente, é a confiança?

A confiança pode significar várias coisas para várias pessoas. Nós confiamos em Daniel porque seus objetivos estão alinhados com os nossos. Confiamos em Alex porque ele foi uma pessoa leal no passado. Em Elle, porque ela tem um forte histórico de comportamentos exemplares; em William, porque é fácil verificar o que ele está fazendo, e em Samantha porque ela honra os contratos. Em essência, a confiança reflete as expectativas que temos sobre as ações e intenções de outra pessoa — é uma forma de prever a boa fé futura.

Existem duas formas amplas de confiança: a baseada em *competência* e a baseada em *integridade*.[5] Confiança baseada em competência supõe a confiança nas capacidades de um mensageiro e é determinada, principalmente, pelo que se sabe sobre seu desempenho passado — supõe-se que isso fornece uma boa ideia de como ele se comportará no futuro. Em um aceno ao termo atribuído aos jogadores de críquete e rugby que são confiáveis para pegar a bola de maneira consistente, eles são chamados de "um par de mãos seguras". A confiança baseada em integridade, por outro lado, é governada pela crença de que o mensageiro seguirá normas e regras sociais virtuosas, mesmo quando surgir uma tentação de violá-las. Supõe uma aderência a um conjunto de princípios que a maioria das pessoas considera aceitável.

No capítulo anterior, nós descrevemos como o mensageiro vulnerável precisa correr alguns riscos sociais para ser ouvido. O mensageiro que depende da confiança, em contraste, pede para que os outros assumam esse risco por ele e, como John Profumo descobriu, se essas pessoas descobrem que foram traídas ou decepcionadas, as consequências podem ser grandes e até mesmo catastróficas.

O jogo da confiança

A confiança é fundamental se grupos sociais desejam cooperar e prosperar.[6] Essa verdade básica é muito bem-demonstrada por meio do Trust Game ["O Jogo da Confiança"], um nome pouco inspirador de um paradigma experimental estabelecido por cientistas comportamentais, onde um jogador precisa decidir quanto dinheiro enviar para um segundo jogador, sabendo que qualquer quantia enviada será triplicada, mas sem saber quanto o outro jogador mandará para ele. Fica claro que o primeiro jogador precisa fazer um julgamento a respeito da confiabilidade do outro participante, baseando-se talvez no quão persuasiva essa pessoa é ou, mais comumente, o que ele sabe ou pode inferir sobre ela, ou então não se basear em informação alguma.[7] Também é claro que a falta de confiança fará com que um dos jogadores saia perdendo, enquanto a confiança trará benefícios para os dois.

O mesmo princípio se aplica ao cotidiano. Quando você faz um favor para um colega, acredita que ele devolverá esse favor quando possível. As duas partes envolvidas ganham. Se você emprestar uma quantia para um amigo, crê que ele pagará assim que puder. Caso isso não aconteça, o relacionamento de vocês ficaria abalado e você não mais emprestaria dinheiro a ele. Se ele pagar, a amizade será mantida e qualquer um dos dois pode voltar a emprestar dinheiro para o outro no futuro. Sem confiança as transações e relações sociais não funcionam.

O nosso nível de confiança geral é temperado por uma *norma injuntiva** que sugere que as pessoas geralmente devem estar preparadas para confiar nas outras. Sinalizar desconfiança abertamente para um desconhecido pode ser socialmente arriscado. Então, por exemplo, olhar com suspeita para um motorista de táxi ao entrar no carro depois de chegar de uma viagem de outro país no meio da noite, ainda que talvez seja compreensível, não é recomendável. Essa é uma ação que pode ser vista como insulto e deixá-lo ainda menos seguro. Já foi sugerido que indivíduos que se recusam a confiar em estranhos são eles mesmos carentes de moral. As pessoas sentem, portanto, que é obrigação delas confiar nos outros, e que os outros irão aprová-las moralmente ao fazer isso.[8]

Diante da pergunta: "De modo geral, você diria que a maior parte das pessoas são confiáveis ou que cuidado nunca é demais ao lidar com os outros?", pesquisas mostraram que cidadãos de países que tipicamente estão no limite superior da escala de confiança têm maior facilidade em cooperar com aqueles ao redor e são mais propensos a realizar trabalho voluntário. Eles pensam de forma mais democrática e tendem a ser classificados em posições superiores em termos de bem-estar subjetivo.[9] Quando os cidadãos acreditam que podem confiar em seu próximo, é mais fácil para eles formar alianças e trabalhar com os outros. As nações escandinavas apresentam os melhores resultados, com mais de 60%, em recentes pesquisas do World Values Survey, relatando que pessoas, de modo geral, podem

---

* "Normas Injuntivas" descrevem o que a maioria das pessoas acredita como as formas apropriadas de pensar e agir.

ser confiáveis. Nos países da América do Sul, incluindo Colômbia, Brasil, Equador e Peru, esse resultado cai para 10%.[10]

Tais descobertas sugerem que o nível de confiança é moldado pela sociedade de modo geral e não apenas por interações sociais. Pessoas em sociedades com uma maior confiança generalizada cooperam umas com as outras e se preocupam menos com exploração ou traição porque supõem que aqueles ao seu lado manterão a palavra. Pela mesma razão, se a fé do povo for dizimada por escândalos e controvérsias — como o Caso Watergate, a queda da Enron, as circunstâncias que levaram à invasão do Iraque em 2003 ou à crise bancária de 2007/2008 —, o nível geral de confiança tende a cair.[11] O fato que audiências com uma maior confiança generalizada e as sociedades das quais elas fazem parte são mais propensas a cooperarem destaca uma importante consequência para qualquer mensageiro. Independentemente do status do mensageiro, conexão ou conteúdo da mensagem, o sucesso deles frequentemente será influenciado pelo quão predisposta uma audiência está em acreditar que as pessoas são, em geral, confiáveis. Após alguns escândalos, é fácil ver como as pessoas inferem que todos os envolvidos nos negócios e na política são corruptos, movidos pela ambição de ganhar mais e dispostos a abandonar qualquer regra moral para obter o que desejam. Ao mesmo tempo que a confiança é essencial para o funcionamento adequado da sociedade, também é muito fácil destruí-la.

A forma pela qual a confiança generalizada pode ser perdida com o surgimento de um escândalo foi muito bem-demonstrada pelo que ocorreu com Tiger Woods, em 2009. Na época, sua fama como golfista profissional era tanta que, nos 18 meses após sua decisão de recomendar as bolas de golfe da Nike, a fatia de mercado dessa empresa cresceu de 1,5% para 6,6%. De fato, calcula-se que durante os dez anos dessa parceria a Nike vendeu aproximadamente 10 milhões de bolas de golfe adicionais. Em face dessa associação com a marca, não é surpresa nenhuma que, quando surgiram as histórias de seu adultério, as vendas da Nike afundaram. Menos de um mês depois, dois economistas da Universidade da Califórnia estimaram que o custo da libido de Woods para os acionistas, não só da Nike, mas de todas as marcas associadas a ele, ultrapassou US$5 bilhões.[12] O impacto do infortúnio foi muito além dos patrocinadores. Nos meses que se seguiram, outras marcas também experimentaram uma queda nas vendas, mesmo sem ter nenhuma relação com Tiger Woods. Esse não é um fenômeno isolado. Quando escândalos assim acontecem, não são só os patrocinadores do mensageiro que têm muito a perder. Setores de atividade inteiros podem sofrer.[13] Isso, afinal, foi o que ocorreu durante a crise bancária de 2007 e 2008: *vários* bancos se comportaram de maneira inadequada, mas a reputação de *todos* os bancos foi prejudicada. Quando a confiança é perdida, a sombra dela pode ser muito extensa.

A matriz da confiança

O que decide onde nós escolhemos colocar nossa confiança? Alguns veem esse ato simplesmente como uma forma de assunção de risco social, um tipo de aposta sobre nossa predição do comportamento futuro de alguém ou, como muitos estudiosos costumam dizer, um simples cálculo de risco e recompensa.[14] A confiança, nesse contexto, é governada pelo tipo de teoria dos jogos por trás do Trust Game e envolve apenas algumas variáveis, embora elas sejam complexas e difíceis de estimar. A primeira coisa a se fazer é estimar os potenciais ganhos e perdas que podem resultar da confiança ou desconfiança. Em seguida, procura-se avaliar a fidedignidade do outro lado, calculando o que ele tem a ganhar ou perder ao ser confiável, ou não, na situação atual. Em seguida, nós: 1) multiplicamos a probabilidade de retribuição de nossa confiança pelo que temos a ganhar com a cooperação; 2) multiplicamos a probabilidade de traição de nossa confiança pelo que temos a perder nesse caso; 3) calculamos o valor geral esperado da confiança e comparamos com o valor esperado da falta de confiança.

	A outra pessoa retribui a confiança	**A outra pessoa trai a confiança**
Confiar	Ganho×Probabilidade de retribuição	Perda×Probabilidade de traição
Não Confiar	Valor esperado caso escolha não confiar	

A matriz da confiança: para decidir confiar ou não, você pode calcular os valores esperados associados a cada resultado possível.

Uma forma de ilustrar isso é considerar um dos enredos do livro épico e da série de televisão de George R. R. Martin, *Game of Thrones*. Imagine que você é Lorde Eddard "Ned" Stark, um homem completamente leal ao rei, Robert Baratheon, e que foi chamado até a capital para atuar como a Mão do rei. Você viaja rumo ao sul para investigar um suposto assassinato com a ajuda de Lorde Petyr Baelish, também conhecido como Mindinho, o Mestre das Moedas do Reino (o tesoureiro), uma pessoa que você não confia completamente, uma vez que ele disse à sua esposa o quanto a amava.

Durante a investigação, você descobre que a rainha traiu o rei e que os filhos dela não são de Robert Baratheon, mas sim do irmão gêmeo dela. Isso significa que a futura reivindicação ao trono deles está comprometida, e agora o irmão do rei, Stannis Baratheon, é o herdeiro legítimo. No entanto, antes que você pudesse revelar essa informação ao rei, ele é morto em um "misterioso" acidente de caça, deixando o primogênito ilegítimo da rainha no comando do reino (quando atingir a maioridade) a menos que você faça algo para restaurar a justiça. Você elabora um plano para recrutar a força armada do rei, a Patrulha da Cidade, e sobrepujar os homens que protegem a rainha Cersei, levando-a e a seus filhos sob custódia. Entretanto, para isso você precisará persuadir Mindinho a subornar a Patrulha da Cidade para que o sigam e não a rainha. O dilema enfrentado por você é se pode confiar em Mindinho para isso ou — dada a revelação dos sentimentos dele por sua esposa — se ele está disposto a traí-lo.

O que você faria? Vamos observar as variáveis em sua matriz. Primeiro, aqui estão os possíveis resultados de confiar em Mindinho:

1. Mindinho pode acatar seu pedido, pagar a Patrulha da Cidade e auxiliar na prisão da rainha Cersei e dos filhos dela;
2. Mindinho pode traí-lo e ficar do lado da rainha Cersei;
3. Ou algo diferente, difícil de prever, pode acontecer.

Agora, vamos pensar nos possíveis resultados de não confiar em Mindinho, que são:

1. Você pode passar por cima de Mindinho e tentar convencer a Patrulha da Cidade sozinho;
2. Você pode fugir e retornar ao norte, para suas filhas e soldados, e juntar forças com o verdadeiro rei, Stannis Baratheon;
3. Você pode jurar lealdade para o primogênito da rainha Cersei, apesar de saber a verdade sobre a linhagem dele.

Algumas dessas opções serão mais atraentes do que outras, e você pode tentar colocar um valor em cada uma delas. O que fica claro, porém, é que os potenciais custos e benefícios de confiar em Mindinho são muito altos. Você precisa, portanto, seguir para o estágio dois da matriz de confiança dos teóricos dos jogos: estimar a possibilidade de retribuição.

Continuando com o exemplo de *Game of Thrones*, qual é a probabilidade de Mindinho agir de boa-fé? E quais são as chances de que, em vez de retribuir sua confiança, ele irá traí-lo? Para se aproximar da resposta, é preciso considerar como é a matriz de confiança de Mindinho, o que exigirá um pouco de leitura de mente. O que Mindinho deseja? O que ele ganha (ou perde) ao cooperar com você? O que ele poderia ganhar (ou perder) ao traí-lo?

O problema aqui é que avaliar as motivações de outra pessoa não é tão fácil quanto avaliar as suas. Você não sabe se Mindinho está tão comprometido em restaurar o verdadeiro herdeiro do trono quanto você, embora, considerando que ele já o aconselhou contra esse curso de ação, você suspeite que não. Você também não sabe se Mindinho está motivado a manter sua palavra. Mais uma vez, você suspeita que não. Mindinho parece não ter problemas em mentir, e você acredita que ele não tem honra. Você também sabe que ele tem muito a ganhar ao traí-lo. Se a rainha Cersei e o filho assumirem o poder, eles estariam em dívida com Mindinho. Além disso, com você fora da jogada, ele pode conquistar sua esposa, um antigo amor, e tê-la como noiva.

Na verdade, o que Ned Stark faz decorre de uma série de erros de cálculo. Ele assume, de forma errada, que todo mundo valoriza honra, integridade e lei tanto quanto ele. Equivocadamente, presume que Mindinho irá cooperar por ser a coisa certa a fazer e estar de acordo com as leis da terra. Comete um erro de julgamento sobre a conexão de Mindinho com ele e, então, seu curso de ação o leva à morte. Ned pagou caro por depositar sua confiança em um mensageiro não confiável.

Como diria Mandy Rice-Davies

Vários fatores imediatos, e com frequência uma combinação desses fatores, servem para tornar indivíduos mais ou menos confiáveis em circunstâncias particulares. O sexo é um motivador poderoso, como ocorre em muitos aspectos do comportamento humano nos quais a excitação e o desejo influenciam o julgamento e as tomadas de decisão. As pessoas vão arriscar uma gravidez indesejada, correr o risco de contrair uma doença sexualmente transmissível e até mesmo violar os próprios códigos morais para alcançar uma gratificação sexual.[15] A ambição também é um poderoso motivador. Aqueles que, durante os argumentos a respeito da decisão da Grã-Bretanha de abandonar ou não a União Europeia, sentiram que o representante da campanha de saída da Grã-Bretanha, Boris Johnson, é dissimulado e não confiável argumentavam que ele estava mais interessado em ser primeiro-ministro do que fazer o que era certo para o país: "A única coisa na qual Boris tem interesse é nele mesmo", disse uma fonte sênior do governo.[16]

O simples desejo de evitar o constrangimento de ter seus podres desenterrados pode fazer com que as pessoas não sejam confiáveis. A desonestidade de John Profumo foi motivada pela probabilidade da humilhação pessoal e dano profissional que adviriam se detalhes de seu relacionamento viessem à tona. Durante o julgamento de Stephen Ward de viver com ganhos imorais, a colega de apartamento de Keeler, Mandy Rice-Davies, afirmou que ela teve um caso com Lorde Astor, o dono da Cliveden House onde a infame festa ocorreu. O advogado de defesa de Ward zombou dela, dizendo que Lorde Astor havia vigorosamente negado ter se relacionado com ela e até mesmo negava tê-la conhecido. A resposta de Rice-Davies, feita entre risadas enquanto ela se mantinha de pé no Marylebone's Crown Court, entrou para a história: "Bem, ele diria isso, não diria?"

Sua resposta foi tão celebrada que deu nome [em inglês, "Mandy Rice-Davies Applies" ou M.R.D.A.] a um teste decisivo para determinar se as pessoas em circunstâncias específicas mentirão para evitar dificuldades imediatas: é a resposta usada em sites da internet como Reddit (conseguiu até mesmo um lugar no *Oxford Dictionary of Quotations* ["Dicionário Oxford de Citações"]) para chamar a atenção ao conflito entre o que o mensageiro proclama e suas verdadeiras motivações.[17]

O problema para os outros, claro, é em primeiro lugar encontrar e avaliar conflitos. Quando as pessoas têm consciência deles, comportam-se com a devida cautela. No Capítulo 1 nós mencionamos como o apoio manifesto a produtos por uma celebridade pode sair pela culatra: os consumidores presumirão que, uma vez que a celebridade é paga para elogiar, a recomendação se torna menos crível. Entretanto, como anunciantes espertos notaram, é possível mascarar motivos pessoais: aqueles que pagam para que as celebridades *usem* seus produtos, em vez de recomendá-los abertamente, são notoriamente mais bem-sucedidos.[18] Os motivos nem sempre são claros e eles podem ser dissimulados. Como diria Mindinho: "Um homem sem motivos é um homem do qual ninguém suspeita. Você sempre mantém seus inimigos confusos. Se eles não souberem quem você é, ou o que você quer, não podem saber o que você planeja em seguida."

Mandy Rice-Davies (esquerda) e Christine Keeler (direita), personagens-chave do Caso Profumo de 1960. A resposta de Mandy em corte sobre a negação de um relacionamento extra conjugal: "Bem, ele diria isso, não diria?" é usada atualmente por aqueles que desejam chamar a atenção dos motivos de um mensageiro para questionar a confiabilidade dele.

Os desafios gerados pela dificuldade relacionada a ler as motivações alheias ajuda a explicar porque nós frequentemente avaliamos como as pessoas são, em vez de quantificarmos a probabilidade de que sejam confiáveis em uma determinada situação. Nós podemos perguntar: "Qual é a probabilidade de poder confiar nessa pessoa?" Em vez disso, muitos de nós fazemos uma pergunta mais simples: "Quais são minhas avaliações gerais do caráter dessa pessoa?" A primeira pergunta envolve ponderar evidências que nem sempre são claras, enquanto a segunda permite que façamos o tipo de julgamento rápido que os humanos fazem diariamente.

Aqui, nós essencialmente buscamos por um dos três tipos amplos de personalidade. O primeiro é aquele que nós acreditamos não ser tentado a nos enganar ou trair. O segundo é aquele que suspeitamos ser tentado a fazê-lo, mas que pode sofrer conflitos internos oriundos de seu código moral ou sentimento de lealdade e conexão, capazes de sobrepujar a tentação. O terceiro tipo é o que o comediante de stand-up Chris Rock certa vez descreveu como aqueles que são "tão fiéis quanto suas opções". Ele estava se referindo aos homens que traem suas parceiras (assim como ele mesmo o fez), mas a regra básica se aplica de maneira muito geral. As pessoas da primeira e segunda categorias podem, em algumas circunstâncias, nos decepcionar. É a terceira categoria, entretanto, que compreende aqueles mais propensos a trair nossa confiança. Tais pessoas são desprovidas de integridade. Não há nelas nenhuma motivação interna para permanecerem leais às suas conexões. Elas provavelmente venderiam as próprias mães pelo preço certo.

Se o mensageiro "tão fiel quanto suas opções" é classificado como o menos confiável, então qual dos outros dois é mais confiável? O mensageiro que supera a tentação ou aquele que nunca fica tentado? É fácil ver por que o mensageiro que não fica tentado costuma ser visto como mais fidedigno. Puro de coração, ele não tem a necessidade de rejeitar opções alternativas porque nenhuma opção é tão boa quanto a atual. A questão é que pouco se sabe sobre como eles reagiriam caso confrontados com um grande incentivo para agir deslealmente. Os psicólogos de Yale, Christina Starmans e Paul Bloom, descobriram que pessoas que enfrentam conflitos internos e são capazes de superá-los são frequentemente vistas como tendo maior força moral.[19] Entretanto, não é tão simples assim. Em relacionamentos, por exemplo, foi demonstrado que os homens mais confiáveis não são aqueles que normalmente superam suas tentações, mas aqueles que nunca as vivenciaram. A conexão deles com sua parceira faz com que eles automaticamente rejeitem atenção de alternativas atraentes. Como resultado, eles são quase 50% menos propensos a fazer sexo antes do casamento do que os indivíduos tentados.[20] A celebridade que resiste ao instinto de dormir com uma fã bonita pode ser vista como se tivesse sido aprovada em um teste moral, mas o simples fato de que precisaram resistir ao instinto já faz delas menos confiáveis.

Princípios fundamentais e caracteres inconsistentes

O fato de que, em vez de nos envolvermos em uma elaborada teoria dos jogos, tendemos a fazer suposições gerais de personalidade ao avaliar a confiabilidade de alguém tem grandes implicações em nossas interpretações dos fatores que compõem uma das três categorias do mensageiro confiável. Em teoria, nós devemos buscar informações sobre os motivos externos e internos do outro para cooperar, ponderando-os com os nossos e tomando a decisão de confiar ou não. Na realidade, uma vez que nosso julgamento é moldado pela impressão geral que temos de alguém, tomamos decisões de uma forma muito menos sofisticada. Ver uma pessoa como sincera e considerá-la confiável não é a mesma coisa. A verdade é baseada em fatos e requer uma consideração de evidências e probabilidade. A confiança é baseada em relacionamentos e depende de avaliações mais amplas e vagas.

Em alguns casos, ser considerado fidedigno é mais importante do que ser considerado sincero.

Esse aparente dilema é bem-ilustrado nas atitudes populares em relação a Donald Trump. Como mensageiro, ele certamente se enquadra na categoria de "tão fiel quanto suas opções". Ele resistiu às solicitações para divulgar informações sobre suas declarações de impostos, apesar de todos os presidentes recentes anteriores a ele terem feito isso. Ele foi acusado de ter relacionamentos íntimos (acusação que ele negou) e de pagar seu advogado particular, Michael Cohen, para que comprasse o silêncio da ex-modelo da *Playboy* Karen McDougal sobre o suposto envolvimento com ela (uma acusação que ele também negou). Em meados de 2019, de acordo com verificadores de fatos do *The Washington Post*, Trump realizou mais de nove mil declarações incorretas ou enganosas como presidente.[21]

No entanto, sua base de fãs considera Trump como fidedigno.

Existem duas razões para isso. A primeira é que ele não violou seus princípios fundamentais. Em sua campanha, Trump disse que baniria os muçulmanos de certos países que entrassem nos EUA, construiria um muro na fronteira sul, reduziria os impostos e retiraria o país dos acordos internacionais de mudança climática. Não vem ao caso se esses empreendimentos eram admiráveis ou não. O fato é que ele cumpriu, ou pelo menos tentou cumprir, todas as suas promessas-chave.[22] Ele disse que introduziria proibições de viagem e fez isso em pelo menos três. Disse que construiria uma barreira física ao longo da fronteira com o México, declarando uma emergência nacional ao tentar fazê-lo. Disse que reduziria os impostos e assim o fez. E disse que retiraria os Estados Unidos do Acordo de Paris e novamente cumpriu a palavra.

Além disso, enquanto os oponentes de Trump o consideravam tão fiel quanto suas opções, seus apoiadores consideravam essas opções alinhadas com seus próprios princípios e visão de mundo. Eles gostam de alguém que afirma ser um intruso, em vez de um habilidoso político de Washington. Eles admiram sua atitude de "faz tudo" e sua indiferença quanto às normas de conduta, cooperação, comprometimento e aquilo que eles definem como sendo politicamente correto. Enquanto seus oponentes o têm como excêntrico e impulsivo, os fãs de Trump elogiam sua atitude sincera. Eles sabem o que ele representa e o que ele representa é tudo aquilo em que eles acreditam.

Pesquisadores já mostraram que indivíduos que se ajustam e seguem certas normas de grupo logo no começo ganham "créditos de grupo", que podem ser descontados para cobrir o custo de um erro ocasional. Se uma quantia suficiente for guardada, ela pode cobrir até mesmo uma grande mudança política ou mudança de ideia que represente um afastamento daquilo que tornou esse indivíduo popular em primeiro lugar.[23] Não surpreende, portanto, que, de acordo com um estudo conduzido pela psicóloga Briony Swire-Thomson, mesmo quando os eleitores de Trump descobrem que ele mentiu ou realizou declarações falsas, a intenção de voto deles não é afetada.[24] Votações, incluindo as realizadas pelo Gallup, relatam que enquanto o número de cidadãos americanos que consideram o presidente "honesto e confiável" caiu 10% de fevereiro a abril de 2018, sua classificação de aprovação geral não caiu um ponto sequer.[25] Aqueles, por outro lado, que não conseguem acumular "créditos de grupo" o suficiente logo são deixados de lado. O presidente francês, Macron, é um exemplo. A ausência de tribo política, seja ela de esquerda ou direita, que primeiramente foi vista como uma demonstração de destreza, rapidamente se tornou um problema quando os dois lados se uniram para atacá-lo. É difícil construir os créditos de grupo quando as linhas que separam esses grupos não são claras. Quando assumiu o poder, a aprovação de Macron era de 55%. Apenas um ano depois, a aprovação atingiu o nível mais baixo de todos os tempos, com apenas 35%.[26]

Existe também um segundo fator em jogo. Nós mencionamos anteriormente que quebras de confiança podem levar até mesmo a uma perda de fé geral em setores, instituições e governos específicos. Entretanto, quando alguém é capaz de preservar esse vínculo de confiança, pode mudar o indicador daquilo que é visto como comportamento aceitável. Uma votação recente da PRRI/Brookings descobriu que evangélicos brancos nos EUA, um grande contingente demográfico eleitor de Trump e de políticos republicanos, além de ser um dos grupos mais propensos a acreditar que a sociedade deve preservar os valores morais, mudou substancialmente sua visão sobre esse tema. Em 2011, 70% dos evangélicos brancos acreditavam que políticos eleitos que tivessem cometido atos imorais em sua vida pessoal não deviam ser confiáveis para assumir comportamentos éticos e cumprir seus cargos na vida pública e profissional. Durante a eleição presidencial norte-americana de 2016, esse número caiu para apenas 30%.[27] Parece que a importância que os eleitores colocam na integridade pessoal é elástica e pode ser alongada de acordo com a natureza e popularidade do candidato. Diz-se que o escritor latino da Roma antiga Públio Siro teria afirmado que "confiança, assim como a alma, nunca volta depois de partir", mas a confiança pode ser flexível. Como os pesquisadores de Harvard Max Bazerman e Francesca Gino demonstraram, a probabilidade de que as pessoas critiquem o comportamento antiético dos outros diminui gradualmente conforme as transgressões se tornam cada vez mais normalizadas. Além disso, uma vez que a crítica perde a voz, o silêncio pode ser interpretado como consentimento, encorajando comportamentos ainda mais antiéticos.[28]

O poder de manter a consistência com os princípios fundamentais também foi demonstrado pelos destinos políticos contrastantes de Eliot Spitzer, ex-procurador-geral e governador do estado de Nova York educado em Harvard e Princeton, e Keith Vaz, membro do parlamento britânico de longa data que anteriormente atuou como presidente do Home Affairs Select Committee ["Comitê de Assuntos Internos"]. Ambos estavam envolvidos em escândalos sexuais: Spitzer em 2008, quando foi grampeado enquanto fazia planos para se encontrar com uma prostituta em seu hotel de Washington. Vaz em 2016, quando pagou dois michês em troca de serviços sexuais.[29] No entanto, enquanto Spitzer se sentiu compelido a renunciar, Vaz se manteve no cargo e foi apontado para o Justice Select Committee ["Comitê de Justiça"]. Resultados tão díspares para casos tão semelhantes inevitavelmente nos convida a fazer a seguinte pergunta: Por quê?

Com certeza devem existir alguns fatores locais em ação aqui, mas vale a pena enfatizar o quanto os dois homens tinham em comum: os dois ocupavam cargos de alto escalão, eram casados, vieram de sociedades que tradicionalmente assumem uma visão bem negativa de políticos pegos com prostitutas e os dois se desculparam publicamente. Contudo, havia uma clara diferença entre os dois: eles haviam assumido posições muito diferentes sobre a atividade que os colocou em maus lençóis. Spitzer, que desenvolvera um talento para criar citações impertinentes e atraentes para a mídia como "Eu não me importo com motivação. Eu me importo com credibilidade", havia processado vários pontos de prostituição durante seu período como procurador-geral. Vaz, por outro lado, já havia defendido abertamente a descriminalização do trabalho sexual e declarou em público que homens que pagam por sexo não devem ser processados. É possível discutir que, como presidente do Home Affairs Select Committee, Vaz havia se exposto a acusações de conflito de interesses, uma vez que presidia um inquérito para determinar se compradores de serviços sexuais devem enfrentar sanções criminais. Porém, o fato de que ele era consistente nos discursos sobre prostituição agiu a seu favor, enquanto Spitzer foi traído por sua hipocrisia.

O poder de uma narrativa consistente se aplica igualmente quando a evidência da transgressão é mais ambígua. Em um de seus estudos, os psicólogos Daniel Effron e Benoît Monin pediram para que os participantes considerassem um caso fictício envolvendo um gerente, chamado de Hutchinson, acusado de assédio sexual.[30] Hutchinson, como foi relatado, convidou uma colega para jantar e discutir uma possível promoção. De acordo com a colega, ele deu indícios de que um envolvimento íntimo ajudaria a garantir a promoção. Ela recusou o convite e, com isso, Hutchinson promoveu outra pessoa. De acordo com Hutchinson, o jantar não foi nada além de uma ocasião para uma entrevista informal, mas estritamente profissional, e a mulher havia compreendido mal suas intenções. Ele também revelou que convidou outros candidatos para jantar e que, no fim das contas, ele promoveu a pessoa que considerou ser o candidato mais forte. Effron e Monin, entretanto, introduziram um sutil detalhe nessa narrativa. Em uma versão, diz-se que Hutchinson havia reduzido a ocorrência de assédios sexuais em sua companhia ao implementar políticas antiassédio. Na outra versão, essa informação foi omitida.

Quando perguntaram aos participantes o que eles achavam, aqueles que leram sobre as tentativas anteriores de Hutchinson em reduzir o assédio sexual na empresa se recusaram a acreditar que ele era culpado. Em resumo, a narrativa não se encaixava com o que eles conheciam sobre o personagem. Aqueles que não estavam cientes desse fato adicional, por outro lado, estavam muito mais propensos a julgá-lo como culpado. Em contraste com Spitzer, os esforços anteriores de Hutchinson para impedir a exploração sexual atuaram a seu favor: uma vez que a evidência era ambígua, as pessoas olhavam para a consistência entre desculpa e caráter, em vez de olhar para a inconsistência entre alegações e postura anterior.

Isso ajuda a explicar porque casos de desvio de conduta sexual, por exemplo, frequentemente demoram a vir à tona. Larry Nassar, o "médico olímpico" que foi o médico osteopático da equipe de ginástica dos EUA por 20 anos é um bom exemplo. Larry era tão confiável que, mesmo após alegações feitas contra ele por uma ex-ginasta e por um segundo acusador anônimo terem sido publicadas pelo *Indianapolis Star*, pouquíssimas pessoas, incluindo vários dos parentes das garotas vítimas do abuso de Nassar, acreditavam que ele poderia ser culpado de violência sexual.[31] Ele havia construído um enorme cofre de créditos de mensageiro com seus colegas e clientes. Confiavam nele. Os pais de garotas que treinavam para atuar nas Olimpíadas foram informados de que ele era o melhor do ramo e, de fato, ele parecia saber exatamente o que estava errado quando seus pacientes descreviam os sintomas e o que eles deveriam fazer para a recuperação. As garotas que ele tratava chamavam isso de "a mágica do Larry".

Não só confiavam na competência de Nassar como também confiavam em sua integridade. Ele havia estabelecido uma reputação de alguém que colocava as necessidades dos outros antes das suas. "Não importa a hora ou o dia, você me liga e eu irei tratá-la", dizia ele aos pais das garotas. Sempre que seus amigos enfrentavam um problema, Larry estava lá para ajudar. Ele era a pessoa em que os outros confiavam para ajudar a remover neve durante o inverno e levá-los ao hospital durante uma emergência. Além disso, também foi capaz de esconder seu abuso com o disfarce de profissionalismo médico. Nassar realizava tratamentos nada convencionais, incluindo "liberação do ligamento sacrotuberoso", que consistia em colocar os seus dedos nas pernas das clientes e pressionar ao redor da vulva. Esse é um tratamento legítimo usado para aliviar a dor nas costas e nos quadris trazendo, portanto, um grau de ambiguidade no que ele estava fazendo. Não havia a menor dúvida de que ele havia tocado de maneira íntima jovens garotas em regiões sensíveis. A questão é se tais ações tinham sido apropriadas.

Então, quando as primeiras acusações foram feitas, não mereceram crédito de nenhum de seus associados. As alegações eram inconsistentes com a visão que tinham dele. Apenas quando a polícia analisou o disco rígido do computador de Nassar, que continha imagens gráficas de crianças, as pessoas começaram a acreditar. Todas as suas ações prévias haviam estabelecido uma impressão tão forte de fidedignidade que foi preciso uma evidência incontestável para balançar as suposições e crenças dos outros.

Construindo confiança

A consistência está no cerne da nossa percepção de confiabilidade pela simples razão de que ela nos ajuda a prever como alguém se comportará no futuro. Donald Trump é, obviamente, um estranho exemplo de consistência. Na maioria dos casos isso é demonstrado de maneira mais direta. Em resumo, nós inferimos a confiabilidade ao sermos parte de interações repetidas, consistentes e positivas com outra pessoa.[32]

Isso é algo que Frank Flynn, da Stanford Business School, observou ao examinar os efeitos do relacionamento social entre 161 engenheiros que trabalhavam em uma empresa de telecomunicação.[33] Com base em pesquisas e históricos de desempenho, Flynn descobriu que aqueles trabalhadores cujo relacionamento com os colegas era caracterizado pela reciprocidade não só eram membros mais produtivos da organização, mas também eram considerados os mais confiáveis. Além disso, conforme a frequência dessas trocas recíprocas aumentava, uma variedade de benefícios tangíveis e intangíveis como colaboração, desempenho e confiança também aumentou. Flynn sugere que colegas que provaram ser fidedignos no passado têm uma maior margem de manobra no futuro, porque as pessoas podem esperar que eles agirão de boa fé. Mais pessoas os escutarão e mais pessoas estarão dispostas a ajudá-los.

Recomendações em plataformas de trocas ou vendas funcionam exatamente da mesma forma. Ao confirmar a qualidade de interações passadas, elas sinalizam uma mensagem sobre o desempenho futuro. Aqueles que olharam as transações do eBay (que afirma que mais de 60% dos compradores escrevem comentários sobre os vendedores após a compra) descobrem que são dois os benefícios de boas avaliações.[34] O primeiro benefício é óbvio: se alguém lê uma avaliação positiva no eBay, estará mais propenso a fazer um pedido. O segundo benefício mostra que uma boa reputação aumenta o valor do vendedor em termos do quanto ele pode cobrar.

O estudo mostrou que um varejista online com o dobro de avaliações positivas de um rival poderia cobrar 0,35% a mais para um celular usado, 0,55% a mais por um celular novo e 3,7% a mais por um DVD. Esses diferenciais podem parecer pequenos, mas, é claro, são uma média de uma grande gama de vendedores, desde grandes empresas até lojas de uma pessoa só. O que eles mostram é que quando nos deparamos com essencialmente a mesma mensagem vinda de uma variedade de mensageiros (Você quer comprar um celular?), nós não somos influenciados pelo preço: a fidedignidade também tem um valor (a loja parece ser confiável ou ela pode estar me passando um celular roubado ou com defeito?). Um grande número de avaliações positivas tem, portanto, um valor monetário. Não é nenhuma surpresa, então, que os sistemas de reputação online funcionem bem. Eles atuam como poderosos incentivos para que os mensageiros cumpram com a palavra dada.

Também é preciso assinalar que nem todas as avaliações são iguais. Uma loja com, digamos, seis avaliações de cinco estrelas, duas avaliações de quatro estrelas e duas avaliações de uma estrela pode ser classificada como tendo, em média, quatro estrelas. Todavia, as duas avaliações de uma estrela provavelmente irão pairar sobre a cabeça do potencial cliente durante mais tempo, pela simples razão de que avaliações negativas têm um impacto maior do que avaliações positivas. A maioria de nós já experimentou a facilidade com que podemos nos dissuadir a não fazer uma compra online após ler uma única avaliação negativa, mesmo que ela seja seguida de dezenas de avaliações positivas. É um fenômeno que parece confirmar outra antiga crença sobre fidedignidade. Pode demorar muito tempo para construir um relacionamento confiável, mas esse relacionamento pode ser facilmente destruído em um instante com uma única ação descuidada.[35]

Isso também é verdadeiro para nossos relacionamentos pessoais. O mensageiro que trai a confiança alheia pode ativar poderosas emoções negativas que criam uma profunda fenda da qual o relacionamento pode nunca se recuperar. As pessoas exibem uma "aversão à traição", elas colocam um peso maior nas perdas que resultam da traição do que aquelas que ocorrem puramente por acaso.[36] Normas injuntivas podem levar as pessoas a se sentirem obrigadas a confiar nas outras, mesmo quando não é do interesse material delas fazê-lo. Entretanto, o medo de atos de traição atua como uma poderosa força na direção oposta, servindo como uma barreira sempre presente para a criação de confiança entre estranhos.[37]

Confiando no desconhecido

Para formar uma visão da futura fidedignidade de alguém ao avaliar seus antecedentes, supõe-se que esse histórico esteja disponível para nós. Quando se trata de julgar figuras públicas, amigos, colegas de trabalho e vendedores online, provavelmente teremos acesso aos históricos. Mas como medir a confiabilidade ao conhecer alguém pela primeira vez? A resposta é que nós nos baseamos em sinais nada sofisticados.

Um sinal-chave é o contato simples. Décadas de pesquisas mostram que as chances de fazer com que um estranho coopere com você são imensamente maiores (até 40%) se você conseguir abrir um canal de comunicação antes de realizar o pedido ou ação.[38] Desde o momento em que conhecemos alguém pela primeira vez, procuramos por pistas. Ele parece amigável ou suspeito? Ele se encaixa na representação mental que temos de uma pessoa que honra seus compromissos? Caso consigamos reunir informações positivas imediatamente — ou se conseguirmos qualificar ou rejeitar nossa visão inicial mais tarde — estaremos mais propensos a ver de forma favorável as transações seguintes. Durante a maior parte do tempo, simplesmente ao nos envolvermos com alguém, nós nos sentimos conectados: experimentamos uma humanidade compartilhada. Caso essa comunicação aconteça cara a cara, melhor ainda. Estima-se que o diálogo verbal é cerca de duas ou três vezes mais eficaz que o diálogo escrito.[39] Quando nós conhecemos um estranho, ele deixa de ser um nome abstrato e se torna uma pessoa real. Há muito a ser dito por saber quando largar o e-mail e, em vez disso, pegar o telefone.[40]

O contato presencial também permite o desencadeamento do impulso humano fundamental de inferir a personalidade com base na aparência. O mensageiro confiável tem um rosto, assim como o mensageiro competente e o dominante, e nós formamos um julgamento com base nesse rosto de maneira bem rápida, geralmente dentro de milissegundos. De acordo com psicólogos que desenvolveram modelos computacionais de faces com base no quão confiáveis as pessoas as classificaram, parece que a face não confiável carrega uma expressão semelhante à raiva, enquanto o rosto do mensageiro confiável parece feliz.[41] Esse simples fato é verdadeiro mesmo quando o rosto a ser julgado tem uma "expressão neutra". Algumas pessoas têm rostos que, mesmo em repouso, parecem mais felizes que os outros. Caso você seja sortudo o suficiente para ter uma expressão natural que sugere felicidade, então você provavelmente será percebido como fidedigno. Caso tenha a infelicidade de ter um rosto que naturalmente expressa raiva, ainda que leve, você será visto como menos confiável.

Não deixa de ser um tanto quanto bizarro que humanos façam esse tipo de associação. Afinal, a fidedignidade de uma pessoa e o quão feliz ela naturalmente parece ser não têm absolutamente nada em comum, mas parece que nós estamos, na verdade, respondendo ao quão acessível alguém aparenta ser. Se alguém parece feliz, nós nos sentimos seguros e confiamos mais nele. Caso alguém pareça estar com raiva, somos mais cuidadosos e confiamos menos. Em um cenário de Trust Game, pesquisadores descobriram que aqueles que recebem a função de "gerenciar ativos" tipicamente enviam mais dinheiro para investidores de aparência confiável. No mundo real, já foi demonstrado que pessoas com rostos mais confiáveis são mais propensas a conseguir empréstimos em sites de empréstimos peer-to-peer, mesmo quando informações mais relevantes sobre seu histórico de crédito, relação de dívida e renda, nível de renda e ocupação estão disponíveis.[42]

Se isso parece ser assustadoramente simplista, é porque é. No todo, as pessoas preferem sinais que sejam fáceis de processar. É difícil, quase impossível, descobrir quais são as verdadeiras intenções de outra pessoa. É muito fácil e requer um esforço muito menor, entretanto, realizar rápidas avaliações dos outros com base em sua aparência.[43] Nós usamos sinais faciais para inferir o estado de espírito dos outros diariamente. O fato de que a maioria de nós é muito ruim em pegar pistas para descobrir se alguém está mentindo ou dizendo a verdade não nos impede de tentar.[44] O fato de que nossa taxa de acerto de confiabilidade não é alta também não é um impeditivo. Deve existir, no máximo, uma pequena relação entre quem julgamos como confiável e quem realmente é, mas isso não nos impede de fazermos inferências com base na aparência.[45]

Conforme passamos mais tempo com outras pessoas, nós começamos a depender de outras pistas baseadas na intuição para formar julgamentos de fidedignidade, incluindo como nós nos sentimos sobre elas. Nossas respostas emocionais parecem ser um guia mais confiável do que as simples impressões à primeira vista que fazemos com base na aparência facial. Isso foi demonstrado de maneira fascinante em um estudo envolvendo pares de mulheres que haviam acabado de se conhecer, as quais assistiam imagens de filmes angustiantes sobre as consequências das bombas nucleares de

Hiroshima e Nagasaki e, em seguida, conversavam uma com a outra. O que uma voluntária de cada par não sabia, no entanto, é que a outra havia recebido uma recomendação para "se comportar de modo que a parceira não soubesse que você está sentindo qualquer tipo de emoção". Quando o filme acabou e a discussão ocorreu, duas coisas ficaram muito evidentes. A primeira é que as mulheres que precisaram suprimir os sentimentos se tornaram hipertensas, isso é, houve um aumento da pressão arterial. A segunda coisa é que suas parceiras também mostraram um aumento da pressão arterial: não por suprimir os sentimentos, mas porque elas conseguiam afirmar de maneira intuitiva que a outra estava escondendo alguma coisa. Os seus corpos reagiram à aparente falta de confiança.[46]

É uma sensação que todos nós já experimentamos: uma sensação de que "tem algo de errado aqui" quando, como observadores, suspeitamos que as palavras e sinais emocionais de um mensageiro estão desalinhados de alguma forma. Como descobriram as mulheres que conversaram entre si após assistir o filme de Hiroshima e Nagasaki, essa sensação produz manifestações físicas e neurológicas. Em outro estudo, os participantes foram posicionados dentro de um scanner PET (Tomografia por Emissões de Pósitrons), fixo a um registrador de resposta galvânica da pele, e viram vídeos de atores relatando em primeira pessoa uma história neutra ou triste, com expressões faciais que eram congruentes ou incongruentes com a história sendo contada. O que os pesquisadores descobriram foi que quando os participantes testemunhavam uma incompatibilidade entre a narrativa e a expressão emocional exibida pelo ator, a resposta galvânica da pele aumentou e houve um aumento da ativação de áreas no cérebro que diz-se ter relação em processar conflito social. Em outras palavras, os cérebros e os corpos deles estavam registrando que "tem algo de errado aqui".[47] Essa sensação de que tem algo errado, ainda que não funcione como um detector de mentiras preciso, parece dar certo para as pessoas diariamente.[48]

A vantagem de uma desvantagem

Se nosso julgamento imediato da fidedignidade de alguém é influenciado pela aparência, então a forma de falar (em vez do conteúdo daquilo que se fala) também pode moldar nossa visão. Por exemplo, se alguém chama a nossa atenção para uma potencial fraqueza argumentativa antes de começar a apresentar as qualidades desse mesmo argumento, nós somos mais propensos a vê-lo como confiável. Nós somos desarmados pelo fato de que não disseram: "Isso vai ser muito bom", "Essa é a melhor ideia de todas", "Ninguém fez nada melhor do que isso antes". Assim como os especialistas que ganham a confiança das pessoas ao admitir incerteza (veja a página 71), nós presumimos que eles são mais confiáveis. Advogados que apontam suas próprias fraquezas antes de seus rivais ganham mais casos. Políticos que começam seus discursos dizendo algo positivo sobre os oponentes geralmente receberão um impulso na fidedignidade percebida. Anunciantes que apontam um pequeno defeito em seu produto ou serviço antes de destacar as qualidades podem resultar em um grande aumento das vendas, uma abordagem particularmente bem-sucedida quando a audiência já está ciente de tal defeito (e então o estrago já havia sido feito, de qualquer maneira).[49] De forma similar, frases como, "Eu não vou mentir para você (...)" ou "Eu não quero reclamar, mas (...)" ou "Vou ser sincero (...)" podem ser especialmente eficazes em aumentar os níveis de confiança. Esses elementos de retórica são uma forma de introduzir uma pequena dúvida ou negatividade ao enfatizar a sinceridade do falante e, portanto, manter a percepção de sua simpatia e fidedignidade. De fato, eles podem influenciar como os outros respondem às suas mensagens. Por exemplo, avaliações negativas que contenham essas frases causam menos dano na disposição do consumidor para pagar pelo item avaliado do que avaliações não amenizadas.[50]

(Re)construindo a confiança

Quando a confiabilidade de um mensageiro é questionada, várias opções se abrem para ele. A primeira é uma tática frequentemente empregada por Donald Trump, geralmente em resposta às alegações feitas pela mídia: a negação total. "O que você está vendo e lendo não é o que está acontecendo", ele afirma com frequência.[51] Essa é, entretanto, uma estratégia arriscada. Caso uma evidência conclusiva seja produzida para provar que a pessoa a negar está mentindo, a queda dela será maior e ainda mais dolorosa.

Então temos também a justificativa e o pretexto. De acordo com os sociólogos Marvin Scott e Stanford Lyman, uma justificativa é quando um indivíduo aceita a responsabilidade pelo resultado negativo, mas nega que as ações tenham sido imorais, como por exemplo quando um soldado mata um inimigo em batalha. Um pretexto é quando um indivíduo aceita que suas ações foram imorais, mas nega a responsabilidade por elas, como quando um soldado argumenta que matar um civil trata-se apenas de cumprir ordens.[52]

Finalmente, temos a desculpa. Uma desculpa é, tipicamente, vista como a ação apropriada, moral e madura a ser tomada pelo mensageiro quando ele for responsável pelo ato. Ela pode mitigar as reações negativas de uma transgressão e ajudar a restabelecer a conexão e a cooperação social. Assim, por exemplo, estudos descobriram que compradores desapontados estavam mais dispostos a perdoar a empresa que aceita a responsabilidade direta pelo que deu errado e demonstra arrependimento do que aquelas que jogam a culpa em outro lugar. Obviamente, para a pessoa que está realizando o pedido de desculpas existe um risco, uma vez que o próprio ato de desculpar-se é um reconhecimento ou confirmação de culpa. Alguém que oferece uma desculpa vigorosa pode rapidamente ser admirado pela sinceridade e criticado pelo ocorrido.[53] Ainda assim, uma desculpa é uma ferramenta muito poderosa, desde que três regras fundamentais sejam seguidas. A desculpa precisa ser rápida, sincera e feita de uma forma que mostre remorso e compromisso em mudar no futuro.[54]

Desculpas rápidas ajudam a afastar a incerteza, raiva e frustração, como bem sabe alguém que já encontrou o silêncio ensurdecedor de um aeroporto. Elas precisam, é claro, serem calibradas. Caso a companhia aérea sinalize rapidamente o atraso, se desculpe, forneça uma razão concreta o suficiente — incluindo eventual falha técnica — explique o que deu errado e o que foi feito para consertar, então a desculpa geralmente será aceita. Uma desculpa preventiva e generalizada não será o suficiente. Dito isso, uma rápida desculpa "substituta", quando os fatos ainda não são totalmente conhecidos, ainda é preferível a nada dizer: "Passageiros, sentimos muito pelo atraso. Neste momento não temos certeza da causa desse incidente, mas estamos fazendo o melhor para descobrir e, assim, seguir viagem e evitar que isso aconteça no futuro."

O triste desempenho do Facebook em 2014 oferece um estudo de caso sobre como não oferecer uma desculpa rápida. Foi o ano em que o gigante das mídias sociais manipulou a linha do tempo de aproximadamente 700 mil usuários por uma semana, enquanto buscava determinar se os usuários escreveriam postagens mais positivas ou negativas caso fossem expostos a notícias negativas ou positivas. O resultado corroborou o conceito de "contágio emocional" e foi devidamente publicado em um respeitável periódico científico. Entretanto, o que o Facebook acreditava que serviria para melhorar sua compreensão dos clientes, rapidamente se tornou um grande problema de relações públicas. Foi enorme o clamor quando as pessoas descobriram ter sido manipuladas na rede social que eles usavam várias vezes ao longo do dia e na qual, até então, haviam confiado amplamente.

No entanto, já havia se passado quase uma semana antes que Mark Zuckerberg, CEO do Facebook, se pronunciasse a respeito, e mesmo quando o fez, tudo o que ele teve a oferecer foi um comentário apático sobre "problemas na comunicação" do estudo. Para piorar, a justificativa do Facebook se resumiu a uma declaração cuidadosamente escrita que lembrava os usuários de que os termos de adesão ao Acordo do Usuário permitiam ao Facebook "presumir o consentimento". Meses depois, outro porta-voz do Facebook fez outra declaração nada substancial dizendo: "Nós não estávamos preparados para essa reação" e "Existem coisas que deveríamos ter feito de modo diferente". Estranhamente ausentes estavam as palavras "desculpe-nos" ou "sentimos muito".

Para a sorte do Facebook, o evento logo foi esquecido. O mundo moderno se move rapidamente. Ainda assim, a inquietação pública quando se trata do uso de dados pessoais deveria servir como uma boa lição, sem falar na lição extra de "como não responder uma quebra de confiança". Apesar disso, não foi apenas o mundo que esqueceu do ocorrido: o Facebook também esqueceu e, menos de quatro anos depois, pagou caro por isso.

Em 2018, um delator chamado Christopher Wylie denunciou ao jornal britânico *The Observer* como a Cambridge Analytica — uma empresa britânica de consultoria política fundada pelo bilionário conservador Robert Mercer e o consultor principal de Donald Trump, Steve Bannon — havia coletado informações de 50 milhões de perfis do Facebook.[55] Particularmente assustador para os usuários foi o relato de Wylie sobre como o Facebook permitiu que a Cambridge Analytica não só coletasse dados dos usuários que consentissem em participar da pesquisa, mas também dos amigos e familiares conectados a eles. De algumas centenas de milhares de usuários que concordaram que seus dados fossem usados para "fins acadêmicos", Cambridge Analytica foi capaz de construir um modelo sofisticado que minerava dados de milhões de outros usuários do Facebook conectados a eles. Os dados foram, então, supostamente vendidos para políticos como Ted Cruz e Donald Trump nos EUA, e para os ativistas do Brexit no Reino Unido, como uma tentativa de influenciar os resultados da eleição e do referendo.* "Nós nos valemos do Facebook para coletar mi-

---

* A campanha de Trump negou a acusação: https://www.theguardian.com/technology/2017/oct/26/cambridge-analytica-used-data-from-facebook-and-politico-to-help-trump

lhões de perfis e criamos modelos capazes de explorar o que sabemos sobre eles e focar seus demônios interiores. Essa foi a base na qual a empresa foi criada", disse Christopher Wylie para o jornal *The Observer*.[56]

Desculpas rápidas são desculpas sinceras. Ainda assim, passaram-se cinco dias após a notícia para que Mark Zuckerberg fizesse uma declaração pública — influenciado, aparentemente, pelas crescentes evidências e pela revolta das pessoas, em vez de remorso. "Nós temos a responsabilidade de proteger seus dados, e se não conseguirmos fazer isso então não merecemos servi-los", disse Zuckerberg. "Eu tenho trabalhado para entender exatamente o que ocorreu e como garantir que não aconteça de novo. A boa notícia é que as ações mais importantes para prevenir que isso se repita já foram tomadas anos atrás. Nós também cometemos erros, há mais coisas a serem feitas e nós precisamos dar um passo adiante e fazê-las."[57]

Mais uma vez, nada de desculpas e uma explicação frágil para a falha do Facebook em proteger os dados de seus usuários. Durante muito tempo o Facebook se recusou a chamar o que ocorreu de "violação de dados", escolhendo reciclar o argumento de "consentimento presumido" que eles adotaram quatro anos antes. Por fim, o Facebook recebeu uma multa de £$500 mil — a penalidade máxima permitida — pela falta de transparência e a falha em proteger as informações dos usuários. "O Facebook falhou em fornecer o tipo de proteção que eles são obrigados a ter segundo o Data Protection Act ["Lei de Proteção de Dados"]", de acordo com Elizabeth Denham, a comissária de informação do Reino Unido. Se o novo General Data Protection (GDPR) Act europeu ["Lei Geral de Proteção de Dados"], implementado em abril de 2018, estivesse em vigor, essa multa poderia chegar a até 4% da receita global do Facebook: cerca de US$1,9 bilhão. Mesmo uma multa dessa ordem não significaria nada para o dano feito à reputação da empresa. Em julho de 2018, as ações do Facebook caíram 18%, representando uma perda de valor de mercado de aproximadamente US$119 bilhões.[58]

Foi o pior dia de qualquer empresa na história da bolsa de valores.

Após o escândalo de confiança, é interessante notar os grandes investimentos do Facebook no que só pode ser descrito como "anúncios de desculpas". Também é interessante perceber que uma quantidade significativa dessa despesa foi direcionada para as mesmas plataformas midiáticas que sofreram com a ascensão das plataformas de redes sociais: TV, jornais impressos, revistas, quadros de avisos e anúncios de ônibus e trens. De Atlanta até Amsterdam, de Londres até LA, de São Petersburgo até Sydney, a mensagem é que "o Facebook está mudando".

"De agora em diante, o Facebook vai fazer mais para manter você seguro e proteger sua privacidade", afirma o anúncio.

Bem, eles diriam isso, não diriam?

As pessoas podem mudar?

Maurice Schweitzer, um professor na Wharton School of Business, juntamente com Adam Galinsky, da Universidade Columbia, e Alison Wood Brooks, da Harvard Business School, afirmam que a característica mais importante de qualquer desculpa efetiva é a demonstração de um *compromisso para mudar*. "Uma desculpa deve criar uma distância entre o 'antigo eu'", dizem eles, "e estabelecer um 'novo eu' que não se envolverá em comportamentos semelhantes".[59] Tal promessa pode ser muito poderosa e persuasiva, mas seria alguém de fato confiável para mudar dessa forma?

Um estudo fascinante conduzido por Schweitzer e Wood Brooks sugere que isso depende da mentalidade da pessoa a quem se pede uma desculpa *antes* dela ser dita e a promessa a ser feita. Os dois professores organizaram um Trust Game que consistia em fazer os participantes enviarem dinheiro para um investidor, na esperança de terem resultados positivos. Logo descobriram, entretanto, que o investidor não era confiável. Nada foi devolvido ao final da primeira rodada, nem ao final da segunda rodada. De maneira nada surpreendente, a confiança acabou sendo prejudicada. Após a segunda rodada, apenas 6% dos participantes estavam preparados para se arriscar aplicando US$9 outra vez.

Após a terceira rodada, eles receberam uma mensagem do investidor: "Peço que me desculpe, optei por um mau negócio para vocês. Eu posso mudar e vou devolver seus US$9 de agora em diante." A partir desse momento, ele manteve a palavra e passou a devolver somas substanciais, fazendo com que a confiança se recuperasse lentamente. O interessante, entretanto, é que ela não foi recuperada igualmente entre todos os participantes. Antes de jogar o Trust Game, um grupo de participantes havia recebido um artigo que dizia que o caráter de alguém era como uma pedra: imutável. O outro grupo também precisou ler um artigo sobre o comportamento humano, mas esse dizia que o caráter de uma pessoa não é algo fixo, e sim muda com cada nova decisão e experiência. Na última rodada do jogo, apenas 38% dos participantes que leram o artigo "o caráter é uma pedra" investiram, enquanto 53% daqueles que leram o outro artigo estavam dispostos a confiar em um mensageiro anteriormente não confiável.[60]

Uma pessoa pode mudar? Sim, mas apenas se aqueles que foram traídos estiverem dispostos a aceitar essa mudança. Caso a audiência acredite que o caráter é algo fixo, eles provavelmente não darão a oportunidade para essa mudança.

É claro que nas quebras de confiança mais extremas, uma simples desculpa — mesmo quando acompanhada de um claro compromisso de mudança — não funcionará. Tudo o que resta é reconstruir a confiança da mesma forma com que os humanos constroem relacionamentos: devagar e com transparência.

Um dos exemplos mais encorajadores disso é como Brasil e Argentina conseguiram efetuar uma reconciliação entre o fim dos anos 1970 e a década de 1980, uma época marcada pela hostilidade sobre armas nucleares. A Agência de Inteligência Nacional dos EUA acreditava que caso a Argentina construísse um dispositivo nuclear, o relacionamento na questão da segurança em toda a região seria danificado para sempre. Também se especulava que o Brasil poderia tentar construir suas próprias armas nucleares, "apoiar sua própria segurança e restaurar o sentimento de prestígio nacional". O relacionamento entre Argentina e Brasil já estava fragilizado e o elemento nuclear o prejudicou ainda mais.

Ainda assim, os líderes dos dois países, José Sarney no Brasil e Raúl Alfonsín na Argentina, conseguiram contornar a situação. "Nós estabelecemos um relacionamento de confiança mútua", disse Sarney em 2015. "O que vemos acontecendo agora com imensa dificuldade com o Irã, nós fizemos na América do Sul sem mediação internacional." Lenta e cuidadosamente, os dois países tomaram uma série de medidas tranquilizadoras, levando até a eventual montagem de um programa de inspeção nuclear mútua que aumentou a transparência e desenvolveu uma cooperação bilateral mais próxima.[61]

Ao mesmo tempo, os dois homens trabalharam para aprimorar seu relacionamento pessoal. Quando Alfonsín se encontrou com Sarney pela primeira vez, mencionou o desejo de conhecer a hidrelétrica de Itaipu, que esteve no centro de uma disputa de águas internacionais por quase uma década. Sarney concordou. Alfonsín então retribuiu convidando Sarney para visitar a usina nuclear de Pilcaniyeu, na Argentina. Esse gesto de confiança dos dois presidentes inaugurou um novo espírito de reciprocidade. Como mostra Francesca Granelli, uma colega visitante no Departamento de Estudos da Guerra no King's College de Londres, com seus documentos relatando a crise, os dois líderes assumiram um compromisso pessoal em liderar transparentes "Medidas de Construção de Segurança e Confiança", incluindo contatos de militar para militar, trocas científicas e técnicas e a formação de uma comissão mista de políticas nucleares. O fato de que as tensões entre as duas nações da América do Sul eram tão agudas acabou trabalhando a favor. As duas nações se sentiam vulneráveis, estavam preparadas para expressar essa vulnerabilidade e, ao fazer isso, construíram uma confiança sincera, sustentável e forte o suficiente para resistir a futuras tempestades.

8

CARISMA

Visão, Desinibição e o Mistério do Magnetismo

John Marks tem 94 anos de idade e muito carisma. Filho de um coletor de impostos judeu, ele se lembra como, quando criança, via seu pai administrar bares nos subúrbios londrinos repletos de gente que trabalhava muito e bebia muito, enquanto sua mãe, Rose, cuidava da casa da família. Era um ambiente barulhento e acolhedor, cheio de amor: transbordando de pessoas do lado de dentro e de animais do lado de fora. Cachorros, patos, galinhas, coelhos e até mesmo um bode velho que percorria um jardim popular entre as crianças locais, com roupas gastas e frequentemente de pés descalços, que com frequência eram convidadas para compartilhar as refeições da família. Essa era, provavelmente, a melhor alimentação delas na semana.[1]

Durante a II Guerra Mundial, a educação do jovem John Marks foi interrompida quando as crianças da cidade foram reunidas e levadas para o campo, longe do alcance do bombardeio aéreo alemão que estava destruindo grandes áreas de Londres. Em um sinal precoce de sua natureza rebelde, Marks fugiu de sua escola na zona rural e voltou para Londres para ficar com seus pais. Talvez tenha sido o amor e carinho dos outros que ele frequentemente testemunhou quando criança que o levaram a estudar medicina. Ele se formou no dia 5 de julho de 1948, no mesmo dia em que nasceu o revolucionário (e gratuito) Serviço Nacional de Saúde do Reino Unido. Talvez tenha sido sua disposição prestimosa, combinada com uma pitada aparentemente inata e saudável de provocação e rebeldia que fez com que seus quarenta anos de carreira médica fossem tão bem-sucedidos, ativos e notáveis.

Marks era membro fundador do Royal College of General Practitioners, desempenhou um papel importante na manutenção do aborto legal no Reino Unido e fez uma campanha pelo uso de cinto de segurança nos carros, salvando com isso centenas, talvez milhares, de vidas. Ele defendia o respeito à privacidade dos acometidos pela AIDS em uma época que o medo coletivo mundial do HIV frequentemente resultava em pânico e histeria. Em 1984, se tornou presidente da British Medical Association (BMA) e logo em seguida discordou abertamente do príncipe Charles que, mordaz, dissera que BMA significava "bigotted, moribund and apathetic" ["intolerante, moribunda e apática", em tradução livre]. Não fosse sua postura de desafiar o governo, que propunha reformar a saúde e introduzir um mercado interno de prestação de assistência médica, ele provavelmente seria conhecido hoje como *Sir* John Marks.

Ele também é o avô de Joseph Marks.

Quando Marks júnior contou para Marks sênior sobre o livro que estava escrevendo, cujo tema eram os mensageiros do mundo moderno, seu avô ficou naturalmente orgulhoso e interessado. "Um dos capítulos é sobre carisma, não é?", perguntou o nonagenário. "Bem, isso não faz sentido! É fácil perceber o carisma, mas é impossível defini-lo." Ele estava certo. É muito difícil falar exatamente sobre o que torna um mensageiro carismático. Quando as pessoas conversam sobre carisma, geralmente usam termos ambíguos e abstratos que também precisam ser definidos. "Atratividade ou charme convincente capaz de inspirar a devoção em outros", diz uma definição, nos deixando curiosos para saber como seria uma atratividade, ou charme, convincente. John Antonakis, um pesquisador de comportamento organizacional na Universidade de Lausanne, argumentava, em 2016, que o carisma continua sendo um "dom maldefinido e malmensurado".[2] Isso não significa, entretanto, que ele não exista. Afinal, como John Marks diz, o carisma é fácil de ser percebido. A maioria das pessoas diria sobre o carisma o que o juiz da Suprema Corte dos EUA, Potter Stewart, uma vez disse sobre a pornografia pesada: "Eu reconheço quando vejo uma!"[3]

CARISMA

As pessoas tendem a concordar sobre quais mensageiros são carismáticos e quais não são. De fato, as pessoas que se classificam com muito carisma em pesquisas de personalidade tendem a ser pessoas que são vistas como carismáticas.[4] Nós reconhecemos quando vemos uma.

Carisma é frequentemente relacionado, como gêmeos unidos linguisticamente, à palavra liderança. As mesmas qualidades místicas que criam a percepção de carisma são, geralmente, as mesmas características que fazem com que as pessoas escutem e sigam certos líderes. Por essa razão, também tendemos a associar o termo com pessoas específicas, em vez de analisá-lo como uma qualidade em si mesma. Quando falamos em "carismático(a)", logo evocamos imagens da princesa Diana, Oprah Winfrey, Barack Obama ou Mahatma Gandhi — e até mesmo Adolf Hitler. Não surpreende, portanto, que apesar do amplo interesse público e acadêmico no conceito, aqueles que pesquisaram sobre ele confinaram seu estudo quase que exclusivamente no âmbito da liderança. De fato, uma das primeiras análises formais do carisma foi realizada pelo filósofo alemão Max Weber, que falou diretamente do papel essencial do carisma na liderança:[5]

> O termo "carisma" será aplicado a uma certa qualidade da personalidade individual em virtude da qual o indivíduo é considerado como um ser sobrenatural, sobre-humano ou no mínimo com específicos poderes e qualidades excepcionais. Como tais, eles não são acessíveis à pessoa comum, sendo reconhecidos como exemplares, ou de origem divina, e com base neles o indivíduo é tratado como um "líder".

Não é nenhuma surpresa que tantas teorias modernas sobre liderança atribuam tamanha importância para o carisma, e que diretores executivos carismáticos sejam tão procurados e bem-recompensados. Uma metanálise abrangendo quase 25 anos de dados mostrou que líderes carismáticos não só possuem a habilidade de inspirar o grupo para níveis ainda mais altos de desempenho, como também simultaneamente incorporam níveis mais profundos de comprometimento na psique dele.[6] Isso é particularmente verdade em tempos de crise ou grandes mudanças. No Capítulo 3, nós descrevemos como mensageiros dominantes são particularmente eficazes durante períodos de conflitos ou incertezas. Mensageiros carismáticos também prosperam nesses períodos: a habilidade deles de motivar os outros possui um poderoso efeito persuasivo.[7] Weber sugeriu essa associação, observando que mensageiros carismáticos geralmente estão na linha de frente de mudanças sociais e revolucionárias. Durante esses períodos, as pessoas se unem sob o comando de alguém capaz de representar quem elas são e o que elas representam.

Existe um elemento de autosseleção aqui. Aqueles com certas características de carisma — por exemplo, desejo de se destacar na multidão, disposição para falar em público, atitudes incomuns, entre outras — são mais propensos a querer e procurar por cargos de liderança.[8] Entretanto, associar carisma apenas com liderança seria um erro. Carisma é algo que muitas pessoas possuem. Encontramos essa característica entre nossos amigos, familiares e até mesmo estranhos.

Os elementos do carisma

O carisma envolve uma constelação de características: autoconfiança, expressividade, energia, otimismo sobre o futuro, habilidade retórica, tranquilidade em assumir riscos e desafiar o status quo e criatividade são algumas delas. Porém, uma vez que qualquer indivíduo carismático não possuirá essas qualidades em igual medida — e pode até mesmo não possuir algumas delas — tem sido muito difícil para os pesquisadores identificar e mensurar as características principais. Existem alguns indicadores que frequentemente marcam quem possui uma maior probabilidade de ser percebido como carismático.

Um desses indicadores é uma habilidade de articular uma visão e identidade coletiva. Martin Luther King Jr. defendia a igualdade, compaixão e o amor. Adolf Hitler canalizava a raiva de um país. Churchill defendeu a resiliência de uma nação. Eva Perón erguia a bandeira dos oprimidos. Eles eram muito diferentes uns dos outros, mas todos foram capazes de adotar a identidade coletiva do grupo ao qual se dirigiam — ao lembrar os ouvintes de uma história compartilhada, de uma necessidade de mudança, e ao articular uma visão idealizada do futuro. Cada um deles, à sua maneira, tinha a capacidade de tornar mais simples o que era complexo, a ponto, às vezes, de reduzi-lo a escolhas praticamente binárias: dentro ou fora do grupo, incluído ou excluído, herói ou vilão. Ao fazer isso, eles evocavam uma sensação de conexão entre seus seguidores, que desenvolviam uma afiliação não só uns com os outros, mas com um objetivo coletivo, de modo que deixavam o interesse próprio de lado. Eles se transformavam. O mensageiro carismático que os guiava era visto como transformador.[9]

Tal habilidade também lhes permite provocar um sentimento de reverência àqueles que os encontram. A reverência, assim como o carisma, soa um tanto quanto vago, mas é um estado de espírito reconhecido que, de acordo com pesquisadores, diminui o ego do indivíduo e aumenta o desejo de se conectar. Ela pode, portanto, alterar o comportamento ético das pessoas. O psicólogo Paul Piff descobriu que, depois que pedem para que participantes se lembrem de um momento em que vivenciaram a reverência, como quando se colocaram de pé em um bosque coberto de árvores imponentes, os participantes não só eram mais propensos a sentir uma diminuição na sensação do ego, como também a sentir maior disposição em participar de atos pró-sociais.[10] A reverência, em outras palavras, faz com que as pessoas se vejam como parte de uma entidade maior. Elas podem até mesmo recompensar seu líder carismático com o status de herói, independentemente desse líder cumprir suas expectativas.

Existem várias formas pelas quais um líder carismático consegue articular, com sucesso, sua visão de um mundo ideal. Uma forma particularmente poderosa é o uso de metáforas, uma arma fundamental no arsenal retórico de qualquer pessoa de acordo com Aristóteles. Metáforas são ferramentas poderosas por seu imediatismo e por serem, com frequência, visualmente intensas. Elas evocam significados simbólicos e desencadeiam reações emocionais sem necessariamente mudar o significado do que está sendo transmitido. Pense, por exemplo, no discurso inaugural de Bill Clinton em 1993 e do uso de uma metáfora sazonal para direcionar a atenção dos americanos para novos começos: "Vocês, companheiros norte-americanos, fizeram vir a primavera. Agora nos cabe realizar o trabalho que a estação exige."[11] Ou na frase-chave do discurso de John F. Kennedy promovendo a corrida espacial da década de 1960: "Esta nação alçou seus olhos para a imensidão do espaço (...)."[12] Uma metáfora não precisa ser particularmente original. Ela apenas precisa ser imediata e emocional, por isso o impacto do discurso de "Rios de Sangue" realizado pelo parlamentar britânico Enoch Powell em 1968 para avisar sobre a imigração em massa, usando um verso retirado diretamente do poema épico de Virgílio, a *Eneida*: "Ao olhar adiante, tenho um pressentimento: assim como os romanos, pareço ver 'o Rio Tibre espumar de tanto sangue'."[13]

Existe evidência estatística para uma relação entre o uso de metáforas e o carisma percebido. Jeffery Scott Mio, um professor de psicologia na California State Polytechnic University, estudou de perto o uso dessa figura de linguagem pelos antigos presidentes dos EUA e descobriu que aqueles com a maior pontuação na classificação de carisma de Simonton* também usavam uma grande quantidade de metáforas nos discursos inaugurais.[14] Por exemplo, John F. Kennedy, Franklin D. Roosevelt, Lyndon Johnson e Ronald Reagan (todos estão acima dos 75% entre os presidentes americanos carismáticos) usaram uma média de 20 metáforas nos discursos de posse. Em contraste, Grover Cleveland, Rutherford B. Hayes, James Monroe e William Taft (que estão abaixo dos 25%) usaram, em média, apenas três. Scott Mio também observou que os presidentes com uma pontuação baixa na Escala de Carisma de Simonton tinham menores chances de se-

---

* Dean Simonton, um professor de psicologia na Universidade da Califórnia em Davis, considerou os presidentes dos EUA a partir de cinco pontos-chave: estilos interpessoais, carismáticos, deliberativos, criativos e neuróticos.

rem vitoriosos na campanha pela reeleição e, portanto, só serviriam um mandato. Franklin Delano Roosevelt possui a maior pontuação do carisma de Simonton entre todos os presidentes. Ao ser empossado, em uma fala de apenas 3 minutos e 38 segundos, ele usou 21 metáforas (isso representa uma metáfora a cada 10 segundos). Ele foi eleito para quatro mandatos.

Se metáforas desencadeiam respostas emocionais e imediatas, histórias e casos também. Histórias têm uma vantagem adicional: podem ajudar a estabelecer um laço pessoal entre quem fala e quem ouve ao desencadear memórias de uma experiência, origem ou dificuldade em comum. Na campanha para ser prefeito de Londres, Sadiq Khan aproveitou muito o fato de ser uma das oito crianças nascidas como imigrantes paquistaneses. "Meu pai era motorista de ônibus e a minha mãe uma costureira", ele declarava.[15] Essa foi uma estratégia bem-sucedida. As empresas também criam narrativas que se tornam mitologias pessoais, como a da Apple de como Steve Jobs e Steve Wozniak saíram da faculdade para criar protótipos iniciais na garagem dos pais de Jobs em Los Altos, Califórnia. Essas histórias permitem que a audiência, seja ela de consumidores ou eleitores, identifique-se com as características do mensageiro.

Quanto ao tipo de história de fundo com a melhor reação das pessoas, depende se eles estão buscando por status ou conexão. Quando predispostas para sentir compaixão e conexão, as pessoas tendem a preferir uma pessoa ou, digamos, uma empresa com a história do oprimido: um político capaz de dar a volta por cima; a pequena cafeteria independente que está lutando para competir com o conglomerado gigante do setor ao lado. Entretanto, quando as pessoas se sentem orgulhosas, existe uma preferência pela pessoa de alto status ou pela marca com uma história de fundo importante, bem-conhecida ou prestigiada. Aqueles habituados a se sentirem inferiores aos mensageiros mais ricos, dominantes, competentes ou fisicamente atraentes se sentirão especialmente atraídos pelo oprimido com uma boa história de fundo. Aqueles de mais status tendem a preferir aquele que está por cima.[16]

Desinibição

Outra qualidade associada ao carisma é a desinibição: um temperamento tipicamente caracterizado por uma perspectiva positiva, alta energia e um forte desejo por experiências recompensadoras. Pessoas desinibidas são vistas como otimistas, sociáveis e acessíveis. A maioria dos psicólogos concorda que a personalidade pode ser descrita ao longo de cinco dimensões: conscienciosidade, amabilidade, neuroticismo, abertura e extroversão. É essa última característica, extroversão, que possui uma forte relação com a desinibição.[17]

Desinibição e expressão emocional estão inextricavelmente interligadas. Mensageiros carismáticos tendem a ser mais emocionalmente expressivos do que os outros, além de serem capazes de se relacionar com sucesso com sua audiência em um nível emocional, seja ele positivo (Martin Luther King) ou negativo (Hitler). Quando a desinibição está conectada com uma emoção positiva, ela faz com que os outros prestem mais atenção, cooperem e, uma vez que a emoção é infecciosa, ela se espalha de uma pessoa para a outra.[18] Em resumo, quanto mais expressivo o mensageiro, maior a probabilidade da audiência de ser capturada pelo entusiasmo dele.

O psicólogo William Doherty desenvolveu uma Escala de Contágio Emocional para medir a propensão de ser contagiado pelas emoções dos outros.[19] Aqueles, argumenta ele, que são mais suscetíveis ao contágio emocional são habilidosos em ler expressões emocionais humanas; eles prestam muita atenção e se veem como relacionados em vez de independentes um do outro. Essas são precisamente as qualidades que interessam para a desinibição. O mimetismo, que também está no topo da Escala do Contágio Emocional de Doherty, é outra característica importante da desinibição. Talvez seja parcialmente por essa razão que a linguagem corporal é, também, muito importante para o mensageiro carismático. Sorrisos sinceros, um maior contato visual, gestos animados, tudo isso amplifica a mensagem da pessoa carismática, da mesma forma que um uso habilidoso de especiarias cria um ótimo tempero.[20]

CARISMA

Isso foi demonstrado em uma série de notáveis estudos que consistia em usar trechos de imagens de pessoas fazendo discursos, nos quais era removida a trilha sonora, e o orador tinha o rosto coberto por círculos coloridos. Pediram aos voluntários que assistissem ao vídeo (agora livre de pistas verbais e expressões faciais) e classificassem aquelas "figuras animadas" em traços de personalidade específicos, que incluíam fidedignidade, dominação e competência, além dos cinco grandes traços da personalidade na psicologia: conscienciosidade, amabilidade, neuroticismo, abertura e extroversão. Um padrão claro surgiu. Os personagens animados que foram julgados como possuidores de energia, entusiasmo e expressividade (desinibição) usavam muito mais movimentos das mãos, pontuados com breves momentos de imobilidade.

Não só isso: após simplesmente olhar os movimentos físicos daquelas figuras, a classificação de personalidade dos voluntários também foi um preditivo da quantidade de aplausos que o discurso original recebeu — a (correta) suposição deles de que aquelas de linguagem corporal enérgica e expressiva, e portanto demonstrando mais desinibição, tinham maiores chances de serem aclamadas.[21] Parece que os movimentos da mão atuam como um tipo de "segunda linguagem". Eles formam um dialeto que revela pistas e traços para uma audiência, permitindo identificar a desinibição de um mensageiro. Esses gestos das mãos estão literalmente transmitindo as emoções subjacentes do mensageiro e enviando sinais de como ele realmente se sente sobre um problema ou situação. Os gestos são cruciais para as chances do mensageiro de chamar a atenção da audiência, para a disposição dessa audiência em escutá-lo e, por fim, a preparação dela para agir.

Se tal experimento parece um pouco teórico, evidências de TED Talks online confirmam o padrão geral. Veja, por exemplo, algumas conferências sobre liderança. Uma delas, realizada por Fields Wicker-Miurin, ex--diretor estratégico na Bolsa de Valores de Londres e que agora chefia a organização internacional social Leader's Quest, conta as histórias de três líderes marcantes: um chefe local de uma tribo amazônica, o presidente de uma ONG indiana e o curador de um museu local do sudoeste chinês. É uma boa conferência, clara e bem categórica, que mostra de maneira convincente que nós podemos aprender lições importantes de liderança com pessoas e lugares que tradicionalmente não existem no programa de estudos no MBA de uma faculdade de administração, com seus elegantes modelos e gráficos.[22]

O segundo TED Talk é do autor e consultor organizacional Simon Sinek. Ele também fala sobre líderes — tanto individuais quanto organizações — e como eles inspiram os outros a agir. Assim como a conferência de Wicker-Miurin, o discurso de Sinek também é bom, claro, bem-convincente, e também trata de pessoas de caráter como Martin Luther King e os irmãos Wright.[23]

Entretanto, a divergência entre as duas conferências é a forma com que foram recebidas. No momento em que este livro foi escrito, a palestra de Wicker-Miurin foi vista online pouco mais de um milhão de vezes, enquanto a de Sinek foi visualizada mais de 43 milhões de vezes. Como uma fala de 18 minutos sobre liderança supera tão convincentemente outra fala de 18 minutos sobre o mesmo assunto? É claro que muitos fatores podem estar em jogo, mas é difícil evitar a conclusão de que o maior uso dos gestos de mãos de Sinek desempenha um papel importante na crescente popularidade de sua conferência.

A autora e treinadora de linguagem corporal Vanessa Van Edwards tem analisado centenas de TED Talks com o objetivo de descobrir porque algumas apresentações se tornam muito populares enquanto outras naufragam sem deixar rastros, mesmo quando tratam de assuntos semelhantes e possuem mensagens comparáveis em termos de conteúdo e atratividade.[24] Foi Van Edwards quem desenvolveu um estudo que pode ajudar a explicar porque a conferência de Simon Sinek sobre liderança atraiu 43 vezes mais visualizações que a de Fields Wicker-Miurin. Empregando uma equipe de pesquisadores online e pedindo para que eles analisassem os padrões verbais e não verbais exibidos por uma gama de TED Talks, Van Edwards foi capaz de identificar um padrão intrigante. As conferências mais bem-sucedidas no TED.com são feitas por apresentadores que usam quase o dobro de gestos das mãos do que seus pares menos reconhecidos: uma média de 465 comparada a 272 gestos em uma palestra típica de 18 minutos. Quanto mais o orador utiliza as mãos em sua fala, mais é visto como cordial e enérgico. A quantidade de gestos prevê a classificação de carisma realizada pelos telespectadores. Quanto menos animado o orador, maiores as chances de ele ser visto como frio e analítico.

Claro que a vida nunca é tão simples: tudo em excesso pode ser negativo. Durante as primárias presidenciais de 2016, o governador republicano John Kasich foi ridicularizado pelos seus "gestos de ninja" frequentes. Em uma ocasião que ficou marcada na memória de muitos, durante um debate sobre políticas externas, Kasich acompanhou seus gestos de "golpear moscas" com um grito de guerra para que os Estados Unidos "acertassem os russos no nariz".[25] Confrontador? Certamente. Carismático? Quase certamente não.

Pensar rápido e ser fluente

Quando pesquisadores colocam o carisma sob um microscópio metafórico em uma tentativa de descobrir seus ingredientes centrais, há uma tendência inevitável de buscar uma relação com a inteligência. Isso é compreensível. Nós associamos carisma com liderança e supõe-se que líderes são inteligentes. Logo, pessoas carismáticas são pessoas inteligentes.

Na verdade, as pesquisas mostraram que existe pouca, se é que existe, correlação entre o carisma de um mensageiro e sua inteligência geral.[26] Basta um momento de reflexão para elaborar uma lista de indivíduos que possuem níveis medianos de inteligência, mas muita habilidade carismática. É mais fácil ainda encontrar um grande número de pessoas incrivelmente inteligentes que não possuem carisma algum. Pode parecer superficialmente plausível que uma pessoa inteligente saiba transmitir sua mensagem de forma carismática — uma forma que ajude a audiência a se conectar com o que está sendo dito —, mas os carismáticos têm uma habilidade intuitiva, tal como aqueles que são bons em praticar esportes em vez de serem hábeis em produzir pensamentos deliberados e racionais.

Veja, por exemplo, Albert Einstein. O pai da física teórica moderna certamente estaria na lista dos "mais inteligentes" de qualquer pessoa. No entanto, ele certamente não era um bom orador, nem sequer um orador médio. De fato, suas palestras eram sinônimo de tédio. Quando ele deu aulas de termodinâmica na Universidade de Berna, pouco depois de publicar sua famosa equação $E=mc^2$, apenas um punhado de estudantes estavam presentes, e todos eles eram amigos próximos de Albert Einstein. No semestre seguinte a universidade decidiu cancelar a turma. A inscrição de Einstein para entrar na faculdade do Instituto Federal de Tecnologia Suíço teria sido rejeitada, não fosse pela intervenção de um amigo que garantiu ao presidente do instituto que, apesar de "não ser o melhor dos oradores", Einstein era intelectualmente merecedor do cargo. "As [suas] aulas tendiam a ser vistas como desorganizadas", escreveu seu biógrafo, Walter Isaacson, que observa que Einstein nunca foi um professor dos mais inspiradores.

Einstein não é o único homem brilhante com um problema de comunicação. Perspicaz, o psicólogo organizacional de Wharton, Adam Grant, assinala: "Ainda que se diga com frequência que quem não sabe, ensina, a verdade é que aqueles que mais sabem costumam ser os piores professores."[27] Ironicamente, os melhores e mais carismáticos professores geralmente não são aqueles que alcançaram a fama com a pesquisa acadêmica, mas juniores acadêmicos que dominam a arte de se comunicar.[28] A visão de Grant é que "não se trata do que eles sabem, trata-se de quão recente e facilmente eles compreenderam isso e quão clara e entusiasticamente a transmitem".

Isso não significa, contudo, que não existam características associadas à inteligência que também não o sejam quanto ao carisma. Um atributo mental que muitas pessoas carismáticas têm é a habilidade de processar informações de maneira rápida e fluida: elas pensam rápido e, portanto, são capazes de realizar julgamentos imediatos sobre situações e calibrar seu comportamento de acordo. Esse pensamento rápido evita a agoniante indecisão que pessoas muito mais inteligentes sofrem. Também pode equipar a pessoa carismática com um repertório de respostas, frequentemente na forma de comentários espertos, ideias expressadas com criatividade e curtas piadas engraçadas, o que faz com que os menos equipados de nós fiquem olhando com inveja, pensando "eu queria ter pensado nisso". A velocidade mental facilita o funcionamento social. O resultado: pensadores rápidos também são bons oradores.[29]

Um mensageiro mais lento e mais reflexivo pode ter muito mais conhecimento do que aquele rápido e carismático. O mensageiro carismático pode ficar em má situação ao ter que lidar com uma pergunta complicada de uma audiência bem-informada. Como, por exemplo, ao precisar explicar a teoria da relatividade de Einstein.

Os lados *hard* e *soft* do carisma

A grande variedade de características que foram demonstradas como parte do carisma, bem como a tendência de defini-lo a partir de seus resultados, fazem com que seja muito difícil criar uma estrutura teórica que explique exatamente o que ele é. Ou, pelo menos, esse era o caso até recentemente. O trabalho do Dr. Konstantin Tshkay, entretanto, sugeriu um padrão subjacente. Os pontos de pesquisa do carisma de Tshkay eram compostos de um par de fatores que espelham dois *messengers effects* descritos nesse livro: o *hard effect* da dominação e o *soft effect* da cordialidade.[30] Mensageiros carismáticos, de acordo com Tshkay, são capazes de se afirmar, liderar um grupo e ter presença no ambiente (dominação), mas ao mesmo tempo são capazes de se entender com as pessoas, fazer com que se sintam confortáveis e transmitir considerações positivas (cordialidade). Essencialmente, o mensageiro carismático é dominante o suficiente para atrair a atenção e fazer com que sejam escutados, mas não o suficiente para que sejam vistos como agressivos ou dominadores. Em vez de liderar pela coerção, as pessoas carismáticas lideram pelo charme. O questionário de Tshkay, criado para medir o carisma por meio de avaliação de dominação e cordialidade, é altamente preditivo do quanto o mensageiro será visto como carismático e persuasivo. Quando, por exemplo, as audiências escutam um mensageiro utilizando argumentos fortes ou fracos em favor da energia eólica quando comparada a outros meios de eletricidade (gasolina ou petróleo, por exemplo), aqueles com uma maior pontuação na Escala de Inventário Geral de Carisma de Tshkay foram mais convincentes, independentemente da mensagem ou da força argumentativa dela. Ainda que os ouvintes tenham tentado focar a força dos argumentos que estavam sendo feitos, eles foram convencidos por aqueles que expressaram a mensagem de forma carismática.

É claro, nem todas as figuras carismáticas da história demonstraram cordialidade. Hitler, por exemplo, logo nos vem à mente. Mas isso não refuta o conhecimento fundamental de Tshkay sobre a mistura de qualidades que são necessárias. Hitler pode não ter tido cordialidade como ela é tipicamente compreendida, mas era capaz de projetar uma sensação de conexão com eficácia. O documentário de Laurence Rees, *The Dark Charisma of Adolf Hitler*, contém uma entrevista com Jutta Ruediger, que descrevia como ela sentia uma conexão repentina ao olhar para Hitler: "Eu tinha a sensação de que ali estava um homem que não pensava apenas em benefício próprio", disse ela, "mas sim no bem do povo alemão". Ou como comentou Hans Frank, que ouviu Hitler discursar em um Beer Hall ["Salão de Cerveja", em tradução livre] em 1920: "Ele falou aquilo que estava na consciência de todos os presentes." De acordo com Emil Klein, que ouviu o discurso de Hitler na década de 1920, "o homem transmitia tanto carisma que as pessoas acreditavam em tudo o que ele falava".

Dominação e cordialidade normalmente são vistas como características mutuamente contraditórias. Supõe-se que a pessoa que é competitiva e confrontadora não pode ser também cordial, carinhosa e gentil. Pela mesma razão, alguém que é cordial pode ser visto como facilmente influenciável. Pessoas carismáticas, todavia, são capazes de balancear essas duas qualidades: elas geralmente sabem como evitar a agressão e raiva que são traços de um mensageiro dominante, ou pelo menos canalizá-las na direção de outros grupos que não o seu, e por meio de uma forte sensação de conexão individual. Quando os *soft* e *hard messengers effects* estão alinhados dessa maneira, tornam-se armas poderosas.

Pode-se aprender a ser carismático?

Carisma, assim com a inteligência, é um dom. Do mesmo modo que a habilidade de resolver complexos problemas matemáticos não surge naturalmente para a maioria, a aptidão de se comunicar de forma enérgica e envolvente é algo que apenas uma sortuda minoria possui. Porém, isso não significa que não possamos aprender alguns truques com o mensageiro carismático. Nós podemos trabalhar na forma como nos dirigimos a diferentes grupos de pessoas, empregando metáforas adequadas, usando sinais não verbais como gestos de mãos e expressões faciais apropriadas e buscando usar emoções compartilhadas e uma sensação de comunidade. John Antonakis, que desempenhou um papel muito importante em mobilizar a comunidade científica no sentido de concordar com uma definição viável de carisma,* também foi pioneiro no estudo científico do treinamento de carisma e descobriu que essas habilidades podem, de fato, ser desenvolvidas.[31]

Lembre-se do estudo que citamos no começo deste livro, que descobriu que professores que demonstram sinais de dominação e cordialidade — o yin-yang do carisma — causavam uma melhor impressão nos estudantes e recebiam melhores avaliações (veja as páginas 13–14). Lembre-se, tam-

---

* Antonakis define o carisma como "sinalização de liderança simbólica, baseada em valores e carregada de emoção".

bém, como esses estudantes os classificavam como melhores professores.[32] Imagine o que teria acontecido se Einstein pudesse ter se inscrito no treino de carisma de Antonakis antes de começar a dar aulas de termodinâmica. Em vez de a turma ter sido cancelada, mais alunos teriam começado a participar das aulas futuras? E se esse entusiasmo fosse passado de professor para professor, universidade para universidade, escola para escola, talvez mais crianças de hoje em dia, ao ouvirem a pergunta "o que você quer ser quando crescer?", responderiam "cientista", em vez do que responderam na pesquisa no Reino Unido: rico, famoso, ou rico e famoso.

Conforme nos aproximamos da conclusão desse livro, vale a pena tomar um momento para refletir na jornada até agora. A Parte Um explorou os *hard messengers* da sociedade: aqueles que possuem um status formado pela posição socioeconômica, competência, dominação e atratividade física. Na Parte Dois exploramos os *soft messengers* que exemplificam as características movidas pela conexão como cordialidade, vulnerabilidade, fidedignidade e carisma. É nossa opinião que quase todas as facetas das nossas vidas — os valores que temos, as escolhas que fazemos, as políticas que seguimos, o que vemos como verdade, o que consideramos falso ou irrelevante, nossas atitudes, os grupos dos quais participamos e aqueles que rejeitamos — são influenciadas não só pelo conteúdo das mensagens enviadas, mas também pelos mensageiros que as enviam. Os mensageiros são fundamentais para o próprio tecido da sociedade e para o nosso lugar nela, eles carregam um poder incrível e não só sobre o que pensamos e acreditamos, mas também sobre *quem somos* e *quem nos tornamos*. Então, qual dessas características dos mensageiros exercem maior poder sobre nós? Qual delas é a mais importante quando decidimos em quem e no que confiar? Como vários *messengers effects* interagem uns com os outros e o que podemos fazer para ter maior consciência e compreensão das potenciais implicações desses poderosos efeitos?

Essa é a área para a qual gostaríamos de voltar nossa atenção agora.

CONCLUSÃO

Ouvir... Acreditar... Tornar-se

Em 1981, o ministério do interior do governo britânico emitiu um panfleto intitulado *Civil Defence: Why We Need It* ["Defesa Civil: Porque Precisamos Dela", em tradução livre], que procurava justificar a necessidade de se preparar para um possível ataque nuclear. Quando o assunto foi discutido no parlamento, um ministro perguntou quem seria a melhor escolha para transmitir informações importantes para o público, caso o pior viesse a acontecer.

Dois nomes foram adiante: Kevin Keegan e Ian Botham.[1]

Para esclarecer, tanto Keegan quanto Botham não eram especialistas em defesa civil. Nenhum dos dois havia recebido nenhum tipo de treinamento sobre o que fazer durante as consequências imediatas de um ataque, ou como lidar com o deslocamento e a inquietação civil que viria logo em seguida. Eles também não sabiam como disseminar mensagens que pudessem acalmar os nervos e reduzir a incerteza. Em resumo, definitivamente não eram a resposta para a questão: "Quem é mais qualificado para transmitir informações importantes caso uma guerra nuclear aconteça?" Os oficiais do governo local, policiais e líderes de comunidades seriam muito mais eficazes nessa função.

Entretanto, Keegan e Botham não foram indicados por serem especialistas. Os nomes deles foram citados porque eles tinham certo status. O primeiro era, possivelmente, o jogador de futebol mais conhecido no Reino Unido na época. O segundo, um pouco antes naquele mesmo ano, derrotara praticamente sozinho os australianos no torneio de críquete Ashes Tests.

Enviar alguém com status em um domínio para transmitir uma mensagem de outro, ainda que saibam pouco ou nada a respeito, não é uma tática incomum. Candidatos presidenciais dos EUA fazem isso o tempo todo. Na década de 1920, Warren Harding requisitou o apoio de estrelas de Hollywood como Al Jolson e Mary Pickford em sua tentativa de ganhar a Casa Branca. No começo da década de 1960, John F. Kennedy recrutou Dean Martin e seus amigos do "Rat Pack". Em 2007, Oprah Winfrey endossou Barack Obama durante uma entrevista no *Larry King Live* da CNN — dando a ele uma estimativa de 1.015.559 votos adicionais, de acordo com uma dupla de economistas americanos.[2]

Um fascinante e recente exemplo de apoio político por uma celebridade foi a decisão da Taylor Swift, durante as eleições de meio de mandato de 2018, de promover uma dupla de candidatos democratas para seus 110 milhões de seguidores no Instagram. "Vou votar em Phil Bredesen para o Senado e Jim Cooper para a Câmara", ela escreveu. "Por favor, informe-se sobre os candidatos de seu estado e vote com base naqueles que melhor representam seus valores. Para a maioria de nós, nunca encontraremos um candidato ou partido que concordamos 100%, mas seja como for precisamos votar." Swift nunca havia revelado suas inclinações políticas. De fato, algumas pessoas a criticaram por não ter usado sua influência para apoiar Hillary Clinton nas eleições presidenciais de 2016. A decisão de Swift de influenciar as eleições de meio de mandato de 2018, portanto, dividiu opiniões. Muitos ficaram satisfeitos. Outros reprovaram, argumentando que ela deveria "cuidar da música e não da política do país".

Teria a postagem no Instagram de Taylor Swift influenciado o resultado das eleições? Superficialmente, a resposta parece ser um decisivo "não". Afinal, apenas um de seus candidatos preferidos foi eleito. "Taylor Swift não poderia influenciar uma eleição no Tennessee" e "o apoio de Taylor Swift não serviu de nada" foram as inevitáveis manchetes dos jornais que vieram a seguir.[3]

Um olhar mais atento, porém, revela que a imagem geral é mais complexa.

CONCLUSÃO

Um ponto-chave para ter em mente é que, de acordo com uma pesquisa da CBS liberada um dia antes da postagem da Swift, Phil Bredesen — candidato preferido da cantora — estava oito pontos atrás de sua oponente republicana, Marsha Blackburn.[4] Swift não estava fazendo uma intervenção em uma eleição acirrada. Tennessee era um estado firmemente republicano que havia votado pelos candidatos desse partido nas quatro eleições presidenciais anteriores (60% votaram em Donald Trump em 2016). Era improvável que os eleitores republicanos tivessem mudado de ideia do dia para a noite porque uma estrela pop sugeriu que assim o fizessem. É possível até que o contrário tenha acontecido. O discurso de Swift contra os outros candidatos provavelmente motivou os eleitores da direita contra ela, em vez de colocá-los contra aqueles que ela desejava atacar.[5] Após revelar sua posição, eleitores republicanos não mais se sentiam conectados com ela e passaram a vê-la com desdém: aos olhos deles, seu status de mensageiro passou de "querida estrela local" para "elitista liberal de Hollywood".

Outros pareceram ter dado ouvidos a Swift. Aqueles (a maioria deles millenials) que admiravam a estrela pop e se sentiam mais próximos dela do que de um partido político específico começaram a levantar seus traseiros apolíticos e se registrarem para votar [o voto nos EUA não é obrigatório]. Vote.org — um grupo não partidário que trabalha para aumentar a quantidade de eleitores — relatou que 212.871 novos eleitores se registraram no site dentro de 48 horas após a postagem da Swift. Esse é um número próximo do total de pessoas que se registraram no mês anterior. Mais da metade desse número (131.161) eram pessoas entre 18 e 29 anos. Nas últimas quatro eleições de meio de mandato, apenas 20% dos cidadãos elegíveis nessa faixa etária tinham votado. De acordo com o *New York Post*, o número de pessoas entre 18 e 29 anos enviando votos antecipados [outra característica própria do sistema eleitoral norte-americano] para as eleições de meio mandato após a postagem da Swift subiu 663% comparado ao ocorrido em 2014.[6] Bredesen pode ter perdido, mas quem sabe o que esses eleitores adicionais — de um grupo dito como desiludido e desencorajado pelo sistema político vigente — podem fazer no futuro? Esses não eleitores podem ter se transformado politicamente simplesmente porque responderam a uma mensagem sincera de um mensageiro de alto status ao qual se sentiam conectados.

A intervenção política de Taylor Swift mostra como os *messengers effects* podem ser complexos, mas também demonstra que, apesar de serem complexos, não significa que não possam ser surpreendentemente poderosos. Às vezes, eles podem ser poderosos de uma forma que não esperaríamos intuitivamente. Imagine uma competidora, Jane, em um dos assentos de *Quem Quer Ser um Milionário?* — o programa de televisão no qual os competidores precisam responder perguntas cada vez mais difíceis para uma chance de ganhar grandes quantias de dinheiro. As coisas estão indo bem para ela até que fazem uma pergunta que, caso acerte, lhe renderá um belo prêmio. O problema é que a questão, sobre um filme da década de 1950 que ela nunca ouviu falar, a confunde completamente. Sabendo que é muito arriscado chutar, ela decide escolher uma das "ajudas" que o jogo permite, ligar para um amigo. Qual amigo escolher? Jane se lembra de ter conversado sobre cinema com algumas amigas, e uma delas, Jane conhecia muito mais que a outra, mas ela não se lembra sobre o conhecimento de filmes das duas. Acontece que uma dessas duas amigas compartilhava das opiniões políticas de Jane, enquanto a outra não, mas ela não está pensando nisso agora. Ela está pensando sobre qual amiga pode ajudá-la a responder a pergunta corretamente.

Esse cenário de *Quem Quer Ser um Milionário?* compartilha muitas das características de um estudo que um de nós conduziu com Eloise Copland, Eleanor Loh, Cass Sunstein e Tali Sharot, mencionado pela primeira vez no começo da Parte Dois (veja a página 144). Nossos resultados sugerem que Jane acabará escolhendo a amiga que compartilha de suas visões políticas, mesmo que ela tenha testemunhado evidências de que essa amiga sabe menos sobre filmes do que a amiga que discorda dela no âmbito político.[7] Objetivamente, ela sabe que concordância política não tem nenhuma relação com conhecimento cinematográfico, mas ela não está sendo objetiva. Ela está cometendo um erro humano: acreditando que diferentes habilidades e atributos, em vez de serem independentes uns dos outros, estão inextricavelmente conectados. E que só porque sua amiga é competente em um domínio, ela também provavelmente será em outro domínio não relacionado. Em essência, Jane está ouvindo o canto da sereia do mensageiro.

Essa voz é tão poderosa que pode ser uma presença ameaçadora em nossas mentes, frequentemente nos levando a realizar conexões que são, para todos os efeitos, ilógicas. Kevin Keegan é um ótimo jogador de futebol e era capitão da seleção, então podemos confiar nele no caso de uma aniquilação nuclear. Taylor Swift é uma ótima cantora pop, então, devemos seguir as recomendações políticas dela. Os resultados do nosso estudo sugerem que se perguntassem aos republicanos de Tennessee "Quão inteligente é Taylor Swift?" no dia 9 de outubro, o dia seguinte ao de sua postagem do Instagram, eles a teriam classificado muito abaixo do que fariam dois dias antes. O comportamentalista Edward Thorndike chamou esse fenômeno de *Efeito Halo*.[8] Ao longo de seus estudos, muitos dos quais conduzidos por grandes empresas, ele descobriu que era frequente as pessoas suporem que uma força ou fraqueza em uma área equivalia a uma força ou fraqueza similar em outra. Gerentes que precisavam classificar seus empregados em duas diferentes características — por exemplo, "liderança" e "inteligência", ou "confiabilidade" e "determinação" — tinham a tendência de permitir que a classificação de uma categoria guiasse seus sentimentos em uma segunda categoria não relacionada. Empregados vistos como fortes líderes eram, com frequência, classificados como inteligentes. Aqueles tidos como indecisos também eram vistos como insuficientes em outras áreas. Poucos empregados eram considerados inteligentes, mas indecisos, ou confiáveis, mas pouco inteligentes. Essencialmente, existiam dois grupos: os bons funcionários e os maus funcionários. Parece que as pessoas não julgam só um livro pela capa: elas julgam a biblioteca inteira. Uma vez que a audiência perceba que um mensageiro tem um *messenger effect* — geralmente por meio de um único sinal de fama, cordialidade, competência, carisma ou

MENSAGEIROS

atratividade — então um poderoso "Efeito Halo" influencia na avaliação dos outros traços desse mensageiro.

Tais suposições também funcionam em um nível interpessoal. Caso você conheça alguém em uma conferência e descubra que vocês dois têm um amigo em comum que você considera gentil, você pode acabar supondo que a pessoa que acabou de conhecer também é gentil.[9] Pela mesma razão, se a pessoa for amiga de alguém que você não gosta, você pode adquirir uma aversão instantânea a essa pessoa. Esses princípios, é claro, também funcionam em associações que fazemos entre pessoas e objetos, como o mundo da publicidade mostra de forma clara. Nós vemos uma blusa de forma favorável se ela for vestida por alguém que gostamos e acreditamos ter status. Ou, como foi o caso dos garotos propaganda da Nike, Tiger Woods e Lance Armstrong, podemos nos voltar contra coisas que gostávamos anteriormente simplesmente porque o mensageiro que as promovia caiu.[10]

Não é difícil ver as implicações associadas com cair na armadilha desse viés do mensageiro. Caso estejamos mais preparados para ouvir uma celebridade em vez de um especialista, a comprar alguma coisa simplesmente graças a sua associação com uma pessoa atraente, ou responder positivamente a um ponto de vista político só porque é o mesmo de um amigo, então, não surpreende que vivamos em um mundo inundado de "fake news", teorias da conspiração e maus conselhos. Esses traços de mensageiros, e os sinais que nos alertam sobre sua presença, podem ter uma consequência preocupante. Ainda que seja difícil admitir, nós corremos o risco de dar ouvidos ao mensageiro incorreto. É claro que nossa tendência é supor que *nós* somos imunes a esses efeitos. Dizemos a nós mesmos que os outros são suscetíveis às mensagens duvidosas de mensageiros mal-informados que simplesmente têm proeminência ou conexões. E que temos uma resistência que nos permite neutralizar essas forças. E, ainda, que não seremos enganados pelo mensageiro atraente vestindo uma marca de prestígio ou cair na armadilha de preferir um amador com uma opinião semelhante à nossa em vez de um especialista com opiniões divergentes, mas muito mais inteligente. Dizemos também que não sucumbiremos aos políticos carismáticos que prometem muito, mas fazem muito pouco. Acreditamos que somos os estudantes do Capítulo 1, que zombaram da ideia de não buzinar para um carro parado apenas porque era um carro de alto status.

As evidências, é claro, sugerem o contrário.

Então, o que pode ser feito? Duas ideias vêm à cabeça.

Primeiro, ser sincero e confiável costuma valer a pena. A desinformação é traiçoeira. Um estudo de 2018, por exemplo, que analisou mais de 125 mil novas histórias que circulavam no Twitter e foram categorizadas como fato ou ficção, e usou seis órgãos independentes de verificação de fatos, mostrou que as "fake news" viralizam mais do que os fatos, e que notícias falsas se espalham mais rápido e de maneira mais profunda entre audiências do que as notícias verdadeiras.[11] Notícias falsas ou exageradas — especialmente sobre terrorismo, ciência, finanças e lendas urbanas — têm maiores chances de serem disseminadas e geralmente são consideradas mais "novas" e "compartilháveis" do que notícias verdadeiras. Robôs, ao contrário do que muitas pessoas acreditam, têm as mesmas chances de compartilhar fatos e ficções. Humanos, nem tanto. A triste verdade é que são as pessoas que produzem "fake news" e são as pessoas que são mais propensas a propagá-las.

Essa descoberta deprimente sugere que é preciso considerar programas e políticas que possibilitem que maiores níveis de fidedignidade nas plataformas de mensagens mais importantes da sociedade sejam recompensados de alguma forma.

Ferramentas de rotular notícias que sinalizam a confiabilidade de novos itens e artigos, como o sistema de sinalização nas embalagens de alimentos, podem ajudar. O uso de algoritmos em plataformas de mídias sociais e notícias que exibissem conteúdo de fontes que os usuários consideram confiáveis também ajudariam. Outro estudo recente descobriu evidências que apoiam essa ideia. Usando notícias de 60 fontes — incluindo as bem populares como CNN, NPR, BBC e Fox News, além de sites mais partidários como Breitbart e now8news.com — o estudo descobriu, talvez de maneira surpreendente, que os leitores são bons em distinguir entre fontes de baixa e de alta qualidade. Na verdade, eles são tão bons quanto oito verificadores de fatos empregados para avaliar independentemente a fidedignidade.[12] Isso sugere que a habilidade de discernir entre verdade e fato é tanto uma função da preguiça quanto da ideologia, em parte porque existe muita informação sendo difundida.[13] Portanto, rótulos de confiança e algoritmos poderiam ser combinados com políticas que incentivem as plataformas a publicar fatos honestos e histórias críveis. Uma ideia que vale a pena investigar é o potencial de oferecer reduções de tributos ou incentivos (talvez na forma de redução de impostos corporativos) para as organizações e mídias sociais julgadas de maneira independente como altamente confiáveis. Para ser claro, nós não estamos sugerindo que os acionistas e executivos fiquem com o dinheiro extra. Em vez disso, ele deveria ser distribuído de maneira igualitária entre toda a equipe, para que todos tenham interesse no jogo, tanto em termos de prática quanto de policiamento de fidedignidade.

Policiar a fidedignidade por meio da tributação e outras políticas é algo complicado, então, uma maneira alternativa e possivelmente mais fácil de começar é conosco mesmos. Compreender melhor como nossas mentes respondem a esses potenciais traços de mensageiros pode nos tornar mais conscientes das armadilhas que nos aguardam. Consequentemente, pode ser útil que as pessoas aprendam ainda cedo, e não tarde, como o cérebro delas funciona. Aos 16 anos, estudantes da maioria dos países fazem provas de disciplinas como matemática, língua local e ciências. Psicologia raramente está presente. Na verdade, enquanto pouco mais de 40% dos estudantes em países incluindo os EUA e o Reino Unido estudam geografia por pelo menos dois anos quando alcançam os 16 anos de idade, apenas 2% estudam psicologia.[14] Deveríamos inferir que geografia é, talvez, mais útil e popular? Talvez não. Ao entrarmos na educação superior, os diplomas de psicologia parecem ser mais populares do que os de geografia e cada vez mais aparecem como conteúdos obrigatórios de outros programas de graduação e pós-graduação, como economia, marketing, comunicação e política.[15] O fato é que a maioria das pessoas sai da escola sem uma educação em psicologia básica, ou sobre quais tipos de sinais de mensageiros eles estarão mais propensos a reagir.

CONCLUSÃO

É possível discutir que os mensageiros mais importantes da sociedade não são só os professores, mas também os pais. Eles desempenham um papel muito importante ao encorajar conversas e discussões em casa sobre as questões e problemas que enfrentamos diariamente. Como nós decidimos em quem acreditar? Somos muito influenciados pelo carisma, confiança e aparência? Esses são, afinal, problemas que todos nós enfrentamos e que não desaparecerão. De nossa parte, esperamos que este livro forneça algumas das respostas e aponte para algumas lições práticas que devem ser aprendidas com os *soft* e *hard messengers*.

Há um mensageiro que supera todos os outros?

Uma pergunta que nos fizeram algumas vezes ao longo de nossa pesquisa é se existe um traço de mensageiro, entre os oito que identificamos, que é especialmente poderoso e supera todos os outros. Uma metanálise recente, que integrava os resultados de múltiplos estudos examinando o impacto da recomendação de celebridades em anúncios, sugere que esse pode ser o caso. Fidedignidade.[16] Essa mesma qualidade foi incluída em um trio de traços (especialização e similaridade foram as outras) em um relatório influente do governo britânico.[17] Fidedignidade também recebeu uma pontuação alta em outro conjunto de estudos de larga escala que procurava estabelecer qual dos traços é mais valorizado pelas pessoas ao redor do mundo (a pesquisa feita variou de indivíduos em comunidades remotas no Japão, Equador e Ilhas Maurício, até aqueles que viviam em cidades grandes do Reino Unido, USA e Austrália). Na pesquisa de publicidade, a competência veio em segundo lugar e atratividade em terceiro. Na pesquisa de valorização de traços, a competência também apareceu de modo mais proeminente, com cordialidade no topo da lista.[18]

A ressalva óbvia aqui é que as pessoas estavam respondendo duas questões bem específicas: uma voltada para a publicidade e outra voltada para os traços do mensageiro. Mesmo assim, ainda que fidedignidade e competência tenham uma pontuação alta nas duas pesquisas, existe claramente um abismo entre a compreensível escolha de atratividade na pesquisa de publicidade e na igualmente compreensível escolha de cordialidade na pesquisa global. Esse fato por si só já seria o suficiente para demonstrar os perigos de supor que alguns *messengers effects* são automaticamente mais poderosos que outros. Em vez disso, o que ele mostra é que, enquanto a percepção de fidedignidade é fundamental em uma grande variedade de situações, a eficácia de todos os *messengers effects* que discutimos depende de contextos específicos e das circunstâncias em questão.

A escolha aparentemente binária de *hard* e *soft* é um exemplo. Como regra, *hard messengers* são mais propensos a causar um impacto em audiências que procuram ganhar algo tangível deles: recursos, informações ou um líder para seguir. *Soft messengers* são mais atraentes para aqueles interessados em benefícios menos tangíveis: uma sensação de lealdade, de laço de pertencimento ou de respeito mútuo. Interessante citar que o *hard messenger effect* da atratividade pode ser poderoso em situações que geralmente seriam cenários propícios para um *soft messenger*, assim como o *soft messenger effect* do carisma lida bem com situações propícias ao *hard messenger*. Qualquer efeito será mais importante quando aqueles ao redor demonstrarem uma ausência geral dele.[19] O mensageiro habilidoso, portanto, não deve apenas ser capaz de sinalizar que tem vários traços, como também estar atento a situações específicas nas quais uma pessoa tem maiores chances de influenciar do que uma outra.

Pense nas hierarquias, por exemplo — ou, mais especificamente, aqueles no topo dela. Os *hard messengers* tendem a se dar bem para conseguir posições e subir em hierarquias organizacionais.[20] Isso é especialmente verdadeiro em tempos de incerteza ou conflito, quando a percepção de ameaças externas é tanta que as pessoas respondem bem a traços como a dominação.

Isso não significa que a liderança requer uma contínua expressão de status. Os resultados de um estudo recente examinando a dinâmica de supervisor e subordinado no exército de Taiwan mostraram que aqueles que se comportam de forma dominante e autoritária na frente dos subordinados são menos propensos a conseguir uma boa performance deles, e consequentemente acabarão mais insatisfeitos com seus empregados do que os líderes que, embora assertivos, também tenham compaixão.[21] De fato, os líderes vistos pelos outros como portadores de status são precisamente aqueles com maior probabilidade de se beneficiar de uma abordagem mais leve ao demonstrar cordialidade, fidedignidade e suas próprias vulnerabilidades.

Esse último ponto está em harmonia com um fenômeno bem-conhecido na psicologia, o *Efeito Pratfall*, que descreve como uma perda temporária de status pode fazer com que o mensageiro pareça mais humano, e portanto com maiores chances de realizar avaliações favoráveis.[22] O efeito foi demonstrado pela primeira vez na década de 1960 pelo psicólogo social Elliot Aronson, que mostrou que caso um mensageiro inteligente e competente seja visto cometendo um erro — para os fins do estudo de Aronson, isso consistiu em derramar uma xícara de café — os observadores não o classificaram como menos competente do que antes, mas muito mais simpático. Em contraste, pessoas testemunhando um mensageiro pouco competente realizando os mesmos erros de sempre o viam como evidenciando ser, de fato, incompetente — e como menos simpático também. Para o mensageiro de alto status, um pequeno deslize adicionou um yin a seu yang: fez com que ele parecesse uma pessoa mais completa.

Existem outras características altamente complexas e dependentes de contexto da sociedade humana que transcendem os *messenger effects*. Notadamente, entre elas estão aquelas relacionadas ao gênero e à cultura.

Gênero

Homens, segundo o estereótipo, são os *hard messengers* da sociedade: tradicionalmente considerados como mais autoritários do que as mulheres, seriam dessa forma mais adequados para cargos de liderança e poder. Inversamente, as mulheres são vistas como *soft messengers*: carinhosas, emocionalmente sensíveis — até mesmo vulneráveis (pense no estereótipo da dama em perigo).[23] Com isso, elas estiveram, e estão até hoje, em grande desvantagem em situações nas quais os *hard messenger effects* estão em jogo. Os outros podem não escutá-las ou dar pouco valor a seus conselhos e ideias. Além disso, podem acabar sendo preteridas em promoções ou para ocupar cargos públicos.

A situação tende a ser ainda pior para mulheres com filhos. Pesquisas mostram que mulheres com filhos que trabalham fora são mais questionadas sobre a habilidade de equilibrar as obrigações profissionais com as parentais do que os homens em idêntica condição. A proficiência delas também será posta em dúvida. Em um estudo, pediram às pessoas para que classificassem os perfis de uma série de consultores de gestão em termos de competência e cordialidade percebidas, e então dissessem quem prefeririam trabalhando em um projeto. Em geral, pais foram classificados como mais cordiais do que aqueles que não têm filhos, mas as mulheres sofreram um golpe duplo. Se elas não tinham filhos, eram vistas como competentes, mas frias. Se tivessem filhos, eram consideradas cordiais, mas menos competentes. Para homens com filhos, não houve esse tipo de troca. Na verdade, só houve ganhos: a classificação de competência permaneceu a mesma, mas a classificação de cordialidade melhorou.[24]

Pelo fato de que os homens tradicionalmente são agraciados com um maior status, os anunciantes na década de 1970 supunham que eles seriam mais adequados para vender coisas: até 70% dos anúncios daquela época tinham um homem como figura central. Embora possamos achar que vivemos agora em tempos mais iluminados, uma metanálise de 2017 envolvendo 46 estudos descobriu que as celebridades masculinas ainda são os mensageiros mais eficazes quando se trata de recomendar um produto, marca ou candidato político. Seu poder, experiência e confiança percebidos são fatores muito relevantes no público em geral.[25]

Existe, é claro, um traço *hard messenger* que a sociedade como um todo, e os anunciantes em particular, associam mais às mulheres do que aos homens: atratividade. É uma qualidade feita para chamar a atenção e despertar o interesse sexual nos homens e o aspiracional nas outras mulheres ("Quero ser como ela e ter o que ela tem"). Consequentemente, enquanto homens seminus são incomuns em anúncios, mulheres seminuas são onipresentes.[26]

Os sinais de atratividade podem levar até a um comportamento indesejado da parte do espectador: evidências mostram que após olhar anúncios que objetificam sexualmente as mulheres, homens são mais propensos a focar sua própria aparência física em detrimento de suas características humanas na vida real.[27] Tais anúncios também criam expectativas sociais entre as mulheres, fazendo com que aquelas que se veem como menos atraentes também se vejam como menos merecedoras.[28] Algumas pessoas têm procurado reverter essa tendência. Em 2004, Dove — uma marca de hidratantes corporais, produtos para o cabelo, sabonetes líquidos e antitranspirantes — desafiou seus consumidores a reavaliarem a beleza feminina ao usar mulheres comuns (em vez de modelos profissionais) de diferentes tipos e figurinos como defensoras da marca. Ainda que a campanha não tenha conquistado uma aprovação universal, ela certamente fomentou o diálogo sobre as expectativas e pressões que os anunciantes estão colocando sobre as mulheres. Um tanto quanto deprimente, parece que as respostas das mulheres para esses anúncios dependem de como os homens reagem a eles. Um estudo recente nos Estados Unidos descobriu que mulheres que viram fotos de modelos nos tamanhos GG (em vez do tamanho médio) só experimentavam maiores níveis de autoestima e satisfação se ouvissem que essas fotos foram consideradas atraentes por *homens*. Aquelas que viram as imagens, mas não receberam a informação ou que ouviram que outras mulheres acharam as modelos de tamanho médio atraentes não reagiram da mesma maneira.[29] Se a atratividade causou problemas para as mulheres, os sinais de dominação que são associados aos homens historicamente já causaram problemas para toda a sociedade. Muitos argumentaram — não sem ser contestados — que a segunda metade do último século tem sido o período mais pacífico da ocupação humana no planeta.[30] Como consequência disso, é tentador inferir que mensageiros dominantes talvez não detenham os mesmos níveis de poder e influência de outrora, e que em um mundo cada vez mais conectado os *soft messengers* terão condições de exercer influência mais frequentemente. Algumas pessoas já afirmaram que "se as mulheres governassem o mundo, haveria uma redução de conflitos e guerras". Isso pode ser verdade, mas nós oferecemos uma perspectiva diferente. Dado que os *hard messengers* da sociedade — especialmente os dominantes e autoritários — normalmente prosperam em situações de crise, ameaças e conflitos competitivos, uma conclusão alternativa pode ser mais adequada.

Se houver menos conflitos e guerras, então as mulheres, que são estereotipadas como mais cordiais e empáticas que os homens, provavelmente governariam o mundo.

Cultura

Em culturas interdependentes — nas quais a coesão é mais valorizada do que a contribuição individual — os traços dos *soft messengers* como cordialidade e fidedignidade são mais recompensados. Em culturas independentes, os traços dos *hard messengers* aparecem como uma rota mais eficaz para o sucesso do mensageiro. Isso é verdade tanto no nível organizacional quanto no nível social.[31] Países da América Latina, geralmente vistos como mais coletivistas, são mais propensos a valorizar traços dos *soft messengers*, como cordialidade e generosidade, enquanto países individualistas como os da América do Norte colocam um maior valor nos traços dos *hard messengers*, como dominação e posição socioeconômica. As pessoas de culturas coletivistas também têm menos chances de adotar estratégias de autopromoção do que aquelas que vêm de culturas individualistas.[32] Por exemplo, estudos descobriram que as crianças chinesas são mais propensas a exibir modéstia após uma boa ação. Crianças canadenses, por outro lado, tendem a se vangloriar por terem se comportado bem.[33]

CONCLUSÃO

Na esfera política, os traços dos mensageiros capazes de prever o sucesso eleitoral também variam de cultura para cultura. Nos EUA, um político visto como dominante provavelmente também será visto como competente e ganhará votos em razão disso. No Japão, por outro lado, políticos vistos como cordiais serão com mais frequência considerados competentes e assim poderão receber mais votos. De fato, a cultura japonesa de um modo geral coloca grande ênfase nos ideais de modéstia, humildade e autoaperfeiçoamento.[34]

O que são, então, os numerosos casos de culturas coletivistas votando em líderes com traços de *hard messengers*, como Xi Jinping na China e Nicolás Maduro na Venezuela? Algo diferente está claramente acontecendo aqui. A extensão na qual um país é liderado por alguém com traços de *hard* ou *soft messengers* também é afetada pelo Índice de Distância do Poder, termo cunhado pelo psicólogo social holandês Geert Hofstede para descrever o quanto os cidadãos esperam, e estão dispostos a aceitar, uma distribuição desigual do poder dentro de uma cultura.[35] Países com alta pontuação no Índice de Distância do Poder (a China tem 80 pontos e a Venezuela, 81) aceitam que o poder seja distribuído desigualmente e, portanto, que ele seja centralizado em alguns poucos líderes. Em culturas com baixo Índice de Distribuição do Poder (os EUA tem 40 pontos, o Reino Unido e a Finlândia, 31), os cidadãos são mais independentes e exigem líderes com uma variedade muito mais equilibrada de traços de mensageiros: rígido quando necessário, mas, de modo geral, simpático e conectado com o povo.

Ouvir... Acreditar... Tornar-se

Este livro representa os frutos de nossa investigação em mais de 60 anos de pesquisas explorando os traços dos comunicadores que as pessoas estão mais inclinadas a ouvir. É um corpo de pesquisa tão rico quanto amplo, abrangendo todas as esferas da vida, desde o ambiente de trabalho até a política e a vida familiar, e também formas de comunicação que vão da conversação cotidiana à mídia e ao mundo online. Os oito *messengers effects* que discutimos — quatro deles sendo *hard effects* ligados a status, e os outros quatro *soft effects* relacionados à conexão — sustentam cada aspecto da interação social cotidiana. Eles também ajudam a explicar três processos importantes: quem nós ouvimos, o que nós acreditamos e quem nos tornamos.

Ouvir

Em cada um desses oito traços de mensageiros a qualidade de chamar atenção é automática e independe do pensamento racional. Entretanto, as pesquisas mais recentes sugerem que aqueles percebidos como poderosos e dominantes, que potencialmente têm o maior impacto no nosso bem-estar, são escutados mais rapidamente do que os *soft messengers*.[36] De maneira similar, indivíduos atraentes também chamam a atenção de forma particularmente fácil e rápida, graças ao valor evolutivo e social dessa característica.[37] É claro que, só porque uma pessoa chama a atenção, isso não garantirá que as ideias, opiniões ou pedidos expressos por ela serão aceitos, mas significa que serão escutados. O fato de que eles estão recebendo atenção e sendo ouvidos significa que têm mais chances de serem levados em consideração.

Acreditar

Se as pessoas são atraídas por esses oitos traços, a forma como respondem é moldada pelas suposições que elas fazem sobre aqueles que os transmitem. Conselhos que podem salvar vidas são muito mais convincentes nas mãos de quem parece ser um especialista. Instruções durante uma simulação de incêndio são muito mais críveis quando feitas por um indivíduo com uma voz que pareça ser dominante. Encorajamento e empatia parecem muito mais sinceros quando expressados por um mensageiro que é visto como cordial. As pessoas podem ouvir qualquer um dos *messenger effects*, mas o quanto elas acreditarão no que escutam depende da natureza do mensageiro e da natureza de sua própria rede de mensagem.

Tornar-se

À medida que os ouvintes se tornam mais atentos e receptivos, um terceiro fator entra em jogo. Não só eles potencialmente começam a acreditar no mensageiro, como essa crença pode começar a moldar seu comportamento e quem eles se tornarão. Um adolescente tímido pode ser convidado por seu amigo dominantemente agressivo a usar drogas, ou entrar em uma gangue, ou ele pode ser convencido por um colega carismático a não fazer nada disso. A escolha de carreira ou de parceiro de um adulto pode ser moldada pela influência de um mensageiro especialmente poderoso, bem como a decisão de vacinar (ou não) suas crianças, gerando um impacto não só na saúde da criança, como em todas aquelas ao redor. Uma pessoa apolítica pode se tornar um ávido eleitor por uma celebridade. Em alguns casos podem até mesmo votar na celebridade, abrindo a possibilidade de um país inteiro ser moldado não necessariamente por um mensageiro proficiente, mas simplesmente por um que é proeminente e dominante.

Nossas personalidades fundamentais podem ser geneticamente codificadas e se manterem relativamente estáveis com o tempo, mas todo o resto de nossa vida pode ser suscetível aos mensageiros que ouvimos.

REFERÊNCIAS

Introdução

1. A história de Cassandra está em *Agamemnon*, de Ésquilo.
2. Buffett, W. (2000), 'Letter to the Shareholders of Berkshire Hathaway Inc.', p. 14. Disponível em: http://www.berkshirehathaway.com/letters/2000pdf.pdf; Dukcevich, D. (2002), 'Buffett's Doomsday Scenario'. Disponível em: https://www.forbes.com/2002/05/06/0506buffett.html#3b3635e046a5.
3. Lewis, M. (2011), *The Big Short: Inside the doomsday machine*, Nova York, NY: W.W. Norton.
4. Schkade, D. A. & Kahneman, D. (1998), 'Does living in California make people happy? A focusing illusion in judgments of life satisfaction', *Psychological Science*, 9(5), 340-6.
5. Meindl, J. R., Ehrlich, S. B. & Dukerich, J. M. (1985), 'The romance of leadership', *Administrative Science Quarterly*, 30(1), 78-102.
6. John, L. K., Blunden, H., & Liu, H. (2019), 'Shooting the messenger', *Journal of Experimental Psychology: General*, 148(4), 644.
7. http://news.bbc.co.uk/local/bradford/hi/people_and_places/arts_and_culture/newsid_8931000/8931369.stm.
8. Ambady, N. & Rosenthal, R. (1992), 'Thin slices of expressive behavior as predictors of interpersonal consequences: A meta-analysis', *Psychological Bulletin*, 111(2), 256-74. Ver também Rule, N. O. & Sutherland, S. L. (2017), 'Social categorization from faces: Evidence from obvious and ambiguous groups', *Current Directions in Psychological Science*, 26, 231-6; Tskhay, K. O. & Rule, N. O. (2013), 'Accuracy in categorizing perceptually ambiguous groups: A review and meta-analysis', *Personality and Social Psychology Review*, 17(1), 72-86.
9. Ambady, N. & Rosenthal, R. (1993), 'Half a minute: Predicting teacher evaluations from thin slices of nonverbal behavior and physical attractiveness', *Journal of Personality and Social Psychology*, 64(3), 431-41.

REFERÊNCIAS

10   Todorov, A., Pakrashi, M. & Oosterhof, N. N. (2009), 'Evaluating faces on trustworthiness after minimal time exposure', *Social Cognition*, *27*(6), 813–33; Willis, J. & Todorov, A. (2006), 'First impressions: Making up your mind after 100ms exposure to a face', *Psychological Science*, *17*(7), 592–8.

11   Jones, E. E. & Pittman, T. S. (1982), 'Toward a general theory of strategic self-presentation', in J. Suls (ed.), *Psychological Perspectives on the Self*, Hillsdale, NJ: Erlbaum, Vol. 1, pp. 231–62.

Parte Um: *Hard Messengers*

1   Gangadharbatla, H. & Valafar, M. (2017), 'Propagation of user-generated content online', *International Journal of Internet Marketing and Advertising*, *11*(3), 218–32.

2   https://www.washingtonpost.com/news/the-fix/wp/2017/08/15/obamas-response-to-charlottesville-violence-is-one-of-the-most-popular-in-twitters-history/?utm_term=.4d300c2e83aa.

3   Kraus, M. W., Park, J. W. & Tan, J. J. (2017), 'Signs of social class: The experience of economic inequality in everyday life', *Perspectives on Psychological Science*, *12*(3), 422–35.

Capítulo 1: Posição Socioeconômica

1   Dubner, S. J. (22 de julho de 2015), *Aziz Ansari Needs Another Toothbrush* [Audio podcast]. Retirado de: http://freakonomics.com/podcast/aziz-ansari-needs- another-toothbrush-a-new-freakonomics-radio-episode/.

2   Chan, E. & Sengupta, J. (2010), 'Insincere flattery actually works: A dual attitudes perspective', *Journal of Marketing Research*, *47*(1), 122–33; Fogg, B. J. & Nass, C. (1997), 'Silicon sycophants: The effects of computers that flatter', *International Journal of Human-Computer Studies*, *46*(5), 551–61.

3   Gordon, R. A. (1996), 'Impact of ingratiation on judgments and evaluations: A meta-analytic investigation', *Journal of Personality and Social Psychology*, *71*, 54–70.

4   https://eu.desertsun.com/story/life/entertainment/movies/film-festival/2016/12/30/want-red-carpet-autograph-try-these-tricks/95963304/; existem também sites que fornecem modelos de cartas de autógrafo. Novamente, o princípio do elogio antes do pedido é claramente evidente: https://www.wikihow.com/Write-an-Autograph-Request-Letter.

5   As duas pesquisas do Reino Unido que investigam as aspirações de carreira das crianças de dez anos: https://www.taylorherring.com/blog/index.php/tag/traditional-careers/ e http://www.telegraph.co.uk/news/newstopics/howaboutthat/11014591/One-in- five-children-just-want-to-be-rich-when-they-grow-up.html.

REFERÊNCIAS

6. Berger, J., Cohen, B. P. & Zelditch, M. (1972), 'Status characteristics and social interaction', *American Sociological Review, 37*(3), 241–55.

7. Doob, A. N. & Gross, A. E. (1968), 'Status of frustrator as an inhibitor of hornhonking responses', *The Journal of Social Psychology, 76*(2), 213–18.

8. Guéguen, N., Meineri, S., Martin, A. & Charron, C. (2014), 'Car status as an inhibitor of passing responses to a low-speed frustrator', *Transportation Research Part F: Traffic Psychology and Behaviour, 22*, 245–8.

9. Veblen, T. (2007), *The Theory of the Leisure Class: An economic study of institutions*, Nova York, NY: Oxford University Press (original publicado em 1899).

10. Nelissen, R. M. & Meijers, M. H. (2011), 'Social benefits of luxury brands as costly signals of wealth and status', *Evolution and Human Behavior, 32*(5), 343–55.

11. Zahavi, A. (1975), 'Mate selection — a selection for a handicap', *Journal of Theoretical Biology, 53*(1), 205–14.

12. Van Kempen, L. (2004), 'Are the poor willing to pay a premium for designer labels? A field experiment in Bolivia', *Oxford Developmental Studies, 32*(2), 205–24.

13. Bushman, B. J. (1993), 'What's in a name? The moderating role of public self-consciousness on the relation between brand label and brand preference', *Journal of Applied Psychology, 78*(5), 857–61.

14. Ward, M. K. & Dahl, D. W. (2014), 'Should the devil sell Prada? Retail rejection increases aspiring consumers' desire for the brand', *Journal of Consumer Research, 41*(3), 590–609.

15. Scott, M. L., Mende, M. & Bolton, L. E. (2013), 'Judging the book by its cover? How consumers decode conspicuous consumption cues in buyer–seller relationships', *Journal of Marketing Research, 50*(3), 334–47.

16. Solnick, S. J. & Hemenway, D. (2005), 'Are positional concerns stronger in some domains than in others?', *The American Economic Review, 95*(2), 147–51.

17. Lafargue, P. (1883). *The Right to be Lazy*. Traduzido pata o inglês por Charles Kerr. Disponível em: https://www.marxists.org/archive/lafargue/1883/lazy/.

18. Kraus, M. W., Park, J. W. & Tan, J. J. (2017), 'Signs of social class: The experience of economic inequality in everyday life', *Perspectives on Psychological Science, 12*(3), 422–35.

19. Becker, J. C., Kraus, M. W. & Rheinschmidt-Same, M. (2017), 'Cultural expressions of social class and their implications for group-related beliefs and behaviors', *Journal of Social Issues, 73*, 158–74.

20. Bjornsdottir, R. T. & Rule, N. O. (2017), 'The visibility of social class from facial cues', *Journal of Personality and Social Psychology, 113*(4), 530–46.

21. Blease, C. R. (2015), 'Too many "friends", too few "likes"? Evolutionary psychology and "Facebook depression"', *Review of General Psychology, 19*(1), 1–13; Kross, E., Verduyn, P., Demiralp, E., Park, J., Lee, D. S., Lin, N., Shablack, H., Jonides, J. & Ybarra, O. (2013), 'Facebook use predicts declines in subjective well-being in young adults', *PloS one, 8*(8), e69841.

REFERÊNCIAS

22 Kraus, M. W. & Keltner, D. (2009), 'Signs of socioeconomic status: A thin-slicing approach', *Psychological Science*, *20*(1), 99–106.

23 Berger, J., Rosenholtz, S. J. & Zelditch, M. (1980), 'Status organizing processes', *Annual Review of Sociology*, *6*, 479–508.

24 Anderson, C., Hildreth, J. A. D. & Howland, L. (2015), 'Is the desire for status a fundamental human motive? A review of the empirical literature', *Psychological Bulletin*, *141*(3), 574–601; Sidanius, J. & Pratto, F. (2001), *Social Dominance: An intergroup theory of social hierarchy and oppression*, Nova York, NY: Cambridge University Press.

25 Van Vugt, M., Hogan, R. & Kaiser, R. B. (2008), 'Leadership, followership, and evolution: Some lessons from the past', *American Psychologist*, *63*(3), 182–96.

26 Lerner, M. J. (1980), *The Belief in a Just World: A fundamental delusion*, Nova York, NY: Plenum Press.

27 Furnham, A. F. (1983), 'Attributions for affluence', *Personality and Individual Differences*, *4*(1), 31–40.

28 Sloane, S., Baillargeon, R. & Premack, D. (2012), 'Do infants have a sense of fairness?', *Psychological Science*, *23*(2), 196–204.

29 Jonason, P. K., Li, N. P. & Madson, L. (2012), 'It is not all about the Benjamins: Understanding preferences for mates with resources', *Personality and Individual Differences*, *52*(3), 306–10.

30 Van de Ven, N., Zeelenberg, M. & Pieters, R. (2009), 'Leveling up and down: The experiences of benign and malicious envy', *Emotion*, *9*(3), 419–29.

31 Lefkowitz, M., Blake, R. R. & Mouton, J. S. (1955), 'Status factors in pedestrian violation of traffic signals', *Journal of Abnormal and Social Psychology*, *51*(3), 704–6.

32 Maner, J. K., DeWall, C. N. & Gailliot, M. T. (2008), 'Selective attention to signs of success: Social dominance and early stage interpersonal perception', *Personality and Social Psychology Bulletin*, *34*(4), 488–501.

33 https://www.scmp.com/news/hong-kong/health-environment/article/2132545/experts-denounce-canto-pop-stars-claim-harmful-flu.

34 Knoll, J. & Matthes, J. (2017), 'The effectiveness of celebrity endorsements: A meta-analysis', *Journal of the Academy of Marketing Science*, *45*(1), 55–75.

35 http://fashion.telegraph.co.uk/news-features/TMG8749219/Lacoste-asks-Norway-police-to-ban-Anders-Behring-Breivik-wearing-their-clothes.html.

36 https://www.cbsnews.com/news/kanye-im-the-voice-of-this-generation/.

37 https://www.wmagazine.com/story/kanye-west-on-kim-kardashian-and-his-new-album-yeezus.

38 https://www.nytimes.com/2013/06/16/arts/music/kanye-west-talks-about-his-career-and-album-yeezus.html.

39 Campbell, W. K., Rudich, E. A. & Sedikides, C. (2002), 'Narcissism, self-esteem, and the positivity of self-views: Two portraits of self-love', *Personality and Social Psychology Bulletin*, *28*(3), 358–68; Campbell, W. K., Brunell, A. B. & Finkel, E. J. (2006), 'Narcissism, interpersonal self-regulation, and romantic relationships: An agency model approach', in K. D. Vohs & E. J. Finkel (eds), *Self and Relationships: Connecting intrapersonal and interpersonal processes*, Nova York, NY: Guilford Press, pp. 57–83.

Capítulo 2: Competência

1. Davis, N. M. & Cohen, M. R. (1981), *Medication Errors: Causes and prevention*, Michigan, MI: George F. Stickley.
2. Cialdini, R. B. (2009), *Influence: The Psychology of Persuasion*, Nova York, NY: HarperCollins.
3. Henrich, J. & Gil-White, F. J. (2001), 'The evolution of prestige: Freely conferred deference as a mechanism for enhancing the benefits of cultural transmission', *Evolution and Human Behavior*, 22(3), 165-96.
4. Engelmann, J. B., Capra, C. M., Noussair, C. & Berns, G. S. (2009), 'Expert financial advice neurobiologically "offloads" financial decision-making under risk', *PLoS one*, 4, e4957.
5. Milgram, S. (1974), *Obedience to Authority*, London: Tavistock Publications.
6. Mangum, S., Garrison, C., Lind, C., Thackeray, R. & Wyatt, M. (1991), 'Perceptions of nurses' uniforms', *Journal of Nursing Scholarship*, 23(2), 127-30; Raven, B. H. (1999), 'Kurt Lewin address: Influence, power, religion, and the mechanisms of social control', *Journal of Social Issues*, 55(1), 161-86.
7. Leary, M. R., Jongman-Sereno, K. P. & Diebels, K. J. (2014), 'The pursuit of status: A self-presentational perspective on the quest for social value', in J. T. Cheng, J. L. Tracy & C. Anderson (eds.), *The Psychology of Social Status*, Nova York, NY: Springer, pp. 159-78.
8. Ekman, P. (2007), *Emotions Revealed: Recognizing faces and feelings to improve communication and emotional life*, Nova York, NY: Henry Holt and Company.
9. Rule, N. O. & Ambady, N. (2008), 'The face of success: Inferences from chief executive officers' appearance predict company profits', *Psychological Science*, 19(2), 109-11.
10. Rule, N. O. & Ambady, N. (2009), 'She's got the look: Inferences from female chief executive officers' faces predict their success', *Sex Roles*, 61(9-10), 644-52.
11. Ballew, C. C. & Todorov, A. (2007), 'Predicting political elections from rapid and unreflective face judgments', *Proceedings of the National Academy of Sciences*, 104(46), 17948-53.
12. Antonakis, J. & Dalgas, O. (2009), 'Predicting elections: Child's play!', *Science*, 323(5918), 1183.
13. Pulford, B. D., Colman, A. M., Buabang, E. K. & Krockow, E. M. (2018), 'The persuasive power of knowledge: Testing the confidence heuristic', *Journal of Experimental Psychology: General*, 147(10), 1431-44.
14. Anderson, C., Brion, S., Moore, D. A. & Kennedy, J. A. (2012), 'A Status enhancement account of overconfidence', *Journal of Personality and Social Psychology*, 103(4), 718-35.
15. Bayarri, M. J. & DeGroot, M. H. (1989), 'Optimal reporting of predictions', *Journal of the American Statistical Association*, 84(405), 214-22; Hertz, U., Palminteri, S., Brunetti, S., Olesen, C., Frith, C. D. & Bahrami, B. (2017), 'Neural computations underpinning the strategic management of influence in advice giving', *Nature Communications*, 8(1), 2191.

REFERÊNCIAS

16 Karmarkar, U. R. & Tormala, Z. L. (2010), 'Believe me, I have no idea what I'm talking about: The effects of source certainty on consumer involvement and persuasion', *Journal of Consumer Research*, 36(6), 1033–49.

17 Sezer, O., Gino, F. & Norton, M. I. (2018), 'Humblebragging: A distinct – and ineffective – self-presentation strategy', *Journal of Personality and Social Psychology*, 114(1), 52–74.

18 Godfrey, D. K., Jones, E. E. & Lord, C. G. (1986), 'Self-promotion is not ingratiating', *Journal of Personality and Social Psychology*, 50(1), 106–15.

19 Lewis, M. (2011), *The Big Short: Inside the doomsday machine*, Nova York, NY: W.W. Norton.

20 Pfeffer, J., Fong, C. T., Cialdini, R. B. & Portnoy, R. R. (2006), 'Overcoming the self-promotion dilemma: Interpersonal attraction and extra help as a consequence of who sings one's praises', *Personality and Social Psychology Bulletin*, 32(10), 1362–74.

21 Wright, L. A. (2016), *On Behalf of the President: Presidential Spouses and White House Communications Strategy Today*, Connecticut, CT: Praeger.

22 Tormala, Z. L., Jia, J. S. & Norton, M. I. (2012), 'The preference for potential', *Journal of Personality and Social Psychology*, 103(4), 567–83.

23 https://www.theguardian.com/technology/2017/apr/10/tesla-most-valuable-car-company-gm-stock-price.

24 https://www.nytimes.com/video/us/politics/100000004564751/obama-says-trump-unfit-to-serve-as-president.html.

Captítulo 3: Dominação

1 https://www.vox.com/policy-and-politics/2016/9/27/13017666/presidential-debate-trump-clinton-sexism-interruptions.

2 Cheng, J. T., Tracy, J. L., Foulsham, T., Kingstone, A. & Henrich, J. (2013), 'Two ways to the top: Evidence that dominance and prestige are distinct yet viable avenues to social rank and influence', *Journal of Personality and Social Psychology*, 104(1), 103–25.

3 Henrich, J. & Gil-White, F. J. (2001), 'The evolution of prestige: Freely conferred deference as a mechanism for enhancing the benefits of cultural transmission', *Evolution and Human Behavior*, 22(3), 165–96.

4 Altemeyer, R. (2006), *The Authoritarians*. Disponível em: https://theauthoritarians.org/Downloads/TheAuthoritarians.pdf.

5 Halevy, N., Chou, E. Y., Cohen, T. R. & Livingston, R. W. (2012), 'Status conferral in intergroup social dilemmas: Behavioral antecedents and consequences of prestige and dominance', *Journal of Personality and Social Psychology*, 102(2), 351–66.

6 Sidanius, J. & Pratto, F. (2004), *Social Dominance: An Intergroup Theory of Social Hierarchy and Oppression*, Cambridge, UK: Cambridge University Press.

7 Fiske, S. T. (2010), 'Interpersonal stratification: Status, power, and subordination', in S. T. Fiske, D. T. Gilbert & G. Lindzey (eds), *Handbook of Social Psychology*, Hobo-

REFERÊNCIAS

ken, NJ: John Wiley & Sons, pp. 941-82; Henrich, J. & Gil- White, F. J. (2001), 'The evolution of prestige: Freely conferred deference as a mechanism for enhancing the benefits of cultural transmission', *Evolution and Human Behavior*, 22(3), 165-96.

8. Deaner, R. O., Khera, A. V. & Platt, M. L. (2005), 'Monkeys pay per view: Adaptive valuation of social images by rhesus macaques', *Current Biology*, 15(6), 543-8. Ver também Shepherd, S. V., Deaner, R. O. & Platt, M. L. (2006), 'Social status gates social attention in monkeys', *Current Biology*, 16(4), R119-R120.

9. Hare, B., Call, J. & Tomasello, M. (2001), 'Do chimpanzees know what conspecifics know?', *Animal Behaviour*, 61(1), 139-51.

10. Mascaro, O. & Csibra, G. (2014), 'Human infants' learning of social structures: The case of dominance hierarchy', *Psychological Science*, 25(1), 250-5.

11. Gazes, R. P., Hampton, R. R. & Lourenco, S. F. (2017), 'Transitive inference of social dominance by human infants', *Developmental science*, 20(2), e12367.

12. Enright, E. A., Gweon, H. & Sommerville, J. A. (2017), '"To the victor go the spoils": Infants expect resources to align with dominance structures', *Cognition*, 164, 8-21.

13. Vacharkulksemsuk, T., Reit, E., Khambatta, P., Eastwick, P. W., Finkel, E. J. & Carney, D. R. (2016), 'Dominant, open nonverbal displays are attractive at zero- acquaintance', *Proceedings of the National Academy of Sciences*, 113(15), 4009-14.

14. https://www.huffingtonpost.com/2013/05/12/worl-photo-caption-contest-shirtless--putin_n_3263512.html.

15. Tiedens, L. Z. & Fragale, A. R. (2003), 'Power moves: complementarity in dominant and submissive nonverbal behavior', *Journal of Personality and Social Psychology*, 84(3), 558-68; Hall, J. A., Coats, E. J. & LeBeau, L. S. (2005), 'Nonverbal behavior and the vertical dimension of social relations: a meta- analysis', *Psychological Bulletin*, 131(6), 898-924.

16. Mauldin, B. & Novak, R. (1966), *Lyndon B. Johnson: The Exercise of Power*, Nova York, NY: New American Library.

17. Mast, M. S. & Hall, J. A. (2004), 'Who is the boss and who is not? Accuracy of judging status', *Journal of Nonverbal Behavior*, 28(3), 145-65.

18. Charafeddine, R., Mercier, H., Clément, F., Kaufmann, L., Berchtold, A., Reboul, A. & Van der Henst, J. B. (2015), 'How preschoolers use cues of dominance to make sense of their social environment', *Journal of Cognition and Development*, 16(4), 587-607.

19. Lewis, C. S. (1952), *Mere Christianity*, Nova York, NY: Macmillan.

20. Shariff, A. F., Tracy, J. L. & Markusoff, J. L. (2012), '(Implicitly) judging a book by its cover: The power of pride and shame expressions in shaping judgments of social status', *Personality and Social Psychology Bulletin*, 38(9), 1178-93.

21. Tracy, J. L. & Matsumoto, D. (2008), 'The spontaneous expression of pride and shame: Evidence for biologically innate nonverbal displays', *Proceedings of the National Academy of Sciences*, 105(33), 11655-60.

22. Tracy, J. L. & Robins, R. W. (2007), 'The prototypical pride expression: development of a nonverbal behavior coding system', *Emotion*, 7(4), 789-801.

23. Shariff, A. F. & Tracy, J. L. (2009), 'Knowing who's boss: Implicit perceptions of status from the nonverbal expression of pride', *Emotion*, 9(5), 631-9.

REFERÊNCIAS

24 Tracy, J. L., Shariff, A. F., Zhao, W. & Henrich, J. (2013), 'Cross-cultural evidence that the nonverbal expression of pride is an automatic status signal', *Journal of Experimental Psychology: General*, 142(1), 163–80.

25 Tracy, J. L., Cheng, J. T., Robins, R. W. & Trzesniewski, K. H. (2009), 'Authentic and hubristic pride: The affective core of self-esteem and narcissism', *Self and Identity*, 8(2), 196–213.

26 Martin, J. D., Abercrombie, H. C., Gilboa-Schechtman, E. & Niedenthal, P. M. (2018), 'Functionally distinct smiles elicit different physiological responses in an evaluative context', *Scientific Reports*, 8(1), 3558.

27 Sell, A., Cosmides, L., Tooby, J., Sznycer, D., Von Rueden, C. & Gurven, M. (2009), 'Human adaptations for the visual assessment of strength and fighting ability from the body and face', *Proceedings of the Royal Society of London B: Biological Sciences*, 276(1656), 575–84.

28 Carré, J. M. & McCormick, C. M. (2008), 'In your face: facial metrics predict aggressive behaviour in the laboratory and in varsity and professional hockey players', *Proceedings of the Royal Society B: Biological Sciences*, 275(1651), 2651–6.

29 Zilioli, S., Sell, A. N., Stirrat, M., Jagore, J., Vickerman, W. & Watson, N. V. (2015), 'Face of a fighter: Bizygomatic width as a cue of formidability', *Aggressive Behavior*, 41(4), 322–30.

30 Haselhuhn, M. P., Wong, E. M., Ormiston, M. E., Inesi, M. E. & Galinsky, A. D. (2014), 'Negotiating face-to-face: Men's facial structure predicts negotiation performance', *The Leadership Quarterly*, 25(5), 835–45.

31 Imagem disponível sob os termos da Creative Commons Attribution Licence e publicada em Kramer, R. S., Jones, A. L. & Ward, R. (2012), 'A lack of sexual dimorphism in width-to-height ratio in white European faces using 2D photographs, 3D scans, and anthropometry', *PloS one*, 7(8), e42705.

32 Cogsdill, E. J., Todorov, A. T., Spelke, E. S. & Banaji, M. R. (2014), 'Inferring character from faces: A developmental stud', *Psychological Science*, 25(5), 1132–9.

33 Little, A. C. & Roberts, S. C. (2012), 'Evolution, appearance, and occupational success', *Evolutionary Psychology*, 10(5), 782–801.

34 Stulp, G., Buunk, A. P., Verhulst, S. & Pollet, T. V. (2015), 'Human height is posi- tively related to interpersonal dominance in dyadic interactions', *PLoS One*, 10(2), e0117860.

35 Thomsen, L., Frankenhuis, W. E., Ingold-Smith, M. & Carey, S. (2011), 'Big and mighty: Preverbal infants mentally represent social dominance', *Science*, 331 (6016), 477–80.

36 Lukaszewski, A. W., Simmons, Z. L., Anderson, C. & Roney, J. R. (2016), 'The role of physical formidability in human social status allocation', *Journal of Personality and Social Psychology*, 110(3), 385–406.

37 Judge, T. A. & Cable, D. M. (2004), 'The effect of physical height on workplace success and income: Preliminary test of a theoretical model', *Journal of Applied Psychology*, 89(3), 428–41.

38 Klofstad, C. A., Nowicki, S. & Anderson, R. C. (2016), 'How voice pitch influences our choice of leaders', *American Scientist*, 104(5), 282–7.

REFERÊNCIAS

39 Tigue, C. C., Borak, D. J., O'Connor, J. J., Schandl, C. & Feinberg, D. R. (2012), 'Voice pitch influences voting behavior', *Evolution and Human Behavior, 33*(3), 210–16.

40 Klofstad, C. A., Anderson, R. C. & Nowicki, S. (2015), 'Perceptions of competence, strength, and age influence voters to select leaders with lower-pitched voices', *PloS one, 10*(8), e0133779.

41 Laustsen, L., Petersen, M. B. & Klofstad, C. A. (2015), 'Vote choice, ideology, and social dominance orientation influence preferences for lower pitched voices in political candidates', *Evolutionary Psychology, 13*(3), 1–13.

42 Banai, I. P., Banai, B. & Bovan, K. (2017), 'Vocal characteristics of presidential candidates can predict the outcome of actual elections', *Evolution and Human Behavior, 38*(3), 309–14.

43 Kipnis, D., Castell, J., Gergen, M. & Mauch, D. (1976), 'Metamorphic effects of power', *Journal of Applied Psychology, 61*(2), 127–35.

44 Bickman, L. (1974), 'The Social Power of a Uniform', *Journal of Applied Social Psychology, 4*(4), 47–61.

45 Brief, A. P., Dukerich, J. M. & Doran, L. I. (1991), 'Resolving ethical dilemmas in management: Experimental investigations of values, accountability, and choice', *Journal of Applied Social Psychology, 21*(5), 380–96.

46 https://www.nytimes.com/2007/05/10/business/11drug-web.html.

47 https://www.moneymarketing.co.uk/im-like-a-whores-drawers-what-rbs-traders-said-over-libor/.

48 Braver, S. L., Linder, D. E., Corwin, T. T. & Cialdini, R. B. (1977), 'Some conditions that affect admissions of attitude change', *Journal of Experimental Social Psychology, 13*(6), 565–76.

49 Schwartz, D., Dodge, K. A., Pettit, G. S. & Bates, J. E. (1997), 'The early socialization of aggressive victims of bullying', *Child Development, 68*(4), 665–75.

50 Rodkin, P. C., Farmer, T. W., Pearl, R. & Acker, R. V. (2006), 'They're cool: Social status and peer group supports for aggressive boys and girls', *Social Development, 15*(2), 175–204; Juvonen, J. & Graham, S. (2014), 'Bullying in schools: The power of bullies and the plight of victims', *Annual Review of Psychology, 65*(1), 159–85.

51 Salmivalli, C. (2010), 'Bullying and the peer group: A review', *Aggression and Violent Behavior, 15*(2), 112–20.

52 Van Ryzin, M. & Pellegrini, A. D. (2013), 'Socially competent and incompetent aggressors in middle school: The non-linear relation between bullying and dominance in middle school', *British Journal of Educational Psychology Monograph Series II*(9), 123–38.

53 Laustsen, L. & Petersen, M. B. (2015), 'Does a competent leader make a good friend? Conflict, ideology and the psychologies of friendship and followership', *Evolution and Human Behavior, 36*(4), 286–93.

54 Safra, L., Algan, Y., Tecu, T., Grèzes, J., Baumard, N. & Chevallier, C. (2017), 'Childhood harshness predicts long-lasting leader preferences', *Evolution and Human Behavior, 38*(5), 645–51.

REFERÊNCIAS

55 Muehlheusser, G., Schneemann, S., Sliwka, D. & Wallmeier, N. (2016), 'The contribution of managers to organizational success: Evidence from German soccer', *Journal of Sports Economics, 19*(6), 786–819. Ver também Peter, L. J. & Hull, R. (1969), *The Peter Principle*, Oxford, UK: Morrow.

56 Faber, D. (2008), *Munich: The 1938 Appeasement Crisis*, Nova York, NY: Simon & Schuster.

57 Laustsen, L. & Petersen, M. B. (2016), 'Winning faces vary by ideology: How nonverbal source cues influence election and communication success in politics', *Political Communication, 33*(2), 188–211.

58 Laustsen, L. & Petersen, M. B. (2017), 'Perceived conflict and leader dominance: Individual and contextual factors behind preferences for dominant leaders', *Political Psychology, 38*(6), 1083–1101.

59 Nevicka, B., De Hoogh, A. H., Van Vianen, A. E. & Ten Velden, F. S. (2013), 'Uncertainty enhances the preference for narcissistic leaders', *European Journal of Social Psychology, 43*(5), 370–80.

60 Ingersoll, Ralph (1940), *Report on England, November 1940*, Nova York, NY: Simon and Schuster.

61 Price, M. E. & Van Vugt, M. (2015), 'The service-for-prestige theory of leader–follower relations: A review of the evolutionary psychology and anthropology literatures', in R. Arvey & S. Colarelli (eds), *Biological Foundations of Organizational Behaviour*, Chicago: Chicago University Press, pp. 169–201.

62 Zebrowitz, L. A. & Montepare, J. M. (2005), 'Appearance DOES matter', *Science, 308*(5728), 1565–6.

63 Bagchi, R. & Cheema, A. (2012), 'The effect of red background color on willingness-to-pay: The moderating role of selling mechanism', *Journal of Consumer Research, 39*(5), 947–60.

64 Hill, R. A. & Barton, R. A. (2005), 'Psychology: red enhances human performance in contests', *Nature, 435*(7040), 293.

65 Kramer, R. S. (2016), 'The red power (less) tie: Perceptions of political leaders wearing red', *Evolutionary Psychology, 14*(2), 1–8.

66 Galbarczyk, A. & Ziomkiewicz, A. (2017), 'Tattooed men: Healthy bad boys and good-looking competitors', *Personality and Individual Differences, 106*, 122–5.

Capítulo 4: Atratividade

1 https://www.mirror.co.uk/news/world-news/actress-demands-pay-less-tax- 9233636

2 Bertrand, M., Karlan, D., Mullainathan, S., Shafir, E. & Zinman, J. (2010), 'What's advertising content worth? Evidence from a consumer credit marketing field experiment', *The Quarterly Journal of Economics, 125*(968), 263–306.

REFERÊNCIAS

3   Maestripieri, D., Henry, A. & Nickels, N. (2017), 'Explaining financial and prosocial biases in favor of attractive people: Interdisciplinary perspectives from economics, social psychology, and evolutionary psychology', *Behavioral and Brain Sciences, 40*, e19.

4   Langlois, J. H., Kalakanis, L., Rubenstein, A. J., Larson, A., Hallam, M. & Smoot, (2000), 'Maxims or myths of beauty? A meta-analytic and theoretical review', *Psychological Bulletin, 126*(3), 390–423.

5   Langlois, J. H., Roggman, L. A., Casey, R. J., Ritter, J. M., Rieser-Danner, L. A. & Jenkins, V. Y. (1987), 'Infant preferences for attractive faces: Rudiments of a stereotype', *Developmental Psychology, 23*(3), 363–9.

6   Langlois, J. H., Roggman, L. A. & Rieser-Danner, L. A. (1990), 'Infants' differential social responses to attractive and unattractive faces', *Developmental Psychology, 26*(1), 153–9.

7   Langlois, J. H., Ritter, J. M., Casey, R. J. & Sawin, D. B. (1995), 'Infant attractiveness predicts maternal behaviors and attitudes', *Developmental Psychology, 31*(3), 464–72.

8   A versão falsa (Heineken) pode ser encontrada aqui: https://www.snopes.com/factcheck/heineken-beer-ad-babies/ O original foi publicado na revista *Life*: Pepsico (12 de setembro de 1955). 'Nothing does it like Seven-up!' [Propaganda], *Life, 39*(11), 100.

9   Langlois, J. H. & Roggman, L. A. (1990), 'Attractive faces are only average', *Psychological Science, 1*(2), 115–21; Langlois, J. H., Roggman, L. A. & Musselman, L. (1994), 'What is average and what is not average about attractive faces?', *Psychological Science, 5*(4), 214–20.

10   Rhodes, G. (2006), 'The evolutionary psychology of facial beauty', *Annual Review of Psychology, 57*(1), 199–226; Little, A. C. (2014), 'Facial attractiveness', *Wiley Interdisciplinary Reviews: Cognitive Science, 5*(6), 621–34.

11   Burley, N. (1983), 'The meaning of assortative mating', *Ethology and Sociobiology, 4*(4), 191–203.

12   Laeng, B., Vermeer, O. & Sulutvedt, U. (2013), 'Is beauty in the face of the beholder?', *PLoS One, 8*(7), e68395.

13   Sadalla, E. K., Kenrick, D. T. & Vershure, B. (1987), 'Dominance and heterosexual attraction', *Journal of Personality and Social Psychology, 52*(4), 730–8. Ver também, Snyder, J. K., Kirkpatrick, L. A. & Barrett, H. C. (2008), 'The dominance dilemma: Do women really prefer dominant mates?', *Personal relationships, 15*(4), 425–44; Said, C. P. & Todorov, A. (2011), 'A statistical model of facial attractiveness', *Psychological Science, 22*(9), 1183–90.

14   Bruch, E., Feinberg, F. & Lee, K. Y. (2016), 'Extracting multistage screening rules from online dating activity data', *Proceedings of the National Academy of Sciences, 113*(38), 10530–5. Ver também http://www.dailymail.co.uk/femail/ article-2524568/Size-matters-online-dating-Short-men-taller-counterparts.html.

15   Pollet, T. V., Pratt, S. E., Edwards, G. & Stulp, G. (2013), 'The Golden Years: Men From The Forbes 400 Have Much Younger Wives When Remarrying Than the General US Population', *Letters on Evolutionary Behavioral Science, 4*(1), 5–8.

REFERÊNCIAS

16 Toma, C. L. & Hancock, J. T. (2010), 'Looks and lies: The role of physical attractiveness in online dating self-presentation and deception', *Communication Research*, 37(3), 335–51.

17 https://www.today.com/news/do-high-heels-empower-or-oppress-women-wbna32970817; ver também Morris, P. H., White, J., Morrison, E. R. & Fisher, K. (2013), 'High heels as supernormal stimuli: How wearing high heels affects judgements of female attractiveness', *Evolution and Human Behavior*, 34(3), 176–81.

18 Epstein, J., Klinkenberg, W. D., Scandell, D. J., Faulkner, K. & Claus, R. E. (2007), 'Perceived physical attractiveness, sexual history, and sexual intentions: An internet study', *Sex Roles*, 56(2), 23–31.

19 Dion, K. K. (1974), 'Children's physical attractiveness and sex as determinants of adult punitiveness', *Developmental Psychology*, 10(5), 772–8; Dion, K. K. & Berscheid, E. (1974), 'Physical attractiveness and peer perception among children', *Sociometry*, 37(1), 1–12.

20 Maestripieri, D., Henry, A. & Nickels, N. (2017), 'Explaining financial and prosocial biases in favor of attractive people: Interdisciplinary perspectives from economics, social psychology, and evolutionary psychology', *Behavioral and Brain Sciences*, 40, e19.

21 Hamermesh, D. S. (2011), *Beauty Pays: Why attractive people are more successful*, Princeton, NJ: Princeton University Press.

22 Hamermesh, D. S. & Abrevaya, J. (2013), 'Beauty is the promise of happiness?', *European Economic Review*, 64, 351–68.

23 Rhode, D. L. (2010), *The Beauty Bias: The injustice of appearance in life and law*, Nova York, NY: Oxford University Press.

24 Busetta, G., Fiorillo, F. & Visalli, E. (2013), 'Searching for a job is a beauty contest', *Munich Personal RePEc Archive*, Paper No. 49825.

25 Estudos argentino e israelense, respectivamente: Bóo, F. L., Rossi, M. A. & Urzúa, S. S. (2013), 'The labor market return to an attractive face: Evidence from a field experiment', *Economics Letters*, 118(1), 170–2; Ruffle, B. J. & Shtudiner, Z. E. (2014), 'Are good-looking people more employable?', *Management Science*, 61(8), 1760–76.

26 Hosoda, M., Stone-Romero, E. F. & Coats, G. (2003), 'The effects of physical attractiveness on job-related outcomes: A meta-analysis of experimental studies', *Personnel Psychology*, 56(2), 431–62.

27 Berggren, N., Jordahl, H. & Poutvaara, P. (2010), 'The looks of a winner: Beauty and electoral success', *Journal of Public Economics*, 94(2), 8–15.

28 Mazzella, R. & Feingold, A. (1994), 'The effects of physical attractiveness, race, socioeconomic status, and gender of defendants and victims on judgments of mock jurors: A meta-analysis', *Journal of Applied Social Psychology*, 24(3), 1315–38.

29 Jacob, C., Guéguen, N., Boulbry, G. & Ardiccioni, R. (2010), 'Waitresses' facial cosmetics and tipping: A field experiment', *International Journal of Hospitality Management*, 29(1), 188–90.

30 Guéguen, N. (2010), 'Color and women hitchhikers' attractiveness: Gentlemen drivers preferred', *Color Research & Application*, 37(1), 76–8; Guéguen, N. & Jacob, C.

(2014), 'Clothing color and tipping: Gentlemen patrons give more tips to waitresses with red clothes', *Journal of Hospitality & Tourism Research*, 38(2), 275–80.

31 Beall, A. T. & Tracy, J. L. (2013), 'Women are more likely to wear red or pink at peak fertility', *Psychological Science*, 24(9), 1837–41.

32 Kayser, D. N., Agthe, M. & Maner, J. K. (2016), 'Strategic sexual signals: Women's display versus avoidance of the color red depends on the attractiveness of an anticipated interaction partner', *PloS one*, 11(3), e0148501.

33 Ahearne, M., Gruen, T. W. & Jarvis, C. B. (1999), 'If looks could sell: Moderation and mediation of the attractiveness effect on salesperson performance', *International Journal of Research in Marketing*, 16(4), 269–84.

34 https://www.independent.ie/world-news/shoppers-think-smiles-are-sexual-26168792.html.

35 https://www.npr.org/2008/10/09/95520570/dolly-partons-jolene-still-haunts-singers.

36 Maner, J. K., Gailliot, M. T., Rouby, D. A. & Miller, S. L. (2007), 'Can't take my eyes off you: Attentional adhesion to mates and rivals', *Journal of Personality and Social Psychology*, 93(3), 389–401.

37 Leenaars, L. S., Dane, A. V. & Marini, Z. A. (2008), 'Evolutionary perspective on indirect victimization in adolescence: The role of attractiveness, dating and sexual behavior', *Aggressive Behavior*, 34(4), 404–15. Ver também Vaillancourt, T. & Sharma, A. (2011), 'Intolerance of sexy peers: Intrasexual competition among women', *Aggressive Behavior*, 37(6), 569–77.

38 https://www.psychologytoday.com/gb/blog/out-the-ooze/201804/why-pretty-girls-may-be-especially-vulnerable-bullying.

39 http://www.dailymail.co.uk/femail/article-2124246/Samantha-Brick-downsides-looking-pretty-Why-women-hate-beautiful.html.

40 Oreffice, S. & Quintana-Domeque, C. (2016), 'Beauty, body size and wages: Evidence from a unique data set', *Economics & Human Biology*, 22, 24–34. Ver também Elmore, W., Vonnahame, E. M., Thompson, L., Filion, D. & Lundgren, J. D. (2015), 'Evaluating political candidates: Does weight matter?', *Translational Issues in Psychological Science*, 1(3), 287–97.

41 Whipple, T. (2018), *X and Why: The rules of attraction: Why gender still matters*, London: Short Books Ltd.

42 Buss, D. M. (1989), 'Sex differences in human mate preferences: Evolutionary hypotheses tested in 37 cultures', *Behavioral and Brain Sciences*, 12(1), 1–14; Li, P., Bailey, J. M., Kenrick, D. T. & Linsenmeier, J. A. (2002), 'The necessities and luxuries of mate preferences: Testing the tradeoffs', *Journal of Personality and Social Psychology*, 82(6), 947–55; McClintock, E. A. (2011), 'Handsome wants as handsome does: Physical attractiveness and gender differences in revealed sexual preferences', *Biodemography and Social Biology*, 57(2), 221–57.

43 Trivers, R. L. (1972), 'Parental investment and sexual selection', in B. Campbell (ed.), *Sexual selection and the descent of man*, Chicago, IL: Aldine, pp. 136–79.

REFERÊNCIAS

44 Baumeister, R. F., Catanese, K. R. & Vohs, K. D. (2001), 'Is there a gender difference in strength of sex drive? Theoretical views, conceptual distinctions, and a review of relevant evidence', *Personality and Social Psychology Review*, 5(3), 242–73.

45 Downey, G. J. (2002), *Telegraph Messenger Boys: Labor, Communication and Technology, 1850–1950*, Nova York, NY: Routledge.

Parte Dois: *Soft Messengers*

1 Smith, D. (2016), *Rasputin: Faith, Power, and the Twilight of the Romanovs*, Nova York, NY: Farrar, Straus and Giroux.

2 Baumeister, R. F. & Leary, M. R. (1995), 'The Need to Belong: Desire for Interpersonal Attachments as a Fundamental Human Motivation', *Psychological Bulletin*, 117, 497–529.

3 Powdthavee, N. (2008), 'Putting a price tag on friends, relatives, and neighbours: Using surveys of life satisfaction to value social relationships', *The Journal of Socio-Economics*, 37(4), 1459–80; Helliwell, J. F. & Putnam, R. D. (2004), 'The social context of well-being', *Philosophical Transactions of the Royal Society B: Biological Sciences*, 359(1449), 1435–46.

4 Cacioppo, J. T., Hawkley, L. C., Ernst, J. M., Burleson, M., Berntson, G. G., Nouriani, B. & Spiegel, D. (2006), 'Loneliness within a nomological net: An evolutionary perspective', *Journal of Research in Personality*, 40(6), 1054–85; Lauder, W., Mummery, K., Jones, M. & Caperchione, C. (2006), 'A comparison of health behaviours in lonely and non-lonely populations', *Psychology, Health & Medicine*, 11(2), 233–45.

5 Stenseng, F., Belsky, J., Skalicka, V. & Wichstrøm, L. (2014), 'Preschool social exclusion, aggression, and cooperation: A longitudinal evaluation of the need-to-belong and the social-reconnection hypotheses', *Personality and Social Psychology Bulletin*, 40(12), 1637–47; Ren, D., Wesselmann, E. D. & Williams, K. D. (2018), 'Hurt people hurt people: ostracism and aggression', *Current Opinion in Psychology*, 19, 34–8.

6 Leary, M. R., Kowalski, R. M., Smith, L. & Phillips, S. (2003), 'Teasing, rejection, and violence: Case studies of the school shootings', *Aggressive Behavior: Official Journal of the International Society for Research on Aggression*, 29(3), 202–14; Sommer, F., Leuschner, V. & Scheithauer, H. (2014), 'Bullying, romantic rejection, and conflicts with teachers: The crucial role of social dynamics in the development of school shootings – A systematic review', *International Journal of Developmental Science*, 8(1–2), 3–24.

7 Finch, J. F. & Cialdini, R. B. (1989), 'Another indirect tactic of (self-)image management: Boosting', *Personality and Social Psychology Bulletin*, 15(2), 222–32.

8 Cialdini, R. B. (2001), *Influence: Science and Practice*, Nova York, NY: Harper Collins; McPherson, M., Smith-Lovin, L. & Cook, J. M. (2001), 'Birds of a feather: Homophily in social networks', *Annual Review of Sociology*, 27, 415–44.

9 Del Vicario, M., Bessi, A., Zollo, F., Petroni, F., Scala, A., Caldarelli, G., Stanley, H. E. & Quattrociocchi, W. (2016), 'The spreading of misinformation online', *Proceedings*

of the National Academy of Sciences, 113(3), 554–9; Sunstein, C. R. (2017), *#Republic: Divided democracy in the age of social media*, Princeton, NJ: Princeton University Press.

10   Marks, J., Copland, E., Loh, E., Sunstein, C. R. & Sharot, T. (2019), 'Epistemic spillovers: Learning others' political views reduces the ability to assess and use their expertise in nonpolitical domains', *Cognition, 188*, 74–84.

11   https://www.marketingweek.com/2016/01/12/sport-englands-this-girl-can-campaign- inspires-2-8-million-women-to-get-active/.

12   Department for International Development (2009), 'Getting braids not AIDS: How hairdressers are helping to tackle HIV in Zimbabwe':https://reliefweb.int/report/zimbabwe/getting-braids-not-aids-how-hairdressers-are-helping-tackle-hiv-zimbabwe.

Capítulo 5: Cordialidade

1   https://www.nytimes.com/1985/12/19/business/how-texaco-lost-court-fight.html.

2   http://articles.latimes.com/1986-01-19/business/fi-1168_1_ordinary-people.

3   Cuddy, A. J., Fiske, S. T. & Glick, P. (2008), 'Warmth and competence as universal dimensions of social perception: The stereotype content model and the BIAS map', *Advances in Experimental Social Psychology, 40*, 61–149.

4   Carnegie, D. (1936), *How to Win Friends and Influence People*, Nova York, NY: Simon & Schuster.

5   Gottman, J. M. & Levenson, R. W. (2000), 'The timing of divorce: Predicting when a couple will divorce over a 14-year period', *Journal of Marriage and Family, 62*(3), 737–45; Gottman, J. (1995), *Why Marriages Succeed or Fail: And how to make yours last*, Nova York, NY: Simon & Schuster.

6   Hamlin, J. K., Wynn, K. & Bloom, P. (2007), 'Social evaluation by preverbal infants', *Nature, 450*(7169), 557–9; Van de Vondervoort, J. W. & Hamlin, J. K. (2018), 'The early emergence of sociomoral evaluation: infants prefer prosocial others', *Current Opinion in Psychology, 20*, 77–81.

7   Brown, P. & Levinson, S. C. (1987), *Politeness: Some universals in language usage*, Nova York, NY: Cambridge University Press; Pinker, S. (2007), *The Stuff of Thought: Language as a window into human nature*, Nova York, NY: Viking.

8   Pinker, S. (2007), *The Stuff of Thought: Language as a window into human nature*, Nova York, NY: Viking.

9   Zerubavel, N., Hoffman, M. A., Reich, A., Ochsner, K. N. & Bearman, P. (2018), 'Neural precursors of future liking and affective reciprocity', *Proceedings of the National Academy of Sciences, 115*(17), 4375–80.

10   Francis, D., Diorio, J., Liu, D. & Meaney, M. J. (1999), 'Nongenomic transmission across generations of maternal behavior and stress responses in the rat', *Science, 286*(5442), 1155–8.

REFERÊNCIAS

11 Luecken, L. J. & Lemery, K. S. (2004), 'Early caregiving and physiological stress responses', *Clinical Psychology Review*, 24(2), 171–91.

12 Rogers, C. R. (1957), 'The necessary and sufficient conditions of therapeutic personality change', *Journal of Consulting Psychology*, 21(2), 97–103; Rogers, C.R., Gendlin, E. T., Kiesler, D. & Truax, C. (1967), *The Therapeutic Relationship and Its Impact: A study of psychotherapy with schizophrenics*, Oxford, UK.

13 Ambady, N., LaPlante, D., Nguyen, T., Rosenthal, R., Chaumeton, N. & Levinson, W. (2002), 'Surgeons' tone of voice: A clue to malpractice history', *Surgery*, 132(1), 5–9.

14 Alison, L. J., Alison, E., Noone, G., Elntib, S., Waring, S. & Christiansen, P. (2014), 'The efficacy of rapport-based techniques for minimizing counter-interrogation tactics amongst a field sample of terrorists', *Psychology, Public Policy, and Law*, 20(4), 421–30.

15 Seiter, J. S. & Dutson, E. (2007), 'The Effect of Compliments on Tipping Behavior in Hairstyling Salons', *Journal of Applied Social Psychology*, 37(9), 1999–2007; Seiter, J. S. (2007), 'Ingratiation and gratuity: The effect of complimenting customers on tipping behavior in restaurants', *Journal of Applied Social Psychology*, 37(3), 478–85; Grant, N. K., Fabrigar, L. R. & Lim, H. (2010), 'Exploring the efficacy of compliments as a tactic for securing compliance', *Basic and Applied Social Psychology*, 32(3), 226–33.

16 Laustsen, L. & Bor, A. (2017), 'The relative weight of character traits in political candidate evaluations: Warmth is more important than competence, leadership and integrity', *Electoral Studies*, 49, 96–107.

17 Chozick, A. (2018), *Chasing Hillary: Ten Years, Two Presidential Campaigns, and One Intact Glass Ceiling*, Nova York, NY: HarperCollins.

18 Laustsen, L. (2017), 'Choosing the right candidate: Observational and experimental evidence that conservatives and liberals prefer powerful and warm candidate personalities, respectively', *Political Behavior*, 39(4), 883–908.

19 https://www.seattletimes.com/business/in-person-costco-president-craig-jelinek-keeps-a-low-profile/.

20 Roberts, J. A. & David, M. E. (2017), 'Put down your phone and listen to me: How boss phubbing undermines the psychological conditions necessary for employee engagement', *Computers in Human Behavior*, 75, 206–17.

21 Ashford, S. J., Wellman, N., Sully de Luque, M., De Stobbeleir, K. E. & Wollan, M. (2018), 'Two roads to effectiveness: CEO feedback seeking, vision articulation, and firm performance', *Journal of Organizational Behavior*, 39(1), 82–95.

22 Newcombe, M. J. & Ashkanasy, N. M. (2002), 'The role of affect and affective congruence in perceptions of leaders: An experimental study', *The Leadership Quarterly*, 13(5), 601–14.

23 Van Kleef, G. A., De Dreu, C. K. & Manstead, A. S. (2010), 'An interpersonal approach to emotion in social decision making: The emotions as social information model', in *Advances in Experimental Social Psychology*, Oxford, UK: Academic Press, Vol. 42, pp. 45–96.

24 Ariely, D. (2016), *Payoff: The Hidden Logic That Shapes Our Motivations*, London: Simon and Schuster.

REFERÊNCIAS

25 Grant, A. M. & Gino, F. (2010), 'A little thanks goes a long way: Explaining why gratitude expressions motivate prosocial behavior', *Journal of Personality and Social Psychology*, 98(6), 946–55.
26 https://www.govinfo.gov/content/pkg/PPP-1995-book2/pdf/PPP-1995-book2-doc--pg1264-3.pdf.
27 Brooks, A. W., Dai, H. & Schweitzer, M. E. (2014), 'I'm sorry about the rain! Superfluous apologies demonstrate empathic concern and increase trust', *Social Psychological and Personality Science*, 5(4), 467–74.
28 Desculpas oficiais transcritas de: https://www.australia.gov.au/about-australia/our- country/our-people/apology-to-australias-indigenous-peoples; Kevin Rudd has the highest career-peak approval rating: https://www.theaustralian.com.au/national-affairs/newspoll.
29 Cialdini, R. B. & de Nicholas, M. E. (1989), 'Self-presentation by association', *Journal of personality and social psychology*, 57(4), 626–31.
30 Weidman, A. C., Cheng, J. T. & Tracy, J. L. (2018), 'The psychological structure of humility', *Journal of Personality and Social Psychology*, 114(1), 153–78.
31 Van Kleef, G. A., De Dreu, C. K. W. & Manstead, A. S. R. (2006), 'Supplication and appeasement in conflict and negotiation: The interpersonal effects of disappointment, worry, guilt, and regret', *Journal of Personality and Social Psychology*, 91(1), 124–42.
32 Marks, J., Czech, P. & Sharot, T. (in prep), 'Observing others give & take: A computational account of bystanders' feelings and actions'. Ver também Klein, N. & Epley, N. (2014), 'The topography of generosity: Asymmetric evaluations of prosocial actions', *Journal of Experimental Psychology: General*, 143(6), 2366–79.
33 Minson, J. A. & Monin, B. (2012), 'Do-gooder derogation: Disparaging morally motivated minorities to defuse anticipated reproach', *Social Psychological and Personality Science*, 3(2), 200–7.
34 Kraus, M. W. & Keltner, D. (2009), 'Signs of socioeconomic status: A thin-slicing approach', *Psychological Science*, 20(1), 99–106.
35 Zebrowitz, L. A. & Montepare, J. M. (2005), 'Appearance DOES matter', *Science*, 308(5728), 1565–6.
36 Todorov, A., Mandisodza, A. N., Goren, A. & Hall, C. C. (2005), 'Inferences of competence from faces predict election outcomes', *Science*, 308(5728), 1623–6.
37 Keating, C. F., Randall, D. & Kendrick, T. (1999), 'Presidential physiognomies: Altered images, altered perceptions', *Political Psychology*, 20(3), 593–610.
38 Zebrowitz, L. A., Kendall-Tackett, K. & Fafel, J. (1991), 'The influence of children's facial maturity on parental expectations and punishments', *Journal of Experimental Child Psychology*, 52(2), 221–38.
39 Zebrowitz, L. A. & McDonald, S. M. (1991), 'The impact of litigants' baby-facedness and attractiveness on adjudications in small claims courts', *Law and Human Behavior*, 15(6), 603–23.
40 Perrett, D. (2010), *In Your Face: The new science of human attraction*, Nova York, NY: Palgrave Macmillan.

REFERÊNCIAS

41 Willer, R. (2009), 'Groups reward individual sacrifice: The status solution to the collective action problem', *American Sociological Review, 74*(1), 23–43.

42 Restivo, M. & Van De Rijt, A. (2012), 'Experimental study of informal rewards in peer production', *PloS one, 7*, e34358.

43 Hardy, C. L. & Van Vugt, M. (2006), 'Nice guys finish first: The competitive altruism hypothesis', *Personality and Social Psychology Bulletin, 32*(10), 1402–13.

44 Yoeli, E., Hoffman, M., Rand, D. G. & Nowak, M. A. (2013), 'Powering up with indirect reciprocity in a large-scale field experiment', *Proceedings of the National Academy of Sciences, 110*(2), 10424–9.

45 https://www.nytimes.com/2007/07/04/business/04hybrid.html.

46 Griskevicius, V., Tybur, J. M. & Van den Bergh, B. (2010), 'Going green to be seen: Status, reputation, and conspicuous conservation', *Journal of Personality and Social Psychology, 98*(3), 392–404.

Capítulo 6: Vulnerabilidade

1 https://hbr.org/2014/12/what-bosses-gain-by-being-vulnerable.

2 Clausen, T., Christensen, K. B. & Nielsen, K. (2015), 'Does Group-Level Commitment Predict Employee Well-Being?', *Journal of Occupational and Environmental Medicine, 57*(11), 1141–6.

3 Brown, B. (2015), *Daring Greatly: How the courage to be vulnerable transforms the way we live, love, parent, and lead*, London: Penguin.

4 Bohns, V. K. & Flynn, F. J. (2010), '"Why didn't you just ask?" Underestimating the discomfort of help-seeking', *Journal of Experimental Social Psychology, 46*(2), 402–9. Ver também DePaulo, B. M. & Fisher, J. D. (1980), 'The costs of asking for help', *Basic and Applied Social Psychology, 1*(1), 23–35.

5 Ibid.; e ibid.

6 Bruk, A., Scholl, S. G. & Bless, H. (2018), 'Beautiful mess effect: Self–other differences in evaluation of showing vulnerability', *Journal of Personality and Social Psychology, 115*(2), 192–205.

7 https://www.metro.news/theresa-mays-a-super-trouper-says-abbas-bjorn-ulvaeus/1325504/.

8 https://www.theguardian.com/commentisfree/2018/oct/03/theresa-may-conference-speech-verdict-conservative-birmingham.

9 Gray, K. & Wegner, D. M. (2011), 'To escape blame, don't be a hero – Be a victim', *Journal of Experimental Social Psychology, 47*(2), 516–19.

10 http://news.bbc.co.uk/1/hi/entertainment/8077075.stm.

11 Collins, N. L. & Miller, L. C. (1994), 'Self-disclosure and liking: A meta-analytic review', *Psychological Bulletin, 116*(3), 457–75; Moore, D. A., Kurtzberg, T. R., Thompson, L. L. & Morris, M. W. (1999), 'Long and short routes to success in electronically

mediated negotiations: Group affiliations and good vibrations', *Organizational Behavior and Human Decision Processes, 77*(1), 22–43; Vallano, J. P. & Compo, N. S. (2011), 'A comfortable witness is a good witness: Rapport-building and susceptibility to misinformation in an investigative mock-crime interview', *Applied Cognitive Psychology, 25*(6), 960–70; Stokoe, E. (2009), '"I've got a girlfriend": Police officers doing "self-disclosure" in their interrogations of suspects', *Narrative Inquiry, 19*(1), 154–82.

12   Davidov, M., Zahn-Waxler, C., Roth-Hanania, R. & Knafo, A. (2013), 'Concern for others in the first year of life: Theory, evidence, and avenues for research', *Child Development Perspectives, 7*(2), 126–31.

13   Bartal, I. B. A., Decety, J. & Mason, P. (2011), 'Empathy and pro-social behavior in rats', *Science, 334*(6061), 1427–30.

14   Crockett, M. J., Kurth-Nelson, Z., Siegel, J. Z., Dayan, P. & Dolan, R. J. (2014), 'Harm to others outweighs harm to self in moral decision making', *Proceedings of the National Academy of Sciences, 111*(48), 17320–5.

15   Grant, A. M. & Hofmann, D. A. (2011), 'It's Not All About Me: Motivating hand hygiene among health care professionals by focusing on patients', *Psychological Science, 22*(12), 1494–9.

16   Oberholzer-Gee, F. (2006), 'A market for time fairness and efficiency in waiting lines', *Kyklos, 59*(3), 427–40.

17   Milgram, S. (1974), *Obedience to Authority*, London: Tavistock.

18   Rosas, A. & Koenigs, M. (2014), 'Beyond "utilitarianism": Maximizing the clinical impact of moral judgment research', *Social Neuroscience, 9*(6), 661–7.

19   Andreoni, J., Rao, J. M. & Trachtman, H. (2017), 'Avoiding the ask: A field experiment on altruism, empathy, and charitable giving', *Journal of Political Economy, 125*(3), 625–53.

20   https://www.today.com/popculture/dancing-man-today-show-defies-bullies-dances-meghan-trainor-t22501.

21   Jenni, K. & Loewenstein, G. (1997), 'Explaining the identifiable victim effect', *Journal of Risk and Uncertainty, 14*(3), 235–57.

22   Para mais informações sobre os efeitos identificáveis das vítimas, veja: Lee, S. & Feeley, T. H. (2016), 'The identifiable victim effect: A meta-analytic review', *Social Influence, 11*(3), 199–215.

23   Nobis, N. (2009), 'The "Babe" vegetarians: bioethics, animal minds and moral methodology', in S. Shapshay (ed.), *Bioethics at the movies*, Baltimore, MD: Johns Hopkins University Press. Ver também https://www.newstatesman.com/ culture/film/2016/08/babe-bfg-how-children-s-stories-promote-vegetarianism.

24   https://www.veganfoodandliving.com/veganuary-launches-crowdfunding-campaign-to-place-vegan-adverts-on-the-london-underground/.

25   Bloom, P. (2017), *Against Empathy: The case for rational compassion*, London: Penguin.

26   Schelling, T. C. (1968), 'The Life You Save May Be Your Own', in S. Chase (ed.), *Problems in Public Expenditure Analysis*, Washington, DC: The Brookings Institute.

REFERÊNCIAS

27   Bloom, P. (2017), 'Empathy and its discontents', *Trends in Cognitive Sciences*, *21*(1), 24–31.

28   Fisher, R. (1981), 'Preventing nuclear war', *Bulletin of the Atomic Scientists*, *37*(3), 11–17.

29   Cikara, M. & Fiske, S. T. (2012), 'Stereotypes and schadenfreude: Affective and physiological markers of pleasure at outgroup misfortunes', *Social Psychological and Personality Science*, *3*(1), 63–71.

30   https://www.thesun.co.uk/world-cup-2018/6641079/world-cup-2018-germany/.

31   Kay, A. C. & Jost, J. T. (2003), 'Complementary justice: effects of "poor but happy" and "poor but honest" stereotype exemplars on system justification and implicit activation of the justice motive', *Journal of personality and social psychology*, *85*(5), 823–37; Zaki, J. (2014), 'Empathy: a motivated account', *Psychological Bulletin*, *140*(6), 1608–47.

32   Harris, L. T. & Fiske, S. T. (2006), 'Dehumanizing the lowest of the low: Neuroimaging responses to extreme out-groups', *Psychological Science*, *17*(10), 847–53.

33   Haslam, N. & Loughnan, S. (2014), 'Dehumanization and infrahumanization', *Annual Review of Psychology*, *65*, 399–423.

34   Strack, S. & Coyne, J. C. (1983), 'Social confirmation of dysphoria: Shared and private reactions to depression', *Journal of Personality and Social Psychology*, *44*(4), 798–806.

35   Vaes, J. & Muratore, M. (2013), 'Defensive dehumanization in the medical practice: A cross-sectional study from a health care worker's perspective', *British Journal of Social Psychology*, *52*(1), 180–90.

36   http://www.nytimes.com/2009/04/07/health/07pati.html.

37   Lammers, J. & Stapel, D. A. (2011), 'Power increases dehumanization', *Group Processes & Intergroup Relations*, *14*(1), 113–26.

38   Fehse, K., Silveira, S., Elvers, K. & Blautzik, J. (2015), 'Compassion, guilt and innocence: an fMRI study of responses to victims who are responsible for their fate', *Social Neuroscience*, *10*(3), 243–52.

39   Lerner, M. J. & Goldberg, J. H. (1999), 'When do decent people blame victims? The differing effects of the explicit/rational and implicit/experiential cognitive systems', in S. Chaiken & Y. Trope (eds), *Dual-process Theories in Social Psychology*, Nova York, NY: Guilford Press, pp. 627–40; Harber, K. D., Podolski, P. & Williams, C. H. (2015), 'Emotional disclosure and victim blaming', *Emotion*, *15*(5), 603–14.

40   Harris, L. T., Lee, V. K., Capestany, B. H. & Cohen, A. O. (2014), 'Assigning economic value to people results in dehumanization brain response', *Journal of Neuroscience, Psychology, and Economics*, *7*(3), 151–63.

41   Kogut, T. & Ritov, I. (2007), '"One of us": Outstanding willingness to help save a single identified compatriot', *Organizational Behavior and Human Decision Processes*, *104*(2), 150–7.

42   Levine, M., Prosser, A., Evans, D. & Reicher, S. (2005), 'Identity and emergency intervention: How social group membership and inclusiveness of group boundaries shape helping behavior', *Personality and Social Psychology Bulletin*, *31*(4), 443–53.

43   Tam, T., Hewstone, M., Cairns, E., Tausch, N., Maio, G. & Kenworthy, J. (2007), 'The impact of intergroup emotions on forgiveness in Northern Ireland', *Group Processes*

& *Intergroup Relations*, *10*(1), 119–36; Capozza, D., Falvo, R., Favara, I. & Trifiletti, E. (2013), 'The relationship between direct and indirect cross-group friendships and outgroup humanization: Emotional and cognitive mediators', *Testing, Psychometrics, Methodology in Applied Psychology*, *20*(4), 383–97.

44 Vezzali, L., Capozza, D., Stathi, S. & Giovannini, D. (2012), 'Increasing outgroup trust, reducing infrahumanization, and enhancing future contact intentions via imagined intergroup contact', *Journal of Experimental Social Psychology*, *48*(1), 437–40; Vezzali, L., Stathi, S. & Giovannini, D. (2012), 'Indirect contact through book reading: Improving adolescents' attitudes and behavioral intentions toward immigrants', *Psychology in the Schools*, *49*(2), 148–62.

45 Harris, L. T. & Fiske, S. T. (2007), 'Social groups that elicit disgust are differen-tially processed in mPFC', *Social Cognitive and Affective Neuroscience*, *2*(1), 45–51.

Capítulo 7: Confiabilidade

1 http://news.bbc.co.uk/onthisday/hi/dates/stories/march/22/newsid_4271000/4271221.stm.

2 https://api.parliament.uk/historic-hansard/commons/1963/jun/17/security-mr-profumos-resignation.

3 http://archive.spectator.co.uk/article/14th-june-1963/4/political-commentary.

4 Simpson, B. & Willer, R. (2015), 'Beyond altruism: Sociological foundations of cooperation and prosocial behavior', *Annual Review of Sociology*, *41*, 43–63.

5 Kim, P. H., Dirks, K. T., Cooper, C. D. & Ferrin, D. L. (2006), 'When more blame is better than less: The implications of internal vs. external attributions for the repair of trust after a competence- vs. integrity-based trust violation,' *Organizational Behavior and Human Decision Processes*, *99*(1), 49–65.

6 Tov, W. & Diener, E. (2008), 'The well-being of nations: Linking together trust, cooperation, and democracy', in Sullivan, B.A., Snyder, M. & Sullivan, J.L. (eds), *Cooperation: The political psychology of effective human interaction*, Malden, MA: Blackwell, pp. 323–42.

7 Berg, J., Dickhaut, J. & McCabe, K. (1995), 'Trust, reciprocity, and social history', *Games and Economic Behavior*, *10*(1), 122–42; Camerer, C. & Weigelt, K. (1998), 'Experimental tests of a sequential equilibrium reputation model', *Econometrica*, *56*(1), 1–36. Ver também Rezlescu, C., Duchaine, B., Olivola, C. Y. & Chater, N. (2012), 'Unfakeable facial configurations affect strategic choices in trust games with or without information about past behavior', *PloS one*, *7*, e34293.

8 Pillutla, M. M., Malhotra, D. & Murnighan, J. K. (2003), 'Attributions of trust and the calculus of reciprocity', *Journal of Experimental Social Psychology*, *39*(5), 448–55; Krueger, J. I., Massey, A. L. & DiDonato, T. E. (2008), 'A matter of trust: From social preferences to the strategic adherence to social norms', *Negotiation and Conflict Management Research*, *1*(1), 31–52.

REFERÊNCIAS

9   Tov, W. & Diener, E. (2008), 'The well-being of nations: Linking together trust, cooperation, and democracy', in Sullivan, B.A., Snyder, M. and Sullivan, J.L. (eds), *Cooperation: The political psychology of effective human interaction*, Malden, MA: Blackwell, pp. 323–42.

10 World Values Survey 6 (2014). Disponível em: http://www.worldvaluessurvey.org/wvs.jsp; ver também: https://www.bi.team/blogs/social-trust-is-one-of-the-most-important-measures-that-most-people-have-never-heard-of-and-its-moving/.

11 Bachmann, R. & Inkpen, A. C. (2011), 'Understanding institutional-based trust building processes in inter-organizational relationships', *Organization Studies, 32*(2), 281–301; Granelli, F. (2017), 'Trust and Revolution: A History', *Unpublished doctoral dissertation*. Ver também Putnam, R. D. (1995), 'Bowling alone: America's declining social capital', *Journal of Democracy, 6*(1), 65–78.

12 Chung, K. Y., Derdenger, T. P. & Srinivasan, K. (2013), 'Economic value of celebrity endorsements: Tiger Woods' impact on sales of Nike golf balls', *Marketing Science, 32*(2), 271–93; Knittel, C. R. & Stango, V. (2013), 'Celebrity endorsements, firm value, and reputation risk: Evidence from the Tiger Woods scandal', *Management Science, 60*(1), 21–37. Ou veja: https://gsm.ucdavis.edu/news-release/tiger-woods-scandal-cost-shareholders-12-billion.

13 Dahlen, M. & Lange, F. (2006), 'A disaster is contagious: How a brand in crisis affects other brands', *Journal of Advertising Research, 46*(4), 388–97; Carrillat, A., d'Astous, A. & Christianis, H. (2014), 'Guilty by association: The perils of celebrity endorsement for endorsed brands and their direct competitors', *Psychology & Marketing, 31*(11), 1024–39.

14 Rousseau, D. M., Sitkin, S. B., Burt, R. S. & Camerer, C. (1998), 'Not so different after all: A cross-discipline view of trust', *Academy of Management Review, 23*(3), 393–404; Mayer, R. C., Davis, J. H. & Schoorman, F. D. (1995), 'An integrative model of organizational trust', *Academy of Management Review, 20*(3), 709–34; Thielmann, I. & Hilbig, B. E. (2015), 'Trust: An integrative review from a person–situation perspective', *Review of General Psychology, 19*(3), 249–77.

15 Ariely, D. & Loewenstein, G. (2006), 'The heat of the moment: The effect of sexual arousal on sexual decision making', *Journal of Behavioral Decision Making, 19*(2), 87–98.

16 https://www.independent.co.uk/news/uk/politics/boris-johnson-put-his-political-ambition-to-lead-the-tory-party-ahead-of-uk-interests-says-david-a6890016.html.

17 Para mais detalhes sobre as vidas de Christine Keeler e Mandy Rice-Davies (o caso Profumo), ver (Christine Keeler): https://www.independent.co.uk/ news/uk/politics/christine-keeler-profumo-affair-secretary-war-stephen-ward-prostitute-affair-soviet-attache-cold-war-a8095576.html; (Mandy Rice-Davies): https://www.telegraph.co.uk/news/obituaries/11303169/Mandy-Rice-Davies- obituary.html.

18 Knoll, J. & Matthes, J. (2017), 'The effectiveness of celebrity endorsements: a meta-analysis', *Journal of the Academy of Marketing Science, 45*(1), 55–75.

19 Starmans, C. & Bloom, P. (2016), 'When the spirit is willing, but the flesh is weak: Developmental differences in judgments about inner moral conflict', *Psychological Science, 27*(11), 1498–1506.

REFERÊNCIAS

20 McNulty, J. K., Meltzer, A. L., Makhanova, A. & Maner, J. K. (2018), 'Attentional and evaluative biases help people maintain relationships by avoiding infidelity', *Journal of Personality and Social Psychology, 115*(1), 76–95.

21 https://www.washingtonpost.com/politics/2019/04/01/president-trump-has-made-false-or-misleading-claims-over-days/; (*Playboy* model scandal): https:// www.theguardian.com/us-news/2018/jul/24/michael-cohen-trump-tape-karen-mcdougal-payment.

22 https://www.bbc.co.uk/news/world-us-canada-37982000.

23 Hogg, M. A. (2010), 'Influence and leadership', in S. T. Fiske, D. T. Gilbert & Lindzey (eds), *Handbook of Social Psychology*, Hoboken, NJ: John Wiley & Sons, Vol. 2, pp. 1166–1207.

24 Swire, B., Berinsky, A. J., Lewandowsky, S. & Ecker, U. K. (2017), 'Processing political misinformation: Comprehending the Trump phenomenon', *Royal Society Open Science, 4*(3), 160802.

25 https://news.gallup.com/poll/208640/majority-no-longer-thinks-trump-keeps-promises.aspx?g_source=Politics&g_medium=newsfeed&g_campaign=tiles.

26 https://www.theguardian.com/commentisfree/2018/sep/05/trump-poll-ratings-macron-globalisation; https://www.ouest-france.fr/politique/emmanuel-macron/popularite-macron-son-plus-bas-niveau-en-juillet-selon-sept-instituts-de-sond-age--5904008?utm_source=dlvr.it&utm_medium=twitter.

27 https://www.prri.org/research/prri-brookings-oct-19-poll-politics-election-clinton-double-digit-lead-trump/.

28 https://www.nbcnews.com/think/opinion/trump-s-lying-seems-be-getting-worse--psychology-suggests-there-ncna876486; Gino, F. & Bazerman, M. H. (2009), 'When misconduct goes unnoticed: The acceptability of gradual erosion in others' unethical behavior', *Journal of Experimental Social Psychology, 45*(4), 708–19; ver também Garrett, N., Lazzaro, S. C., Ariely, D. & Sharot, T. (2016), 'The brain adapts to dishonesty', *Nature Neuroscience, 19*(12), 1727–32.

29 (Spitzer): http://www.nytimes.com/2008/03/10/nyregion/10cnd-spitzer.html?pagewanted=all&_r=0; (Vaz): https://www.mirror.co.uk/news/uk-news/married-mp-keith-vaz-tells-8763805.

30 Effron, D. A. & Monin, B. (2010), 'Letting people off the hook: When do good deeds excuse transgressions?', *Personality and Social Psychology Bulletin, 36*(12), 1618–34.

31 https://www.thecut.com/2018/11/how-did-larry-nassar-deceive-so-many-for-so-long.html.

32 Cropanzano, R. & Mitchell, M. S. (2005), 'Social exchange theory: An interdisciplinary review', *Journal of Management, 31*(6), 874–900.

33 Flynn, F. J. (2003), 'How much should I give and how often? The effects of generosity and frequency of favor exchange on social status and productivity', *Academy of Management Journal, 46*(5), 539–53.

34 Diekmann, A., Jann, B., Przepiorka, W. & Wehrli, S. (2014), 'Reputation formation and the evolution of cooperation in anonymous online markets', *American Sociological Review, 79*(1), 65–85.

REFERÊNCIAS

35 Lount Jr, R. B., Zhong, C. B., Sivanathan, N. & Murnighan, J. K. (2008), 'Getting off on the wrong foot: The timing of a breach and the restoration of trust', *Personality and Social Psychology Bulletin, 34*(12), 1601–12.

36 Bohnet, I. & Zeckhauser, R. (2004), 'Trust, risk and betrayal', *Journal of Economic Behavior & Organization, 55*(4), 467–84; Bohnet, I., Greig, F., Herrmann, B. & Zeckhauser, R. (2008), 'Betrayal aversion: Evidence from Brazil, China, Oman, Switzerland, Turkey, and the United States', *American Economic Review, 98*(1), 294–310.

37 Fetchenhauer, D. & Dunning, D. (2012), 'Betrayal aversion versus principled trustfulness – How to explain risk avoidance and risky choices in trust games', *Journal of Economic Behavior and Organization, 81*(2), 534–41; Schlösser, T., Mensching, O., Dunning, D. & Fetchenhauer, D. (2015), 'Trust and rationality: Shifting normative analyses of risks involving other people versus nature', *Social Cognition, 33*(5), 459–82.

38 Sally, D. (1995), 'Conversation and cooperation in social dilemmas: A meta-analysis of experiments from 1958 to 1992', *Rationality and Society, 7*, 58–92.

39 Balliet, D. (2010), 'Communication and cooperation in social dilemmas: A meta-analytic review', *Journal of Conflict Resolution, 54*(1), 39–57.

40 Roghanizad, M. M. & Bohns, V. K. (2017), 'Ask in person: You're less persuasive than you think over email', *Journal of Experimental Social Psychology, 69*, 223–6.

41 Oosterhof, N. N. & Todorov, A. (2008), 'The functional basis of face evaluation', *Proceedings of the National Academy of Sciences, 105*(32), 11087–92.

42 Duarte, J., Siegel, S. & Young, L. (2012), 'Trust and credit: The role of appearance in peer-to-peer lending', *The Review of Financial Studies, 25*(8), 2455–84; ver também Linke, L., Saribay, S. A. & Kleisner, K. (2016), 'Perceived trustworthiness is associated with position in a corporate hierarchy', *Personality and Individual Differences, 99*, 22–7.

43 Todorov, A. (2017), *Face Value: The irresistible influence of first impressions*, Princeton, NJ: Princeton University Press.

44 Bond Jr, C. F. & DePaulo, B. M. (2006), 'Accuracy of deception judgments', *Personality and Social Psychology Review, 10*(3), 214–34; Ekman, P. & O'Sullivan, M. (1991), 'Who can catch a liar', *American Psychologist, 46*(9), 913–20.

45 Wilson, J. P. & Rule, N. O. (2017), 'Advances in understanding the detectability of trustworthiness from the face: Toward a taxonomy of a multifaceted construct', *Current Directions in Psychological Science, 26*(4), 396–400.

46 Butler, E. A., Egloff, B., Wilhelm, F. H., Smith, N. C., Erickson, E. A. & Gross, J. J. (2003), 'The social consequences of expressive suppression', *Emotion, 3*(1), 48–67.

47 Decety, J. & Chaminade, T. (2003), 'Neural correlates of feeling sympathy', *Neuropsychologia, 41*(2), 127–38.

48 Van 't Veer, A. E., Gallucci, M., Stel, M. & Beest, I. V. (2015), 'Unconscious deception detection measured by finger skin temperature and indirect veracity judgments – results of a registered report', *Frontiers in psychology, 6*, 672.

49 Williams, K. D., Bourgeois, M. J. & Croyle, R. T. (1993), 'The effects of stealing thunder in criminal and civil trials', *Law and Human Behavior, 17*(6), 597–609; Dolnik, L., Case, T. I. & Williams, K. D. (2003), 'Stealing thunder as a courtroom tactic revisited:

REFERÊNCIAS

Processes and boundaries', *Law and Human Behavior, 27*(3), 267–87; Combs, D. J. & Keller, P. S. (2010), 'Politicians and trustworthiness: Acting con- trary to self-interest enhances trustworthiness', *Basic and applied social psychology, 32*(4), 328–39; Fennis, B. M. & Stroebe, W. (2014), 'Softening the blow: Company self-disclosure of negative information lessens damaging effects on consumer judgment and decision making', *Journal of Business Ethics, 120*(1), 109–20.

50 Hamilton, R., Vohs, K. D. & McGill, A. L. (2014), 'We'll be honest, this won't be the best article you'll ever read: The use of dispreferred markers in word-of-mouth communication', *Journal of Consumer Research, 41*(1), 197–212.

51 https://www.bbc.co.uk/news/av/world-us-canada-44959340/donald-trump-what-you-re-seeing-and-what-you-re-reading-is-not-what-s-happening.

52 Scott, M. B. & Lyman, S. M. (1968), 'Accounts', *American Sociological Review, 33*(1), 46–62.

53 Brühl, R., Basel, J. S. & Kury, M. F. (2018), 'Communication after an integrity-based trust violation: How organizational account giving affects trust', *European Management Journal, 36*, 161–70.

54 Schweitzer, M. E., Brooks, A. W. & Galinsky, A. D. (2015), 'The organizational apology', *Harvard Business Review, 94*, 44–52.

55 https://www.theguardian.com/news/2018/mar/17/data-war-whistleblower-christopher- wylie-faceook-nix-bannon-trump.

56 https://www.theguardian.com/news/2018/mar/17/cambridge-analytica-facebook- influence-us-election.

57 https://www.theguardian.com/technology/2018/mar/21/mark-zuckerberg-response-facebook-cambridge-analytica; https://www.businessinsider.com/facebook-ceo--mark-zuckerberg-responds-to-cambridge-analytica-scandal?r= US&IR=T.

58 https://www.bloomberg.com/news/articles/2018-07-10/facebook-faces-u-k-privacy-fine-over-cambridge-analytica-probe; https://www.independent.co.uk/news/business/news/facebook-share-price-stock-market-value-crash-bad-results-mark-zuckerberg-a8464831.html.

59 Schweitzer, M. E., Brooks, A. W. & Galinsky, A. D. (2015), 'The organizational apology', *Harvard Business Review, 94*, 44–52.

60 Haselhuhn, M. P., Schweitzer, M. E. & Wood, A. M. (2010), 'How implicit beliefs influence trust recovery', *Psychological Science, 21*(5), 645–8.

61 Mallea, R., Spektor, M. & Wheeler, N. J. (2015), 'The origins of nuclear cooperation: a critical oral history between Argentina and Brazil'. Retirado de: https://www.birmingham.ac.uk/Documents/college-social-sciences/government-society/iccs/ news--events/2015/critical-oral-history.pdf; https://www.americasquarterly.org/ content/long-view-how-argentina-and-brazil-stepped-back-nuclear-race.

REFERÊNCIAS

Capítulo 8: Carisma

1   Para mais sobre John Marks, veja sua autobiografia: Marks, J. (2008), *The NHS: Beginning, Middle and End? The Autobiography of Dr John Marks*, Oxford, UK: Radcliffe Publishing.

2   Antonakis, J., Bastardoz, N., Jacquart, P. & Shamir, B. (2016), 'Charisma: An ill-defined and ill-measured gift', *Annual Review of Organizational Psychology and Organizational Behavior*, 3, 293–319.

3   https://blogs.wsj.com/law/2007/09/27/the-origins-of-justice-stewarts-i-know-it-when-i-see-it/.

4   Tskhay, K. O., Zhu, R., Zou, C. & Rule, N. O. (2018), 'Charisma in everyday life: Conceptualization and validation of the General Charisma Inventory', *Journal of Personality and Social Psychology*, 114(1), 131–52.

5   Weber, M. (1978), *Economy and Society: An outline of interpretive sociology* (G. Roth & C. Wittich, eds), Berkeley, CA: University of California Press.

6   DeGroot, T., Kiker, D. S. & Cross, T. C. (2000), 'A meta-analysis to review organizational outcomes related to charismatic leadership', *Canadian Journal of Administrative Sciences*, 17(4), 356–72.

7   Pillai, R. & Meindl, J. R. (1998), 'Context and charisma: A "meso" level examination of the relationship of organic structure, collectivism, and crisis to charismatic leadership', *Journal of Management*, 24(5), 643–71.

8   Whitney, K., Sagrestano, L. M. & Maslach, C. (1994), 'Establishing the social impact of individuation', *Journal of Personality and Social Psychology*, 66(6), 1140–53.

9   Hogg, M. A. (2010), 'Influence and Leadership', in S. T. Fiske, D. T. Gilbert & G. Lindzey (eds), *Handbook of Social Psychology*, Hoboken, NJ: John Wiley & Sons, Vol. 2, pp. 1166–1207. Ver também, Conger, J. A. & Kanungo, R. N. (1987), 'Toward a behavioral theory of charismatic leadership in organizational settings', *Academy of Management Review*, 12, 637–47.

10 Piff, P. K., Dietze, P., Feinberg, M., Stancato, D. M. & Keltner, D. (2015), 'Awe, the small self, and prosocial behavior', *Journal of Personality and Social Psychology*, 108(6), 883–99.

11 https://www.nytimes.com/1993/01/21/us/the-inauguration-we-force-the-spring-transcript-of-address-by-president-clinton.html.

12 https://www.nytimes.com/1996/02/19/opinion/l-cap-over-wall-joined-political-lexicon-055735.html.

13 Heffer, S. (2014), *Like the Roman: The life of Enoch Powell*, London: Faber & Faber.

14 Mio, J. S., Riggio, R. E., Levin, S. & Reese, R. (2005), 'Presidential leadership and charisma: The effects of metaphor', *The Leadership Quarterly*, 16(2), 287–94.

15 https://www.london.gov.uk/city-hall-blog/good-relationships-are-vital-our-mental-health-and-wellbeing.

16 Paharia, N., Keinan, A., Avery, J. & Schor, J. B. (2010), 'The underdog effect: The marketing of disadvantage and determination through brand biography', *Journal of Con-

sumer Research, 37(5), 775-90; Staton, M., Paharia, N. & Oveis, C. (2012), 'Emotional Marketing: How Pride and Compassion Impact Preferences For Underdog and Top Dog Brands', *Advances in Consumer Research, 40,* 1045- 6; Paharia, N. & Thompson, D. V. (2014), 'When Underdog Narratives Backfire: the Effect of Perceived Market Advantage on Brand Status', *Advances in Consumer Research, 42,* 17-21.

17. Buss, D. M. (1991), 'Evolutionary personality psychology', *Annual Review of Psychology, 42,* 459-91.

18. Sy, T., Horton, C. & Riggio, R. (2018), 'Charismatic leadership: Eliciting and channeling follower emotions', *The Leadership Quarterly, 29*(1), 58-69; Wasielewski, P. L. (1985), 'The emotional basis of charisma', *Symbolic Interaction, 8*(2), 207-22; Bono, J. E. & Ilies, R. (2006), 'Charisma, positive emotions and mood contagion', *The Leadership Quarterly, 17*(4), 317-34.

19. Doherty, R. W. (1997), 'The emotional contagion scale: A measure of individual differences', *Journal of Nonverbal Behavior, 21,* 131-54; leitores interessados em avaliar sua própria suscetibilidade podem encontrar a Escala de Contágio Emocional em: http://www.midss.org/content/emotional-contagion-scale.

20. Kenny, D. A., Horner, C., Kashy, D. A. & Chu, L. C. (1992), 'Consensus at zero acquaintance: replication, behavioral cues, and stability', *Journal of Personality and Social Psychology, 62*(1), 88-97.

21. Koppensteiner, M., Stephan, P. & Jäschke, J. P. M. (2015), 'From body motion to cheers: Speakers' body movements as predictors of applause', *Personality and Individual Differences, 74,* 182-5.

22. https://www.ted.com/talks/fields_wicker_miurin_learning_from_leadership_s_missing_manual/.

23. https://www.ted.com/talks/simon_sinek_how_great_leaders_inspire_action.

24. https://www.huffingtonpost.com/vanessa-van-edwards/5-secrets-of-a-successful_b_6887472.html?guccounter=1.

25. Uma visão divertida dos gestos do governador Kasich vem na forma de uma adaptação do popular jogo Fruit Ninja: https://www.youtube.com/watch?v=VqgkNtYbwwM.

26. Antonakis, J., Bastardoz, N., Jacquart, P. & Shamir, B. (2016), 'Charisma: An ill-defined and ill-measured gift', *Annual Review of Organizational Psychology and Organizational Behavior, 3,* 293-319.

27. https://www.nytimes.com/2018/08/25/opinion/sunday/college-professors-experts--advice.html.

28. Figlio, D. N., Schapiro, M. O. & Soter, K. B. (2015), 'Are tenure track professors better teachers?', *Review of Economics and Statistics, 97*(4), 715-24.

29. von Hippel, W., Ronay, R., Baker, E., Kjelsaas, K. & Murphy, S. C. (2016), 'Quick thinkers are smooth talkers: Mental speed facilitates charisma', *Psychological Science, 27*(1), 119-22.

30. Tskhay, K. O., Zhu, R., Zou, C. & Rule, N. O. (2018), 'Charisma in everyday life: Conceptualization and validation of the General Charisma Inventory', *Journal of Personality and Social Psychology, 114*(1), 131-52. Leitores interessados podem realizar o teste em: https://www.businessinsider.com/how-to-measure- charisma-2017-11?r=US&IR=T.

REFERÊNCIAS

31 Antonakis, J., Fenley, M. & Liechti, S. (2011), 'Can charisma be taught? Tests of two interventions', *Academy of Management Learning & Education*, *10*(3), 374–96.
32 Ambady, N. & Rosenthal, R. (1993), 'Half a minute: Predicting teacher evaluations from thin slices of nonverbal behavior and physical attractiveness', *Journal of Personality and Social Psychology*, *64*(3), 431–41.

Conclusão

1   https://api.parliament.uk/historic-hansard/commons/1981/nov/26/ civil-defence-1.
2   Garthwaite, C. & Moore, T. J. (2012), 'Can celebrity endorsements affect political outcomes? Evidence from the 2008 US democratic presidential primary', *The Journal of Law, Economics, & Organization*, *29*(2), 355–84.
3   https://losangeles.cbslocal.com/2018/11/06/tennessee-election-blackburn-taylor-swift/ e https://eu.tennessean.com/story/entertainment/music/2018/11/07/taylor-swift-bredesen-endorsement-tennessee-senate-race-political-post/ 1918440002/.
4   https://eu.tennessean.com/story/news/politics/tn-elections/2018/10/07/marsha-blackburn-holds-8-point-lead-over-phil-bredesen-new-cbs-poll-tennessee-us-senate-race/1562109002/.
5   https://www.vox.com/2018/10/9/17955288/taylor-swift-democrat-conservative-reaction-blackburn.
6   https://nypost.com/2018/11/06/tennessee-voting-numbers-surge-after-taylor-swift-post/.
7   Marks, J., Copland, E., Loh, E., Sunstein, C. R. & Sharot, T. (2018), 'Epistemic spillovers: Learning others' political views reduces the ability to assess and use their expertise in nonpolitical domains', *Cognition*, *188*, 74–84.
8   Thorndike, E. L. (1920), 'A constant error in psychological ratings', *Journal of Applied Psychology*, *4*(1), 25–9.
9   Wang, J. W. & Cuddy, A. J. C. (2008), 'Good traits travel: The perceived transitivity of traits across social networks', in *9th Annual Meeting of the Society for Personality and Social Psychology, Albuquerque, NM*.
10 Walther, E. (2002), 'Guilty by mere association: Evaluative conditioning and the spreading attitude effect', *Journal of Personality and Social Psychology*, *82*(6), 919–34. Ver também Hebl, M. R. & Mannix, L. M. (2003), 'The weight of obesity in evaluating others: A mere proximity effect', *Personality and Social Psychology Bulletin*, *29*(1), 28–38.
11 Vosoughi, S., Roy, D. & Aral, S. (2018), 'The spread of true and false news online', *Science*, *359*(6380), 1146–51.
12 Pennycook, G. & Rand, D. G. (2019), 'Fighting misinformation on social media using crowdsourced judgments of news source quality', *Proceedings of the National Academy of Sciences*, *116*(7), 2521–6.

REFERÊNCIAS

13 Pennycook, G. & Rand, D. G. (2018), 'Lazy, not biased: Susceptibility to partisan fake news is better explained by lack of reasoning than by motivated reasoning', *Cognition, 188,* 39–50.

14 https://www.cambridgeassessment.org.uk/Images/518813-uptake-of-gcse-subjects-2017.pdf   https://c0arw235.caspio.com/dp/b7f930000e16e10a822c47b3baa2.

15 https://www.apa.org/monitor/2017/11/trends-popular.

16 Amos, C., Holmes, G. & Strutton, D. (2008), 'Exploring the relationship between celebrity endorser effects and advertising effectiveness: A quantitative synthesis of effect size', *International Journal of Advertising, 27*(2), 209–34.

17 Dolan, P., Hallsworth, M., Halpern, D., King, D., Metcalfe, R., & Vlaev, I. (2012), 'Influencing behaviour: The mindspace way', *Journal of Economic Psychology, 33*(1), 264–77.

18 Sznycer, D., Al-Shawaf, L., Bereby-Meyer, Y., Curry, O. S., De Smet, D., Ermer, E. & McClung, J. (2017), 'Cross-cultural regularities in the cognitive architecture of pride', *Proceedings of the National Academy of Sciences, 114*(8), 1874–9; Sznycer, D., Xygalatas, D., Alami, S., An, X. F., Ananyeva, K. I., Fukushima, S. & Onyishi, I. E. (2018), 'Invariances in the architecture of pride across small-scale societies', *Proceedings of the National Academy of Sciences, 115*(33), 8322–7.

19 Re, D. E. & Rule, N. (2017), 'Distinctive facial cues predict leadership rank and selection', *Personality and Social Psychology Bulletin, 43*(9), 1311–22.

20 Fiske, S. T. (2010), 'Interpersonal stratification: Status, power, and subordination', in S. T. Fiske, D. T. Gilbert & G. Lindzey (eds), *Handbook of Social Psychology,* Hoboken, NJ: John Wiley & Sons, pp. 941–82.

21 Wang, A. C., Tsai, C. Y., Dionne, S. D., Yammarino, F. J., Spain, S. M., Ling, H. C. & Cheng, B. S. (2018), 'Benevolence-dominant, authoritarianism-dominant, and classical paternalistic leadership: Testing their relationships with subordinate performance', *The Leadership Quarterly, 29*(6), 686–97.

22 Aronson, E., Willerman, B. & Floyd, J. (1966), 'The effect of a pratfall on increasing interpersonal attractiveness', *Psychonomic Science, 4*(6), 227–8.

23 Brescoll, V. L., Okimoto, T. G. & Vial, A. C. (2018), 'You've come a long way... maybe: How moral emotions trigger backlash against women leaders', *Journal of Social Issues, 74*(1), 144–64; Eagly, A. H. (2018), 'Some leaders come from nowhere: Their success is uneven', *Journal of Social Issues, 74*(1), 184–96; Brescoll, V. L. & Uhlmann, E. L. (2008), 'Can an angry woman get ahead? Status conferral, gender, and expression of emotion in the workplace', *Psychological Science, 19*(3), 268–75; Meaux, L. T., Cox, J. & Kopkin, M. R. (2018), 'Saving damsels, sentencing deviants and selective chivalry decisions: Juror decision- making in an ambiguous assault case', *Psychiatry, Psychology and Law, 25*(5), 724–36; Leinbach, M. D., Hort, B. E. & Fagot, B. I. (1997), 'Bears are for boys: Metaphorical associations in young children's gender stereotypes', *Cognitive Development, 12*(1), 107–30.

24 Cuddy, A. J., Fiske, S. T. & Glick, P. (2004), 'When professionals become mothers, warmth doesn't cut the ice', *Journal of Social Issues, 60*(4), 701–18.

REFERÊNCIAS

25 McArthur, L. Z. & Resko, B. G. (1975), 'The portrayal of men and women in American television commercials', *The Journal of Social Psychology*, 97(2), 209– 20; Knoll, J. & Matthes, J. (2017), 'The effectiveness of celebrity endorsements: A meta-analysis', *Journal of the Academy of Marketing Science*, 45(1), 55–75.

26 Ward, L. M. (2016), 'Media and sexualization: State of empirical research, 1995– 2015', *The Journal of Sex Research*, 53(4–5), 560–77; Wirtz, J. G., Sparks, J. V. & Zimbres, T. M. (2018), 'The effect of exposure to sexual appeals in advertisements on memory, attitude, and purchase intention: A meta-analytic review', *International Journal of Advertising*, 37(2), 168–98.

27 Vaes, J., Paladino, P. & Puvia, E. (2011), 'Are sexualized women complete human beings? Why men and women dehumanize sexually objectified women', *European Journal of Social Psychology*, 41(6), 774–85.

28 Grabe, S., Ward, L. M. & Hyde, J. S. (2008), 'The role of the media in body image concerns among women: A meta-analysis of experimental and correlational studies', *Psychological Bulletin*, 134(3), 460–76.

29 Meltzer, A. L. & McNulty, J. K. (2015), 'Telling women that men desire women with bodies larger than the thin-ideal improves women's body satisfaction', *Social Psychological and Personality Science*, 6(4), 391–8.

30 Pinker, S. (2018), *Enlightenment Now: The case for reason, science, humanism, and progress*, Nova York, NY: Viking.

31 Fragale, A. R. (2006), 'The power of powerless speech: The effects of speech style and task interdependence on status conferral', *Organizational Behavior and Human Decision Processes*, 101(2), 243–61; Torelli, C. J., Leslie, L. M., Stoner, J. L. & Puente, R. (2014), 'Cultural determinants of status: Implications for work- place evaluations and behaviors', *Organizational Behavior and Human Decision Processes*, 123(1), 34–48.

32 Kitayama, S., Markus, H. R., Matsumoto, H. & Norasakkunkit, V. (1997), 'Individual and collective processes in the construction of the self: Self-enhancement in the United States and self-criticism in Japan', *Journal of Personality and Social Psychology*, 72(6), 1245–67.

33 Fu, G., Heyman, G. D., Cameron, C. A. & Lee, K. (2016), 'Learning to be unsung heroes: Development of reputation management in two cultures', *Child development*, 87(3), 689–99.

34 Rule, N. O., Ambady, N., Adams Jr, R. B., Ozono, H., Nakashima, S., Yoshikawa, S. & Watabe, M. (2010), 'Polling the face: prediction and consensus across cultures', *Journal of Personality and Social Psychology*, 98, 1–15.

35 Hofstede, G. (1997), *Cultures and Organizations: Software of the mind*, Nova York, NY: McGraw Hill.

36 Abir, Y., Sklar, A. Y., Dotsch, R., Todorov, A. & Hassin, R. R. (2018), 'The determinants of consciousness of human faces', *Nature Human Behaviour*, 2(3), 194–9.

37 Tsikandilakis, M., Bali, P. & Chapman, P. (2019), 'Beauty Is in the Eye of the Beholder: The Appraisal of Facial Attractiveness and Its Relation to Conscious Awareness', *Perception*, 48(1), 72–92.

ÍNDICE

Adam Grant, 163, 252
Alan Gross, 31
Albert Einstein, 252, 253, 256
Alexander Bor, 159
Alison Wood Brooks, 235
Altruísmo competitivo, 34, 170
Ambady, 14
ancoragem, 7
Anthony Doob, 31
Anthony Pellegrini, 108
Arthur Brief, 103
atratividade, 16
Atratividade, 25, 130, 139, 148, 264, 271
    feminina, 135
    física, 121, 256
    percebida, 134
audiência, 10
Audiência, 94, 108, 197, 247, 263
audiências, 11
Autoconsciência pública, 38
Autoestima, 180
Autopromoção, 71, 74
Autorrevelação, 183
Autosseleção, 244
Avaliações
    negativas, 226
    positivas, 226
Aziz Ansari, 29, 33

Barack Obama, 7, 79, 165, 260
Benoît Monin, 222
Bill Clinton, 164, 168, 169, 246
bolha, 4
Brad Bushman, 37
Brené Brown, 178
Burry, 6–18

Características
    dominantes, 114
    não normativas, 107
    socioeconômicas, 41
    universais, 44
carisma, 17
Carisma, 148, 243, 256, 267
Casey Klofstad, 100
Cassandra, 1–18
Cassandra Fairbanks, 188
Cass Sunstein, 146, 262
Christina Fong, 74
Christina Starmans, 217
Christine Keeler, 205, 216
colapso financeiro, 7
competência, 16
Competência, 25, 80, 139, 159, 223, 249, 256, 270
    percebida, 66
    presumida, 102
conexão, 12
Conexão, 139, 148, 177, 192, 217, 231, 256

ÍNDICE

emocional, 178
social, 178
positiva, 144
Confiabilidade, 148, 208, 218, 231, 265
confiança, 9
Consumo conspícuo, 34, 36, 41, 47
cordialidade, 17
Cordialidade, 121, 148, 159, 170, 253, 267, 272
C. S. Lewis, 91
Custo
emocional, 196
social, 179

Dale Carnegie, 154
Dan Ariely, 162
Daniel Hamermesh, 129
David Matsumoto, 91
David Perret, 168
Deborah Rhode, 129
Desumanização, 196, 198, 200
Deutsche Bank, 9
Dominação, 85, 108, 113, 148, 167, 249, 254, 271
social, 85, 90
Dominância, 88, 96, 102, 158
percebida, 97
relativa, 89
domínio, 9, 16
Donald Trump, 77, 83, 160, 218, 231, 261

Edward Jones, 15
Efeito
da vítima identificável, 190
Halo, 263, 264
pratfall, 269
reputacionais, 172
Eleanor Loh, 146, 262
Elizabeth Enright, 89
Eminem, 29, 33, 55–56
Emmanuel Macron, 77
Empatia, 192, 196
Entrega Dramatizada, 138, 139
Erez Yoeli, 172
Eva Perón, 245
Extroversão, 248, 249

Fake News, 146, 264, 265
Feedback, 161
não verbal, 94
negativo, 145
fidedignidade, 17
Fidedignidade, 225, 230, 249, 256, 272
Financial Crisis Inquiry Comission, 7, 8
focalismo, 7
Francesca Gino, 163, 221
Frank Flynn, 179, 224
Franklin D. Roosevelt, 246, 247

Gordon Getty, 151, 152
Greg Lippmann, 9, 72, 159
Grigori Rasputin, 143
Grover Cleveland, 246

hard messenger, 17
Hard messenger, 75, 108, 138, 153, 270
effect, 25, 121, 139, 268
hard messengers, 16
Harsha Gangadharbatla, 22
Hierarquia, 43, 44, 107
de status, 43
organizacionai, 268
social, 39
hierarquias, 16
Hillary Clinton, 83, 159, 260
Humildade, 73, 165, 273
apreciativa, 165
autodepreciativa, 165

impressões à primeira vista, 13
influência, 16
Influência, 30, 101, 121, 129, 144, 170
influenciador, 10
Interação social, 155, 167, 180, 210
Interesse
compartilhado, 144
pessoal, 74

James Cromwell, 190, 201
James Monroe, 246
Jayson Jia, 77
Jeffery Scott Mio, 246
Jeffrey Pfeffer, 74
Jessica Tracy, 91

ÍNDICE

John Antonakis, 242, 255
John Finch, 145
John F. Kennedy, 168, 169, 246, 260
John Profumo, 205, 208, 215
Joseph Stalin, 189
Judith Langlois, 122
julgamentos instantâneos, 13
Justin Trudeau, 77

Kai Fehse, 197
Katy Balls, 181
Kevin Rudd, 164

Lasana Harris, 200
Lasse Laustsen, 159
Lauren Wright, 76
Leonard Bickman, 102
Liderança, 243, 268
Lyndon B. Johnson, 90, 246

Maldição da Cassandra, 8
Maldição de Cassandra, 4
Mandy Rice-Davies, 206, 214, 215, 216
Margaret Thatcher, 99, 100
Mark Zuckerberg, 170, 232, 234
Martin Luther King Jr., 244
Matriz da confiança, 211, 213
Maurice Schweitzer, 235
Max Bazerman, 221
mensageira, 3
mensageiro, 7-18, 10
Mensageiro, 21, 36, 37, 44, 45, 112, 146, 170, 184, 194, 210, 262
   amigável, 147
   atraente, 119, 121, 133, 264
   carismático, 242, 244, 245, 248, 253, 255
   conectado, 147
   confiável, 218, 227
   cordial, 154
   dominante, 85, 100, 105, 113, 244, 271
   eficaz, 72, 119
   político, 182
   positivo, 161
   simpático, 158
   vulnerável, 187, 192, 195, 208
mensageiros, 7-18, 8-18
mensagem, 8-18

Mensagem
   de alcance limitado, 9
messenger effect, 11
Messenger effect, 108, 184, 253, 262, 275
messengers effects, 17
Michael Burry, 5-18
Michael Cohen, 62
Michael Jordan, 84
Michael Lewis, 7-18, 73
Michael R. Cohen, 59
Molly Crockett, 184, 187

Nalini Ambady, 13
Neil Davis, 59, 62, 80
Neville Chamberlain, 110
Nível
   de atratividade, 17, 128
   de confiança, 209, 210
Nora Danish, 119

Oprah Winfrey, 260
Orgulho, 91, 92, 93
   arrogante, 93
   autêntico, 93

Paul Bloom, 192, 217
Paul Lafargue, 40
Percepção, 61
   de atratividade, 132
   de status, 167
Pierre Trudeau, 77
Posição
   hierárquica, 40, 104
   social, 25, 32, 36, 91
   socioeconômica, 25, 39, 83, 139, 256, 272
      elevada, 55, 59
posição socioeconômica, 16
Positividade, 161, 163
Prestígio, 35, 108, 139
   social, 34
Princípios fundamentais, 218, 219, 221
público, 10

Recompensa, 46, 121, 163
   da beleza, 129
   social, 162, 163
Risco social, 208, 211

ÍNDICE

Robert Cialdini, 61, 74, 105, 145
Robert Mercer, 233
Robert Rosenthal, 13
Ronald Reagan, 168, 169, 246
Rosenthal, 14

Sadiq Khan, 247
Salomon Brothers, 8
Samantha Brick, 136
Sara Solnick, 39
Sensação de conexão, 177, 183, 200, 254
Simon Sinek, 250
Soft effect, 253, 274
Soft messenger, 75, 148, 167, 256, 270, 274
    effect, 108, 139, 191, 268
soft messengers, 16
Stanley Milgram, 64, 102, 186
status, 3, 16
Status, 22, 37, 71, 83, 121, 148, 153, 180, 259
    alto, 33, 80, 98, 107, 121, 153, 167, 262
    baixo, 33, 80, 167
    elevado, 108
    estelar, 51
    hierárquico, 85
    inferior, 84
    presumido, 93
    relativo, 87
    socioeconômico, 34, 62, 126, 146
Stephen Dubner, 29
Stephen Ward, 205, 206, 215
Steve Bannon, 233
Steve Jobs, 247
Steve Wozniak, 247
Submisso, 84, 88, 89, 90, 105, 107

Susan Fiske, 200

Tali Sharot, 146, 166, 262
Taylor Swift, 260, 262, 263
Thane Pittman, 15
Theresa May, 99, 100, 181, 183
Thomas Schelling, 192
Thorstein Veblen, 34
Tiger Woods, 210, 211, 264
Tipologia do mensageiro, 15
traços, 12, 17
traços de personalidade, 13
traços fundamentais, 11

Valor
    instrumental, 25, 43, 47, 62, 66, 71, 121, 156
    moral, 195
    posicional, 39
    sexual, 121
Vanessa Van Edwards, 250
Vladimir Putin, 89
vulnerabilidade, 17
Vulnerabilidade, 148, 175–202, 256, 269

Wall Street, 4–18
Walt Mossberg, 79
Warren Buffett, 4, 170
Warren Harding, 260
William Taft, 246
Winston Churchill, 110, 111, 113, 244
Wood Brooks, 235

Zakary Tormala, 77